谨以此书献给——

我爱着并爱我的、给我不竭激情和活力的人。

高湾史记

一个运河村庄里的时代流变

阚乃庆 著

山东画报出版社

图书在版编目（CIP）数据

高湾史记：一个运河村庄里的时代流变 / 阚乃庆著. —济南：山东画报出版社，2020.11
ISBN 978-7-5474-2440-7

Ⅰ. ①高… Ⅱ. ①阚… Ⅲ. ①村史－宝应县 Ⅳ. ①K295.55

中国版本图书馆CIP数据核字（2018）第119358号

GAOWAN SHIJI YIGE YUNHE CUNZHUANGLI DE SHIDAILIUBIAN
高湾史记：一个运河村庄里的时代流变
阚乃庆著

责任编辑 姜 辉 梁培培
美术编辑 王 芳
封面设计 陆斐然
版式设计 王 钧

出 版 人 李文波
主管单位 山东出版传媒股份有限公司
出版发行 山东画报出版社
社 址 济南市市中区英雄山路189号B座 邮编 250002
电 话 总编室（0531）82098472
市场部（0531）82098455 82098049（传真）
网 址 http://www.hbcbs.com.cn
电子信箱 hbcb@sdpress.com.cn
印 刷 济南龙玺印刷有限公司
规 格 160毫米×230毫米 32开
11印张 62幅照片 350千字
版 次 2020年11月第1版
印 次 2020年11月第1次印刷
书 号 ISBN 978-7-5474-2440-7
定 价 59.00元

序　永恒的凝视

2017年国庆日，乃庆和我、晓刚于淅沥细雨中驱车前往高湾——我应乃庆之邀为《高湾史记：一个运河村庄里的时代流变》摄影，晓刚则专事航拍。驾车的乃庆显然为返回家乡有些兴奋，一路上话语绵密，说着高湾，说着高湾的人们，说着几近完成的这本书。他反复强调，“高湾很小，不会是你们想象的那样……”

对高湾我耳闻已久。自2013年结识乃庆后便多次听他说起。听得多了，我脑子中便幻绘出一些高湾的样子。她当然不会是乔家大院、白鹿原、乌镇与和顺，可“蚕豆花儿香啊麦苗儿鲜”和“风车跟着那个东风转”会有吗？——电影《柳堡的故事》给了我苏北村落的固定格式。“古道西风瘦马”不大可能，但，些许古朴、几抹沧桑和隐约的历史韵味该是农村村落的基本元素，就像婺源的粉墙黛瓦和青石板路那样有味道。然而，高湾与我的想象完全“货不对板”。首先她很小，不足0.3平方公里的弹丸小村，乃庆说她是“只有邮票大的地方”，毫不夸张。其次她很散，三十来户人家，稀疏星散在稻田之间，完全不具有一个典型村庄的构架。再次她很旧。大多土坯老屋已岌岌可危，即使后来兴建的新居也算不上光鲜，更谈不上有特色。一看便知，这是一片并不富足但可温饱的土地。其时，稻秆碧绿，已灌浆的稻穗茁壮丰盈、灿烂若金，透显出高湾尚存的生机与活力。

乃庆就是在这一片土地上生长起来的吗？

我与乃庆相识较晚，但交往却深。2013 年春天到乃庆任职的学院讲课，他在高铁站接我。记不得话头从何而起，一路上我俩竟谈起了近来共同读过的一些书籍，甚是合拍。自那后，我们便成了书友、朋友。待我读过了乃庆的一些著作后，我深为他的思想底蕴与文字功力所折服，年长一轮多的我遂将他视为老师。每一年，我们总要找机会见上几面，为的是聊天聊地，把所思所想向对方倾述一二；或者找一僻静处，拿读过的书做“下酒的菜”，相互交换着心得和新的书讯。当然，我的私心是：让他帮我“补补脑”，也请他为我的著述“把把脉”“会会诊”。“君有奇才我不贫”，乃庆每每都会让我脑洞大开，受益匪浅。拙作《大奔袭》就是在他的点拨下完成的。正是在这样的交往中，乃庆向我谈起了高湾，谈起了他的写作计划……

堤坝那边，紧贴高湾而过的京杭大运河传来阵阵轮机轰鸣，舟楫穿梭，不停不歇，从远方驶来又驶向远方，间或地用一声两声高亢的汽笛打破田野静谧。拐进乡间小路不久，已有乡亲认出了开车的乃庆，他们探过头来，用浓重的乡音与乃庆打着招呼，然后回头告诉他人：“是大乃庆家来了……”而那些近年移居高湾的外乡人，则用陌生的目光打量乃庆和我们，然后各忙各的。

乃庆的堂哥阚乃源——高湾的村民小组长，早早地与家人一起杀鸡宰鱼，准备下了一桌好菜。在宝应县城和氾水镇住着的长辈、同学和朋友也开着新能源电动车赶回来相聚。席间，所有的话题自然离不开高湾，离不开乃庆儿时的种种与现在的种种……灶房里的女人仍忙活着烹炸煎炒，鸡鸭在院场上散漫觅食，柴狗在桌下蹭着客人的腿脚……一阵炊烟穿门而入，那便是最地道的乡土味了。此时，我看到了乃庆最为安逸的表情。

吴伯凡的《认知方法论》开篇首谈人类的“舒适区”，即人类胚胎所寓之处——子宫。显然，乃庆回到了他生命的最初。高湾，正是他人生的“舒适区”。儿时的他并不知外面的世界有多大，有多么精彩，也用不着思考国家命运和家族兴衰，更用不着为吃饭而操劳。泥泞田埂、斑驳祖屋和微风中的田野是孕育乃庆的温暖母体；衔泥春燕、树梢知了、田间泥鳅和翻飞蝴蝶是最早展现其眼前的壮丽景观。乃庆跑累了喊累了玩累了，就在自家的门槛上读书。乃庆读书之痴之多之快，令我叹为观止——我的一篇万把字的小说，他三五分钟读完，并可尽述其详。他说：“小时的我，最大的乐趣就是拿一本书，一个人畅快地读。”书读多了，自然会向往目力所不能及的远方。他要脱离人生的“舒适区”，要去闯荡自己的世界。十八岁的乃庆一如所有乡村学子，急切地挣脱这片僻壤的羁绊，投奔外面的精彩世界。此去经年，乃庆可谓事业有成，却与大多数常常回望故土的人不同，他要把高湾凝固成一本书。

高湾是他永远的根，永远的魂！

青春呼啸，岁月匆忙。已经有了点年纪的乃庆，每次回乡都能感觉到家乡在历史的尘烟中一点点消亡——长辈们渐次离世，新青年星散四方，老房子已不再结实，少小们根本无从相认，甚至传统意义上的种田人也纷纷洗脚回家，不事农耕了，大片承包的种植专业户已驻扎周围，拿走了成片的稻田。唯有运河边的白杨树粗壮及天，在风中飒然作响。他说回去一次，心思也就重了一分。一个强烈而紧迫的念头在他头脑中久久回荡——为家乡写传。他说，至少要让儿孙辈知晓当年的高湾是个什么样子，知道我们是从哪里走来的……

那顿农家宴结束后，我和乃庆沿着泥泞土路去为村民们拍照。村民们见到乃庆无不喜滋滋地与他攀谈，继而配合着面对我的镜头，嘴里还不耽误相互交谈着。面对每一处残垣断壁、每一扇门窗、每一片田地上不为察觉的旧时痕迹，乃庆如数家珍般讲着一连串的陈年往事。而在告别几位沉默寡言的风烛老者后，他面色凝重地向我述说老人们一生中的遭遇。那时，我更加清楚，乃庆不写他们，世间就再也不会有人知道他们了。草木尚能逢春，老人们走了，也就永远地带走了一切。之后的高湾，便不再是故人的“原乡”。

我用软件将高湾数百张图片精心做了调整，并一式黑白各两份传给乃庆。乃庆最喜欢的竟是“土墙”那一张——一面人去屋空的土墙，风雨剥蚀，面目全非。墙上有一不大的木窗像一只残眼在静静观望。它似乎是一个见证者，见证了数十年高湾的四季更迭、世事嬗变，或春风拂面，或悲凉入骨，或静若止水，或天地震荡。它目睹了高湾所有人的成长和成长后的离去，也默读着回乡游子似曾相识的脸庞。白先勇说：“回报时代，回报父母，为父母那个时代谱一曲挽歌。”乃庆面对着这面土墙，面对着家乡高湾，面对着已经逝去或将要逝去的一切，正是做着俯不愧地、仰不愧天、回报时代、感恩父母的“情感工程”。

几乎在第一时间，乃庆将他的书稿传给我看。读着，一如将目光随晓刚的航拍机冲天而起，于高天流云间回望高湾。高湾那么小，小到如大漠中的一粒沙子，小到难以找寻，以至于可以忽略不计。可她又是那么真切地存在着。历史的演进从来不曾将这粒沙子遗忘，她永远被裹挟着前行，或被高高抛起，或被重重掼下。每一个个体都不得不以最弱小的力量与命运抗争，或顺风顺水，或逆潮逆流，欢歌悲曲、世代更迭。小小高湾，上演的也是纵贯千年和折射中国的活剧。小小高湾可以拾得古往今来诸多大事件的碎片和缨络，小小高湾可听得到普罗大众用悲欢离合谱写的命运交响，小小高湾也以其渐渐凋零告诉人们这个时代有着怎样的新面目、新景象。可谓一人一时代、一村一世界。

早期费孝通的社会调查且不论，新时期有梁鸿的《中国在梁庄》和《出梁庄记》，令我读来欲罢不能。梁鸿说：“对中国来说，梁庄不为人知，因为它是中国无数相似的村庄之一，并无特殊之处。但是，从梁庄出发，却可以清晰地看到中国的形象。”高湾如是！（读者当然会从《高湾史记》中读出与《中国在梁庄》完全不同的视角、结构与叙述方式）。以此视角审视，高湾对于乃庆而言，远不止是成长的“舒适区”。对于农耕社会向现代化转进的历史进程而言，高湾，以及千千万万个与高湾一样的村落，无不是孕育现代文明的“子宫”——哪一座高楼不是在遥远的土地夯下第一根桩子？哪一条道路的零公里不是标定在遥远的乡村？哪一个家庭、家族血脉的第一颗种子不是在遥远的祖屋落地生根？于摩天大厦间回望故土，是怎样的一种情脉相牵、血肉相连！

乃庆用心血在回归。正是他当年走向了远方，阅尽兴衰、品透冷暖才知道原点有多么珍贵和难以割舍，才知道高湾所具有的“标本”价值及其对于社会的宏大意涵。如今，他回到原点，更知远方的世界有多么阔大、多么无常。“对于还在光阴里讨生活的我来说，这次写作也是一次远征，一次同遗忘的战斗，一次对历史的翻检，一次艰难的心灵抵达。我要独自带着行囊，一边行走，一边访问，一边隐忍，一边战斗。”乃庆写高湾，也是在写中国、写时代、写生命、写思考、写悲歌，更是在写自己。他为自己的人生补上了最为重要的一块基石，向家乡父老递交了最为赤诚的一份答卷。这份答卷捧在手里，火辣，滚烫！

记忆需要凝固。情感需要凝固。回望需要凝固。

《高湾史记：一个运河村庄里的时代流变》是乃庆用心血凝成的一枚琥珀，凝固着曾经活泼的生命——端详高湾，不为把玩，只为永恒的凝视。

作家、摄影家、海军少将　**陈　俨**

2019 年 5 月

自 序

2013年的夏天，日头下火，地面滚烫。在高速公路上行车，时见爆胎后散落碎裂的轮皮。网载杭州道旁“大炮”上有广告布自燃。城市每一块小小的泳池都挤满了人，像中学教科书中散文里的语词一样，稠密而单调。网上的段子说：买了个凉席，一睡变成“电热毯”了；桌子太烫，麻将刚码好居然“糊”了；两个陌生人走在一起，一会儿就变成“熟人”了！还有人在调侃，这是老天爷在“集中供暖”。

难得的，天上纠集了几块云团，然后就洒下喜人的太阳雨，经过了热的空气，被截留了大部，但是掉下来的依然是大滴，而且烫人。居住在楼下的老太太放下手上的芭蕉扇，大叫起来“下雨喽，下雨喽——”嗓音被夯扁捏尖，奇异而高亢，极像她在小区草地上养的鸡群发出的声音，似乎可以一径地叫下去。楼上的居民已经适应了这些拆迁农民的咋咋呼呼和大声言笑，只是轻蔑地嗤一声，随即关窗，转身入室。

这是一群失地农民。

他们成天开着门，进进出出，捧着粗碗，走户串门，高声讲话，交换着碗里的食物。瞄见谁家从楼上带垃圾下来，就慢慢踱过去，候人走远，就迅速而熟练地从垃圾箱里翻捡出可用的东西和可以变卖的物件。张爱玲曾经在散文《中国的日夜》里这样描述："带着他们一钱不值的过剩的时间，来到这高速度的城市里。"一张从公共绿地拆来的桌子摆在楼荫里，上面永远是脏兮兮的纸牌，被不同的手摸来摸去，变化出不同的花样。桌子上午摆在楼的西边，下午则移到了东边，围着楼荫转一整圈，这就是一天了。夏天避荫如此，到了冬天则相反，桌子始终迎着太阳。有时候，有人大声把牌摔到桌上，接着一片哗然——散场了。

每到季节更换，总会有人老去，这是最热闹的时候：白天花圈满楼，歌吹沸天；晚上戏班登场，高嗓亮相。楼间过道搭了长棚，流水席人来人往，酒肉气息弥漫不散。

这样的日常图景无疑具有很强的象征性，传统与现代、城市与乡村在这些失地农民身上发生了巨大的断裂。他们的故乡就在脚下，但是已经面目全非，田间阡陌成了灯火明亮的城市道路，漫野的庄稼成了高耸的楼房，房前屋后的林木成了等距的路灯和各式线杆。他们像一尾尾无辜的鱼儿，被莫名其妙地搁浅在城市化的浪潮里。他们把世代耕种养成的生活习惯带到了城里，养鸡豢狗，随地吐痰，在公共绿地上种椒茄葱蒜，在马路上摇着芭蕉扇生炉子。这些农村习以为常的习惯在城里人看来就是大逆不道，是他们破坏了城市的规矩，他们为城里人所不屑，也从不与住在楼上的邻居打交道。城市人和他们都对彼此的生活不感兴趣，熟视无睹地各自生活在不同的圈子里。他们像非草非木的菌类，以孱弱而又倔强的姿态在狭窄的钢筋水泥的缝隙中挣扎求生，传递出来自历史的乡村的陌生信息。城市对于他们而言，永远是既熟悉而又陌生的异己存在，他们背后的生命观、价值观和世界观也被周边的人简化成落后、愚昧、狭隘、迷信的代名词。

1999 年，我去新疆采访，南疆的乌恰位于公鸡状版图的尾梢。吉普在帕米尔高原上狂吼着，爬过牛羊踏出的盘山路，死里逃生般地来到南疆最大的玉其塔什高原牧场，当地牧民赶着牛羊在海拔四千米以上的雪线附近啃食长仅盈寸的牧草。到了冬天，他们的食物线就逐步下移，直到山脚下。一年一个轮回，周而复始。在牧场中间，总有一些用碎石刻意垒成的标志。老乡会告诉你，这里埋葬的是哪家的先人。碎石星散，牛羊蠕动，牧民们骑在马上，好似漂浮在草的海洋，从流飘荡。就这样，一代代人在四季的轮回中，和牛羊同历生老病死，几无分别地生息死亡。我伫立在高原的硬风里，不由想起臧克家写过的《三代》：“孩子在土里洗澡，爸爸在土里流汗，爷爷在土里埋葬。”

西方传说中的大神托特曾向埃及王赠送书写之术，把象形文字传给世人，神告诉王，文字是用来治愈坏记性和智慧匮乏的最佳解药。可是国王拒绝了这份礼物。固执的埃及王认为，文字会制造遗忘，人们从此将只会记录，不能记忆；将只会复述，不能亲历；将获悉万象，却一无所解。读完这段话，我陷入沉思。

李鸿章说的“数千年未有之变局”在今天才呈现出真正的含义。杜维明用特有的“杜氏语言”说，市场经济是好的，市场社会是糟的。问题在于，这个“好的”和这个“糟的”，不是可以通过一个去芜存菁、剔除扬弃的物理过程所能解决得了的。在这个一日千里的时代，我们深陷其中，难以看清，难以看透。这段历史如雾如霾，拂之不去，纠缠在人心深处。从学理上说，研究昨天的是历史学，研究今天的是社会学，研究明天的是未来学。若干年后，我们怎么看待今天，看待这段注定沉淀的历史？这不是一个简单的时态问题，而是一个必须面对的震古烁今的大问题。

我的祖辈，我的先人，故土的人们像一茬茬庄稼，不由自主，生息不已，随后又退入无尽的黑暗中。生命的循环就像日月经天，江河流地，似乎天经地义，八风不动，而又石破天惊，无知无觉。我从小长大的村庄，周遭熟悉的人，他们生长于斯，终老于斯，在历史的大潮冲刷下，他们经历了种种不啻天灾的人祸：战争、饥荒、瘟疫、运动……他们身不由己地被裹挟其中，随波逐流，挣扎求生。而这一切几乎没有记录，没有痕迹，他们几乎被所有的官方和民间的记录所忽略，无声无息，生死不计。

我得肩起这个责任，我得开始。我要为不断逝去的岁月，不断逝去的人，立一方碑，一方文字的碑。伫立在故土的河边，哪怕是一次潦草的掬捧，哪怕掺泥杂沙，我也得奉还一次深情的凝视，随后再付诸昼夜不息的流水。

2013 年初冬，我的情同手足的同学成晓明捧着父亲的骨灰从山东踏上了回家的路。老父亲随着儿子在山东生活了十六年，又葬回老家，埋在祖辈生息的故土。林立的墓碑中，还有他的母亲和随之去山东、不幸车祸身亡的弟弟的名字。我的山东兄弟和他的妻子披麻戴孝，跪在冰冷的泥地上哀恸不已。乡亲们按照一套既定的程序敲打响器，例行其事。我的心在寒风中，随着摇落飘零的枯叶颤抖不已。我在博客中写道：十年前，令尊话语谆谆，音容宛在。而今撒手西归，身登仙界。时光易颜，人生无常。白鬓童顶，纹巢肌角。我们一个个送走老人，也一步步深入人生的晚景。意气尚在，身老奈何？顶礼祭奠后，兄弟们随即星散四方，各自奔赴人生的战场。朔风初起，纸钱杳杳。逝者长生，生者保重。呜呼哀哉，伏惟尚飨！

1845 年夏天，二十八岁的梭罗走进康纳德城郊森林深处的瓦尔登湖，在一座小屋中开始了为时两年两月零两天的生活。在那座小屋边树立的一块木牌，上面镌刻着他的名言：“我来到这片森林，是因为想过一种省察的生活，去面对人生最本质的问题，看看是否有什么东西是生活教给我、而我却没有领悟到的，想知道假如我不到这里的话，当我临终的时候，会不会对自己没有经历过的生活毫无察觉。”他向世界奉献了一部《瓦尔登湖》，也向世人贡献了一种生活方式，一种与自然为伴、寻求精神平衡的人生。

葬礼后几日，江南遭遇史上最大的雾霾天，可吸入肺部的雾霾遮天蔽日，自晨至昏，南中国笼罩在一片可怖的灰色之中，无论城乡，无可逃避。我就在这片雾霾中，登上了到广东的航班，随着钢铁大鸟的轰鸣，我被带到了一万米的高空，雾霾被急速抛到脚下。透过舷窗看去，碧空万里，太阳高悬，洁白的云层如峦如嶂，瞬来倏走，气象万千。我心底深处有一样东西被深深触动了。

我知道，我该动笔了。

这是一次回归。回到曾经生活十八年的故土，以社会和历史的眼光，调查当代农村在中国历史变革中的坐标，分析故土在文化变革中的流变，描绘这些“熟悉的陌生人”在祖辈们从未经历过的大变革中的心灵图景，审视时代大变迁下的世道人心的微妙变化。一截断碑就是一个朝代，一片瓦棱就是一页历史，一壁残垣就是一个掌故，一痕础基就是一部辉煌。让冰山浮出水面，让历史和未来联通。我相信，我的故土承受的苦难和留在人心里的悲伤，会在他们耕种的土地中留下印迹。同时，我也相信，我的乡亲们的情感心理、文化状态和中国乡村的未来息息相关。

这是一个迟到的歉意，我在家乡待了十八年，然后把自己连根拔起，在乡亲们的各种复杂眼神里，告别故乡，走向了他们羡慕的都市。而我在家乡留下了什么呢？临上学时种的那排白杨树？用红土写在老家山墙上“安全用电”的几个大字？还是老人们在闲聊时口口相传的关于我的童年趣事？

这是一个久违的拥抱，给自己一个闲适、一次小憩的空间。多年来的人生蹭蹬，世事厌倦，人心难测，常常心生疲惫。我在精神上再一次回到家乡，回到生命的原点，沐浴在田野间来往的生硬的风里，让粗糙的风再一次滋润我的心田，感受一种蓄势待发的力量。

我明白，这次写作于我也是一种修炼。我的乡亲们，质朴、坚韧、勤劳而又私利、直率、粗糙，他们身上遗留了太多的未经雕琢的人性，留下了很多不能为人所容的缺憾。曼德拉离开囚禁了他二十七年的监狱时说过，如果我还没放下仇恨，我就还在狱中。于我而言，在成长过程中，我一直力避他们的缺点，甚至感到是在努力挣扎。但是随着年岁的增加，我感觉心里越来越接近他们，就像一架强弓去除了弓弦，慢慢恢复了原来的样貌。这一点发现，让我感动并感到庆幸的同时，也感到莫名的心酸和惆怅，难道这就是传说中的宿命？这就是所谓的命运之根？我怎么努力也不能改变的人生的底色？

对于还在光阴里讨生活的我来说，这次写作也是一次远征，一次同遗忘的战斗，一次对历史的翻检，一次艰难的心灵抵达。我要独自带着行囊，一边行走，一边访问，一边隐忍，一边战斗。

对于时代，对于历史，对于我的故土、我的乡亲，我要说的是不确定——我的记述是不是掺杂了过多的主观，我的记录能不能表现历史的真实，我的这本书会不会让乡亲们因看到真实的自我而难堪以致心生不满，甚至，我不确定我是否有足够的勇气和能力将这个写作坚持到底。

但是可以确定的是，这部书里的高湾，尽管很小，但它却是真实的中国的一部分，是中国社会肌体里的一个真实细胞的有机运动。还有一点可以确定的是，我所感所写的这一切，都将消亡。也许要对读者抱愧的是，高湾没有炫惑的故事，没有奇幻的想象，没有高蹈的诗意，有的只是类似生活本身的质感：质朴、粗粝、生涩，甚至有点乏味，乃至无趣。

是为序。

目　录

第一章

风：当历史照进现实

第一节　高湾："邮票大的地方"

一切都是从春天开始的。

春风荡漾，流水不寒，草木已经做好了准备。

高湾的狗在大寨路上兴高采烈地大喊大叫，猫则躲在屋檐下叫春，声音高高低低，凄厉而诡异。鸡分了群，在靓翎公鸡的领导下，用尖利的爪牙在冻酥的地里刨食。鸭阵或聚或散，在差不多已经干涸的池塘里东游西荡，感受冷暖。刚刚告别严寒的土地上，布谷声动，花苞待放。树木和庄稼为了自己的成熟在努力地长枝拔节，迎接不久即到的烈日和雨水交相蒸腾的雨季。

长江把江苏分成苏南和苏北，高湾便是位于江苏北部里下河西侧边沿的一个平原小村。所谓里下河，是一个大约的概念。大致是南到高邮，北到淮安，西沿大运河苏北段的里运河，往东到通海的串场河。因里运河简称里河，串场河俗称下河，这一带平原介于这两条河道之间，故称为里下河。

里下河与中国古代最大的水利工程京杭大运河密切相关。当初吴王夫差雄心勃发，北上伐齐，遂开邗沟。邗沟东西相平，陆地相连，河湖相通，西边高地山丘来水，由西向东排往大海。秋冬雨水少，邗沟水源不足，宋代开始筑堤界水，使邗沟以西凹地汇而成湖，蓄水以后，便出现堤西水位高，堤东水位低，因此高的叫上河，低的叫下河。清康熙时，西侧有里运河车逻、南关等坝水流入，南面有通扬运河的水流入，北面与黄淮冲积平原的黄河相隔，东侧串场河沿线入海口因年久被沙土淤浅。这样一来，四水投塘，便形成了四面高、中间低、状如锅底的地理形势。据勘察，里下河大致从东南向西北缓缓倾斜，地面高程从周围海拔 4.5 米，逐渐下降到射阳河一带，海拔最低的只有 1 米左右。

从大范围的地理来说，里下河属于江淮平原的一部分。我大略做了一点考据，里下河平原的历史不超过七千年，当时江苏省长江以北的海岸线呈向西凹入的弧形，现今的里下河平原还是介于沿淮河与沿长江两个冲积平原之间的一个大海湾。临海的淮河、长江自上游冲击而下，泥沙入海，在波浪、湖汐和沿岸流的作用下，在此堆积成沙堤，形成与外海隔开的泻湖。大约三千年前，泻湖在江淮诸多支流注入的影响下，水质逐渐淡化成为淡水湖。南北东西高低错落，水陆泥泽交叉，这才有了湖河港汊之间傍水生存的当地先人。一个混沌的世界终于分出经纬，有了阡陌庄稼，有了人间烟火。

这就是养育了我五代先人的里下河平原。多少年多少代，淤塞复淹涝，历朝历代，当地的人们无不忙于开河与疏浚。这块锅底洼地区总面积 1.35 万平方公里，人口密集，一律傍水而居，其间水网密布、河道纵横，茭苇丛生，大小湖泊连缀相通，犹如贯珠，是名副其实的水乡。里下河的所有物产都与水有关，稻麦棉，荷菱荇，鱼虾蟹，这块由湿漉漉、黏糊糊的黑黏土和无所不在、清亮流淌的水面组成的地方，所有的物产无一不优质高产，声名远播。

我的故乡叫高湾，属于扬州市宝应县。如果用 Google（谷歌）地图从高空往下作鹰眼式的俯瞰，位于江苏腰线部位的高湾是一个很难看到的所在，正是福克纳所说的“邮票大的地方”。因为它太小了，太不起眼了，我结合了 Google 地图、百度电子地图、凯立德移动地图、高德手机地图，借助现代的网络科技，我估测出高湾的位置在东经 119° 25′，北纬 33° 20′。

关于高湾的气候，1999 年版《宝应县志》记载：“气候温和，日照充足，

高湾俯视图

四季分明，雨水丰沛，年平均降水量 966 毫米。日照 2180 小时，年平均气温 14.4℃，全年无霜期 260 天。四季分明，属于亚热带季风性湿润气候。”

这样的字面意义对于在高湾生，也在高湾长的我来说，意味着什么？

在高湾生活 18 年的经验中，这里冬天酷冷，夏天酷热。冬天风起，上学的孩子都下到枯涸的纵横渠道里，一个跟一个猫着腰冲锋。霜前冷，雪后寒。化雪是最冷的时候，茅草屋檐下挂着老长的冰挂，孩子们叫冰冻铛子。敲下来攥在手里，看它滴滴答答地融化成水。上课的时候最磨人，那个冷，脚指头像猫咬似的，让人欲哭无泪。大人脸上总是冻得通红。差不多每个孩子和脸皮细嫩的姑娘的脸上、手上都有冻疮。

到了夏天，蝉在高高低低的树间，日日夜夜叫个不休。日头烈辣，地面滚烫，狗也不叫了，在茅檐下伸长舌头齁着，贴着地面的松软肚皮起起伏伏，律动不息。午间万物休息，如洪荒万古。大人下了门板，搁在随便哪块

高湾的夏天

阴凉地方，伸长身体开始午休，孩子们偷偷钻出房门，到房前屋后的大大小小的河里摸鱼洗澡打水仗，光溜溜的身体晒得皴黑，头上也被晒成瘌痢，淌黄水，结紫疤，被人叫成瘌子。瘌子多，每有人大声叫，一溜光头都回头，都无所谓了。

这就是高湾，一个四季分明的亚热带平原村落，一个夏天酷热而冬天凛冽的鄙陋农村；一个风调雨顺的膏腴之地，一个密集人群的残酷聚居地；一个波澜不惊的桃花源，一个失败了的乌托邦；一个毫无特色可言的平常小村，一个旁人无动于衷却让我心潮澎湃的地方。

不管怎样，高湾于我是独一无二的，是我的一个安慰，一个心结，一个心灵意义上的故乡，一个让我陌生的异乡。

高湾的名字从何而来？我的堂兄阚乃源告诉我，也不知道从哪个年代开始，从大运河边上的乔家闸引下一条东西向的闸河，中间又立了一道双地龙，截流往南，大概一千米左右在高家附近拐弯，变成了一个三岔河。沿河而居的这三十多户人家就成了高湾。这里是水道的终点，南来北往的商船走到这儿就得回返，所以常常是北方贩生姜、南方卖西瓜的农船的聚集地。

高湾就夹在一南一北两条河中间，南边是灌河，北边是排河。顾名思义，灌河负责灌溉，运河放闸，大水汹涌，鱼虾欢舞，滔滔不绝；而排河则负责排水，排出暴雨的积涝和从水田庄稼根部析出的多余的水。灌河和排河之间则是农田和各家各户的房子，高湾就处在被这两条河框定的一个狭长地域。

高湾现有 194 亩可耕地，供养着 29 户人家的 72 口人。而在人口最多的 20 世纪 70 年代，高湾有 37 户 137 口人。在灌河和排河中间，由西往东有三个庄台，依次住着几个姓氏的人家：阚姓、高姓、朱姓、戚姓，在北边的排河边上则住着独来独往的杨姓。每个庄台有三到五户人家聚居，还有几家孤姓，如韦、邵、吴、季，大多处在大姓庄台的边角处，不声不响。四个庄台相隔不过百米，依次错落，有道相通，供人们串门和劳作时走动。

然而，这是我记忆中的高湾。现在的庄子则被排河边的一溜边的庄台所替代，只有不多的几户人家还守着过去的老房子，过习以为常的日子。每家房子都是按照规划做的，二层小楼的高度和院落的大小完全相等，整齐划一，外观一致，绝无不同。只是从门口坐着的老人和偶尔一见的嬉闹的孩子，才能辨别究竟是哪家的楼和院。人口迁移，人如潮汐，年轻人大多星散四方，在城市和镇上上学、上班、打工，现在常年在高湾居住的只有不到十户人家，大多数房子都空关着。每逢清明和春节，天南海北的年轻人挈妇将雏，汇聚老家，大小车辆会在庄头汇聚，用客气而陌生的口气打着招呼，小心翼翼地转圜。

我不得不说明的是，在政府行政系统中，高湾是个不复存在的地名，准确地说，是一个已经消失的地名。20 世纪 80 年代之前叫生产队，分田到户之后叫作组。在我成长的时代，这里是宝应县氾水人民公社海河生产大队高湾生产小队，后来分田到户，变成了氾水乡海河村高湾组。再后来，根据农村撤并的要求，高湾组并给了前进组，海河村则并给了苏律村。

地图上的海河

海河的地名现在还可以在百度地图上见得到。这个名字有两个说法，一个说法是古称，意为通海的河。据《汜水镇志·社会篇》记载，在很久以前，汜水一带是一片大海，西边的高邮湖一带却是繁华的市井人家。时移世易，沧海桑田，汜水“漂”上水面，成了平展的陆地。而高邮则陆沉为湖，没入水下。有人怕后代人忘记这里原是一片大海，便把高湾南边的一条小河定名为海河，借助地名留下记忆。还有一个说法是中华人民共和国成立以后，为了响应毛泽东的号召“一定要把海河修好”而命名的。现在海河并进了苏律村，为了纪念一位名叫苏律的烈士。

关于苏律，苏律村委会的网页上是这样介绍的：“苏律（1922—1947），原名锦元，海门县悦来乡革新村人。中等身材，深度近视。幼年随母去启东县合丰镇东五里寿字圩嗣叔父家寄居。民国 27 年（1938）就读于启东合丰镇小学。民国 29 年（1940）秋参加新四军，曾任盐城抗大五分校训练部教育科干事。翌年在上冈战斗中表现英勇，受到战友好评。嗣后随部队转战于苏（州）常（州）地区，民国 32 年（1943）随部队渡江北上，参加开辟江（都）高（邮）宝（应）抗日根据地。民国 34 年（1945）宝应县城收复后，被分配到宝应城区工作。民国 35 年（1946）先后任刘堡区、陶林区财粮分局主任等职。民国 36 年（1947）3 月 15 日，陶林区委在祖全乡小胥庄开会，会后部分干部转移到南林子。翌日清晨，突然遭到近百名还乡团包围。在突围中，华英超、苏律负伤被俘，被带到大瓦甸紫竹庵，当晚遭刑讯逼供，两人坚贞不屈，终被杀害。事后，中共宝应县委在射阳为他们召开追悼大会，苏中二地委决定将范水乔家闸至民军洞运河东岸一带命名为苏律乡。现上元桥河南为苏律村。”

这里的人（包括已经离开高湾 30 年的我在内）还是习惯把这里叫作海河、高湾，外来的人打听一下地址，当地人会告诉你，海河的某某家，高湾的某某家。但如果现在要寄封信到那里，就必须这样写：江苏省扬州市宝应县氾水镇苏律村前进组，然后加个括号，括号内注明高湾。

我在写作过程中，费孝通先生的《江村经济》给我的启发是巨大的。他在书中这样写道：“村庄是一个社区，其特征是，农户聚集在一个紧凑的居住区内，与其他相似的单位隔开相当一段距离，它是由一个各种形式的社会活动组成的群体，具有其特定的名称，而且是一个为人们所公认的事实上的社会单位。”尽管从官方的地名册里，海河和高湾的地名已经被替换，高湾和海河就这么沉淀在历史深处，无迹可寻，只是活在当地人的口中。

说起氾水，就有点长了。“氾”同“泛”，是异体字，同音同义。这里位于苏北宝应县城沿大运河南下约二十公里的地方。南京大学的胡阿祥教授跟我聊过，在古代，大运河是南方大地上的一道伤口，是南方的失血处。古代统治者借助这道伤口，源源不断地调动南方的物质资源，汲取南方的人力物力，也不断通过这道运河，加强对南方的威权统治。

在氾水镇政府的网页上，关于氾水镇的介绍是这样的：“氾水镇是镶嵌在黄金水道京杭大运河上的一个明星古镇。地处江苏省扬州市北部，是扬州市最大的乡镇之一，距宝应县城南十八公里，总面积一百七十二平方公里，

氾水镇

人口近十万，辖二十一个行政村，七个居委会。集镇建成区面积五平方公里，居住人数包括流动人口达四万人。”

这个运河边上的集镇是苏北名镇。氾水镇肇源于汉末，始建于唐，唐宋时叫氾水集，在现在的镇西南数里，元代称范氏寨，元末明初沉于洪水。现今的氾水镇建于明朝初年。在明清之际，运河繁忙，漕运的帆樯如云，拉纤的队伍成群结队。坐收地利，氾水镇商贾云集，经济发达，集镇规模不断增大。《中华人民共和国地名大词典》载：“明洪武年间称宝应南三十六里有新镇，万历年间开宏济河，建氾水闸，镇以闸名。”据《宋史》记载：真宗、光宗时大筑漕堤，潴水渐多，境内始有氾光湖。新中国成立后为氾水区、氾水公社、氾水乡，1985 年撤乡为镇，2000 年与韦镇、石桥、氾光湖三乡镇合并，为氾水镇，2002 年经省民政厅批准更名为“范水镇”。2012 年 5 月复名为“氾水镇”。

“氾水”这个名称别致而独特，也正因为独特，经历了一次改名风波。氾水作为宝应县的第一大镇，干部轮岗频繁，川流不息。2002 年来了一个年轻书记，准备大干一场。几趟出门招商引资，每次这个“氾水”的“氾”都得让他费心劳神地介绍一番——“汜水”的“汜”，就是“模范”的“范”去掉一个草字头。——不知是哪一趟的琐碎说明，终于让这位日理万机的年轻书记发怒了，索性把“汜水”改成“范水”，岂不一劳永逸！报告打上去，居然还就批了。叫了上千年的地名被一个流水官说改就改了？！这可惹恼了当地人。特别是一些当地走出去的名流们感叹唏嘘，到处鼓呼。七搞八搞，十年下来，终于有了决策者拍板，恢复了原地名“汜水”。

我找到了 2012 年 4 月 11 日宝应县政府《关于范水镇更名为汜水镇的通知》，上面写道：“为充分彰显‘金汜水’的历史文化底蕴，促进镇域、县域经济社会快速发展，经省、市批准，同意我县范水镇恢复原名汜水镇。经县政府研究决定，从 2012 年 5 月 1 日起，正式启用汜水镇名称。”大家都松了一口气，物归原主，像是一下子找到家了。十年折腾，还原依旧，只是便宜了汜水镇上两家小店，一家是做标牌的，一家是刻图章的。平时闲淡惯了，二度暴涨的生意，让他们感慨：旱就旱死了，涝就涝死了。

“金汜水，银宝应。”

说完汜水，还得说到宝应。

1999 年版《宝应县志》中介绍了“宝应”得名的由来：宝应地名是取“胜宝应真”之义，该词取自佛教中常用术语“真如”，佛教中“真”代表绝对真理，“如”是仿佛、无限接近的意思。“宝应”来自唐朝皇帝的年号。当时一位河南的尼姑真如寓居宝应。传说唐上元二年（761）冬天的一天，两位皂衣皂服的神仙引导她走向东南，在楼阁嵯峨、兵卫森严的天庭得到了八件宝物：如意宝珠、红靺鞨、琅玕珠、玉玦、玉印、皇后采桑勾、雷公石斧二枚。《万历·宝应县志》记载：八宝置之日中，则白气连天，措诸阴室，则烛耀如月。经过淮南道楚州府向朝廷进呈，安史之乱，唐政府国力衰败，特别是淮南诸道及地方节度使处于半自治状态，唐政府亟须“正名”。业已病危的唐肃宗大喜过望，于是，这些宝物被称为“定国之宝”，被附会上“胜宝应真”的神圣含义，赋予了“天人合一”的合法性。唐政府把 762 年改元为“宝应”，并把安宜县更名为宝应县，升楚州为上州。后来还在县南街的真如得宝处开得宝河，建真如寺。

说起历史，宝应境域置县已有2200余年。新石器时代，宝应地域已有人类活动。春秋时，宝应地域属吴。战国时，吴亡属越，后越亡属楚。至战国末期，楚为秦并，此地属秦。秦始皇时期建立东阳县。治所设东阳城，位于云山南麓，即今盱眙县东阳镇北。隋开皇初始定名为安宜县，县境东临射阳湖，湖由安宜、山阳、盐城县分治；西达云山，山与盱眙县分治；北至黄浦及白马湖北，与山阳县交界；南至津湖，与高邮县为界。治所设平安故城，定名为安宜城，境域相对稳定。梁、北齐、陈、北周时阳平郡、东莞郡都在此设立治所。隋末，安宜城受到杜伏威的农民军冲击，废址后又沦于湖中。唐初，安宜县治所北

八宝亭

迁于白田，即今宝应城所在的老城区。公元 762 年，真如献宝后，唐肃宗发布诏书，将安宜县易名为宝应县，一直沿称至今。现在在全国以皇帝年号命名的地名，除了景德镇之外，大概就是宝应县了。

到了明朝嘉靖年间，前朝旧址被发掘出来，时任知县的岳东升为昭示太平，根据唐朝的记载，重修八宝亭并刻碑题记。此后，八宝亭屡经修葺，直至如今。八宝亭现在是宝应的象征性地标建筑，周边有假山玲珑，曲水环绕。宝应城里的去处不多，这里挤满了老人。唱戏，下棋，跳扇子舞，练各种奇奇怪怪的功法。

1945 年，上海女作家王安忆的母亲茹志鹃所在的“前线剧团”曾在宝应排演大型话剧《甲申记》。王安忆于 2008 年曾经到宝应寻访，在这个“乡音梗梗的，很像发怒和吵架”的地方，她找到了母亲茹志鹃当年生活和战斗过的旧迹。一番不无坎坷的寻找过后，带着些许的满足和历史的惆怅，最后信步来到了八宝亭。这位以擅长细致描写著称的上海女人静坐下来，从容写道：“角亭与回廊各开一场，亭里的一场是歌，廊下则是曲。唱歌的是一伙中年男女，手持油印的歌本，由一男一女领唱。男的十分高大，相貌堂堂，发声洪亮，很像旧剧种新编现代戏里的英雄人物；女的略枯索些，但落落大方，大约也是有过舞台生涯的，声音称不上甜美，却可无限地拔高和持久，唱的是《拔根芦柴花》一类的苏北民歌。唱曲的年岁要长一些，一人主唱，数人伴奏，应该是淮剧，听不太懂，大约唱的是相思，句句以‘不得过’开头，似可一径地唱下去，永不停歇。无论唱歌还是唱曲，声喉都十分皮实经使，怎么也唱不破。也无论是唱‘芦柴花’还是相思，都是豁辣的态度，有一股豪气。湖边的水榭，粉墙的疏柳影间，写着恋人的话语，多是别辞，含着哀怨与惋惜。不知从谁开的头，久而久之，成了分手的伤心地，是豪情中的一脉温柔。”这就是他乡人陌生的眼神里的宝应和宝应人，管中窥豹，如伸掌见纹，精密清晰。

关于宝应，政府网页说明如下：宝应地处江苏承南启北、中心节点区域，与泰州、盐城、淮安市交界，辖十四个镇、一个省级经济开发区、一个省级有机农业开发区，总面积一千四百六十八平方公里，人口九十二万。是国家南水北调东线工程的源头地，全国首家有机食品基地示范县、首批平原绿化先进县、首批生态示范区、中国荷藕之乡、中国慈姑之乡。

如今的宝应县城几乎集中了全县所有的资源，商业、教育、医疗，乡镇日益显得空壳化。集中了全县八分之一的人口，走在商厦、酒楼、娱乐中心，在这些钢筋水泥玻璃的门面上，冠名不是“罗马”，就是“威尼斯”，或者“亚细亚”，底下街面挤挤，都是挂着“中心”“商厦”之类幌号的小店面。街心搭着促销手机和床上用品的歌台，歌手握着麦克风一连气地唱，吵死路人。宝应县城的一切都呈现出一个微缩版和山寨版的大城市的模样。到年根了，县城里的路上开始了“年堵”，那是因为全县最著名的一家电缆企业驻各地办事处的阔人们回来了，他们开着打头为京、沪、浙、鲁、陕、闽等标号的豪车，带着大捆的钞票衣锦还乡。楼盘打出“为衣锦还乡的家乡名流打折”“宝应好佬要住的好房子”的大幅广告，大大小小饭店，大大小小的饭局，大人小孩以大大小小的理由欢聚啸饮，四处炸鞭炮，噼噼啪啪，响声不绝。圆通禅寺隐于老城南，此时也钟磬声声，招引着人们上香供钱。

我的故乡，宝应是源自唐代的年号纪元，氾水被没文化的庸官为书写方便粗暴地改为范水，海河作为地理印记，让位于另一个政治名人苏律，高湾则被拆并，自此消逝，永无印迹。所以，从符号上说，我的故乡，在地图、地址和所有的官方文字中已经消逝，是一个无法邮递的地方。

2017 年，我帮助央视做《地名中国》节目的策划，在《地名中国》的策划书中这样写道：“地名，是望得见山的故土心，看得见水的思乡情，记得住乡愁的回家路。一方水土养一方人，一方地名记录一方的来处。中国的地名，是一部无形的家国史，它饱含着一个民族对自己的文化认同，是历史根脉、心灵归属的寄托所在。”

《地名管理条例实施细则》中明确规定，遵循地名命名和地名演化规律，坚持保护为主，防止乱改地名，决不让大量地名文化遗产无端消失。对群众已经习惯、可改可不改的地名不更改。建立地名命名、更名、注销和使用管理的长效机制，防止随意命名更名，从源头上遏制新的不规范地名产生，切实保护好地名文化，让人领略中国地名文化的独特魅力和深厚内涵，借此激发公众爱国、爱家乡的情怀，弘扬传统文化，传播中国形象。

地名是深铭在大地上的历史符号，里面隐含着神秘的文化密码，有着历史、地理、文化、生活乃至人物情感的丰富信息。无论是城市还是乡村，街区还是小巷，名山还是大川，每一个中国的地名，都像时间的烙印铭刻着变迁的刻痕，有时过境迁的烟雨沧桑，有源源不断的文脉精魂，有时代前行的轨迹步伐。

地名的改动，往往意味着文化的断裂和文明的失落。据民政部地名研究所统计，近三十年来，仅伴随基层行政区划和建制村调整，我国就有六万多个乡镇名称和四十多万个村名被废弃。李培林根据相关数据，得出这样的结论——现在在中国的行政版图上，几乎每天都有约七十个村落消失，每一年都有上万的村落在中国行政版图上消失。

宝应，汜水，海河（苏律），高湾，这其中有历史，有地理，有革命，不同的维度进行毫无规律的排列，定义着这块土地，仿佛上千年的时间被随意无序地散落在这块不大的土地上。时间所到之处，万物破碎散落。所幸的是，地还是那地，人还是那人。运河水荡荡流淌，一年两茬的庄稼依旧扬花吐穗，欣欣向荣。

第二节　大运河畔

如果我们把京杭大运河想象成一棵树，两旁的沿水市镇是一丫丫枝条的话，那么，高湾就是缀在纷披枝条上的一枚平常无奇的树叶。

高湾边上的京杭大运河

大运河堤

千里大运河南北相连，川流不息，夹岸是两道大堤，高湾就在大堤东侧 500 米处。水杉挺立，护佑在大堤两岸，风雨掠过，林梢呼啸如潮，是让我少时感到震撼的军阵。从运河大堤上可以看到一丛丛绿色的树中掩映着的房屋，房前水曲柳，房后鬼拍手。前栽柳树，后种杨树，一丛树则是一处屋，一溜树则是一排房。

运河大堤则是另外一种景象了。大堤很高，一如高邮作家汪曾祺所说，堤下人家的鸽子飞起来，在运河大堤上能看到鸽子的背。我小时候会发呆，常常从家门口遥望西边的运河堤，看运河大堤像远山含黛，每天的太阳都从头顶经过，然后毫无例外地落到大堤后面去，也看运河里的白帆片片，像云朵一样缓慢来往。

说到我的故土，大运河是绕不过去的存在。古往今来，中国各地的运河长长短短的有 4000 多条，著名的有西门豹的漳水十二渠、曹操的平虏渠、刘靖主持的幽州戾陵堰、隋永济渠、元朝郭守敬的通惠渠等古代大型人工河渠。但是要是说到大运河，则是毫无疑义地特指我少时日常可见的京杭大运河。

现在的运河上还走着运输沙石的机轮船，大概因为运费的缘故，轮船常常装得贪，吃水极深，蒙了油布的货物往往齐了船帮的沿，突突前行。岸上是货卡与拖拉机，轰隆隆开过。我少时则不是这样的，运河里走的大多是帆船，岸上牵着一排拉纤的，顺风时他们在运河堤上松松垮垮地闲走，看到路过的大姑娘小媳妇还不忘贱嘴打俏，对方一阵风慌忙走脱，他们会得意地大笑。遇到顶风，就是这帮闲汉们紧张的时候了，他们在风中身体倾斜，绷紧绳索，盘成一张张弓，力量全部在肩膀的纤板上，吭哧吭哧地逆风前行。

打开中国地形图就可以看出，地势西高东低，河流大多东西走向。先民的古老神话，解释了这一奇特自然现象的秘密，那是共工与颛顼争夺帝位，失败恼羞怒触不周山，撞折天柱、断绝地维，于是天倾西北，地陷东南，水潦由西而东，归入汪洋。而大运河则是南北为向，纵贯在中国的东部平原上。京杭大运河，是世界上开凿最早、水道最长的人工运河。《话说运河》中，央视主持人陈铎曾在地图前深情地作了如下解说——“各位观众，请仔细看一下中国地图。这是山海关，万里长城从这里向西南方延伸到中国的腹地，高高低低，途径 7 个省、市、自治区。这是北京城，京杭运河从这里伸向东南的大海之滨，深深浅浅，流经 4 个省，2 个市。我们从地图上粗略地看，长城跟运河所组成的图形是非常有意思的，它正好是中国汉字里一个最重要的字眼‘人’，人类的人，中国人的人。”

接下来的句子就著名了——“你看，这长城是阳刚、雄健的一撇，这运河不正是阴柔、深沉的一捺吗？”——这是电视专业编导教科书里几乎必收的经典解说词。

在百度搜索中键入“京杭大运河”，可以得到这样的检索结果——“京杭大运河，是世界开凿最早、水道最长的人工运河，北起北京，南到浙江的杭州。流经天津、河北、山东、江苏和浙江四省一市，沟通海河、黄河、淮河、长江和钱塘江五大水系，将五大水系连成统一的水运网。全长 1794 千米。”京杭运河是我国唯一南北走向的长河。它和公路、铁路一样，不存在源头，而是两端互为首尾。横穿海河、黄河、淮河、长江和钱塘江，因而使我国这 5 大河相连成一个江河网。它是世界上人工挖掘的一条最长的河流。它比苏伊士运河长 10 倍，比巴拿马运河长 20 倍。这也是一条以无数人的智慧与辛劳为代价，才能流淌数千里的水道。作为后人，我们常常要问，同样始于东周的凿运河与筑长城，这一南一北最古老的人文遗迹，究竟给予我们怎样的历史意味？传递了怎样的精神内蕴？

正如伏尔泰在《哲学辞典》中所说：“中国人早我们通俗纪元前两百多年就修筑了万里长城，这道城墙却也没有挡住鞑靼人的入侵。……万里长城是一座由恐惧和不安而产生的巨大建筑；金字塔是一些虚荣和迷信的遗迹。长城和金字塔都证明人民的巨大耐心，却并不说明任何高等的建筑艺术。”隔绝与阻断固然带来安全感，但也同样引发封闭与脆弱，那么以运河为纽带的交流与融合，则在中国南北轴上打造出最生机勃勃的经济与文化长廊。筑长城是为了设置难以逾越的障碍，挖运河是为了最大限度的沟通，二者用意迥然。

若从中国的主要水系看，海河、黄河、淮河、长江等几条东西走向的大河，为各自流经的广袤地域，带来了巨大的灌溉之利、鱼米之盛和舟楫之便。北起华北平原，南止杭嘉湖平原，平畴坦荡，沃野千里，无不得益于河流的滋润。但可惜的是，它们几乎自成一脉，殊少汇通。这也就意味着某种割裂的存在。它们之间，显然缺少一条南北向的天然河道沟通。这种情况在古代大大影响了各流域之间经济、文化的交流和政治上的统一。在此意义上，京杭大运河将由西而东平行分割的几条大河流域，实现了真正的南北串联，于是中国东部，在唐宋以后成为经济最发达、文明最活跃的区域，其重要性愈到后来愈加凸显。

而运河的开凿却始于春秋末期，出自一位南方诸侯的政治野心。早在2500年前的春秋时代，当时割据一方的大大小小的诸侯国，竞相修明内政，争强称霸，即开始凿筑多条人工运河。《左传》记载：“哀公九年，吴城邗，沟通江淮。”这就是吴国在公元前486年开凿的邗沟。位于太湖流域的吴王夫差为了北上伐齐，以邗城（今扬州附近）作为北上据点，并在城下开凿运河到末口（今江苏淮安市楚州区城北），沟通江、淮，以运输军队和辎重。这条运河被后世称为“邗沟”，长约150千米，是京杭运河的最早河段。一条沟通长江下游与淮河下游的人工河道，在中国东部平原地区第一次出现了。此后历代君王，以此为基础陆续开凿，向南北延伸的，不啻是河道，更是一种地域视野与治国胸怀。

公元589年，隋王朝结束了300多年的南北对峙，海内一统。以帝都长安为中心，建立庞大的政权网络。为了沟通长安与东南富庶地区的联系，便于从黄河下游和江淮地区转运漕粮，以及加强北部边防，隋朝全面规划了运河建设，大规模开凿了以洛阳、开封为中心，北起涿郡、南达杭州的运河网，习称南北大运河。如今看来，隋炀帝算得上最早以运河为便，跃马可以北征辽东，振楫可以南下逸乐的君王。因为运河，这位心性暴戾却诗情绮丽的君王，得以泛起龙舟，直下扬州。他对自己的扬州情结，毫不掩饰。《江都宫乐歌》："扬州旧处可淹留，台榭高明复好游。风亭芳树迎早夏，长皋麦陇送余秋。渌潭桂楫浮青雀，果下金鞍跃紫骝。绿觞素蚁流霞饮，长袖清歌乐戏州。"为此，他特地命令乐官白明达创新声，为《泛龙舟》等谱曲。其《泛龙舟》："舳舻千里泛归舟，言旋旧镇下扬州。借问扬州在何处，淮南江北海西头。六辔聊停御百丈，暂罢开山歌棹讴。讵似江东掌间地，独自称言鉴里游。"这"江东掌间地"之喻，尽显隋炀帝对扬州既君临统御又把玩爱恋的心理。616年，隋炀帝将幸江都，东都的宫女大半未能随驾，他题诗赐守宫女云："我梦江都好，征辽亦偶然。但存颜色在，离别只今年。"在他的心里，美姬与扬州江都一样令他赏心悦目，甚至连划桨背纤者亦选妙丽女子充任。史称，隋炀帝幸江都，至汴，帝御龙舟，萧妃乘凤舸，每舟择妙丽女子千人执雕板镂金楫，号为殿脚女。其中有女子名吴绛仙，柔丽异常，因而得宠。隋炀帝每倚帘视绛仙，移时不去。遂吟《持楫篇》以赐之："旧曲歌桃叶，新妆艳落梅。将身倚轻楫，知是渡江来。"隋炀帝看琼花，戏台上演绎成三千宫女衣着轻薄，妖娆万状地在岸上背纤，成为和商纣王酒池肉海、周幽王烽火戏诸侯一样的暴君亡国典型。

在"扬州旧处可淹留"中沉酣不已的隋炀帝，终于葬身于此。他被部下所杀，身死国亡，葬在扬州。数百年后，清代扬州大儒阮元因家丧回扬州守陵，从《嘉靖惟扬志》中看到雷塘北面有隋炀帝陵，就在雷塘附近遍访村民，踏勘遗迹，经过考证，确定墓址，并雇人堆土种树。恰好，此时任扬州知府的福建长汀籍伊秉绶，乃引篆法入隶的一代书家。他应阮元之邀，书写陵墓墓碑。正中竖写“隋炀帝陵”四个大字，右书“大清嘉庆十二年在籍前浙江巡抚阮元建石”，左书“扬州府知府汀州伊秉绶题”，其碑派书法古茂浑朴，在清代书坛影响很远。不曾想在2013年，也就是在勒石刻碑206年之后，扬州市西湖镇司徒村曹庄一房地产建设项目中发现两座砖室墓，出土了铜制的衔环铺首以及金镶玉腰带，墓志清楚写着“隨故煬帝墓誌”等字样。考古专家推测，该墓志表明墓主为隋炀帝杨广。真墓确定，景点“隋炀帝陵”仍保留，成为一段历史公案。

曾让隋炀帝心心念念的琼花，如今与芍药一起成为扬州的市花，银杏和柳树成为扬州的市树，这可能在全国也是独一无二的了。其实，琼花早在元代即已灭绝，后来被江苏农学院（现为扬州大学农学院）的“琼花教授”徐晓白，把聚八仙进行重新培植开发，命名，花瓣多重，蕊畔开花，可谓奇葩。在文化搭台经济唱戏的1990年代，一年一度的琼花节成为这个旖旎小城的庆典。

一位西方哲学家说，人类不过是历史长河中的浮沫。诚然，对生命存在而言短暂而易逝，如泡影如埃尘；但若从其历史影响看，则又不尽然。在隋炀帝、运河、扬州、琼花之间，我们分明看到帝王的个人意志与好尚，不仅塑造着他生活的那段历史，也将扬州这座江淮间的小城，跃升为后来与杭州、苏州、淮安并称的四大运都，奠定根基，而他个人的嗜好至今仍深深嵌入这座城市的文化气质中。

唐宋时，运河的终点走向长安、洛阳。直到南宋初期，江淮间运河的航道由瓜州北上，经扬州东北茱萸湾，循邵伯、新开、樊良、津湖、氾光、白马及射阳诸湖，至淮阴后，经龟山、盱眙，再渡入淮河，至泗州入汴河。元明以后，京杭运河裁弯取直，贯通南北。漕运工程全线展开。永乐年间，宋礼开会通河，连接济宁与黄河；平江伯陈瑄凿淮安清江浦河，通淮为运道。这样，江南漕舟经仪征、瓜州，顺漕道北上，至淮安，浮淮河，入泗水北行，入济宁运河。自淮安以北，整个运口全面东移，诞生了一条新的运河镇邑风景线。从杭州开始，到通州张家湾，这一运路上，密集着因运河而兴起的城市。这对运河沿岸镇邑的开发繁荣，可谓意义非凡，也极大提升了这些地区的知名度。

2019年夏天的傍晚，在淮安市淮安区河下镇漫步，走在凹凸不平、长长的石板路上，攀上里运河大堤，所站位置正好是河道自南向西北的转弯处。身边的友人告诉我，此地正处在古末口与沙河之间。前者为吴王所凿，后者乃明代武将平江伯、也是明清漕运制度奠基者陈瑄所疏。生于淮安清江浦的友人在书中写道："从扬州来的船，悠悠晃晃，进入淮安府山阳城西管家湖。官堤环绕，遍植垂柳，风过处舞袖轻舒。湖西，蒲稗因依中，一条水道伸向西北方。天光云影下，水面漾着一种飘忽召唤的眼神。从那里开始，里运河变换名字，叫清江浦河，一直通到几十里外的入淮口。这一带水路，旧时属于山阳县，两岸漕署、府署、县衙、榷关、河府、道署密布，还有船厂、粮仓。繁华过，也衰落过。"

清代以河政、漕运、盐政并列为三大政。淮安出生的周恩来总理说过，我做总理20年，只做两件事，一是上天，一是水利。作为清朝治水的最高机构，清代河道总督驻淮安延续183年，如今从孑留的建筑和池沼山石，仍隐约可见当年河道总督衙门的威仪。在巨大的沙盘前，我看到黄河夺淮的形势图：一道来自北方的黄龙硬生生地堵塞了淮河的入海通道，淮河水郁结难出，改走运河，使得堵塞的洪泽湖越来越大。为保运河漕运，就得不断加强修建洪泽湖大坝。新中国建立伊始，毛主席就发出号召"一定要把淮河修好"。包括高湾人在内的百万苏皖民工集中起来，了不起的人工在洪泽湖的南沿一个叫蒋坝的地方，豁开一道水口，建起了巨大的三河闸。自此，淮河流到长江，成为长江一大支流。淮河从一道原先介于黄河、长江之间的平行入海河流，被南下的黄河挤压，最后投入长江的怀抱。直到晚年，父亲还跟我提起，当年在三河闸挑河时的壮观场面，参与建设这个伟大的水利工程，是他一辈子的骄傲。

友人还告诉我，当时江南漕舟抵淮安，需要先卸下货物，再以绞盘把船提起来，拖过坝。不仅劳费甚巨，且冒着财废船坏之险。陈瑄走访耆旧，决定重浚沙河故道。自淮安府山阳县城西管家湖（亦称西湖），凿渠引水，通至鸭陈口入淮。这条六十多里的新河，时称清江浦河。陈瑄在总理漕河的三十年里，宏图伟略、政绩斐然：缘西湖十里筑堤引舟，江南漕船无须陆运过坝，省费不訾；在清江浦河上设移风、清江、福兴、新庄四道节制闸，防止黄河倒灌；再于南岸设粮仓数百间，接纳南方漕粮，让清江浦承担输粟的转运重任；漕运离不开船，再从山阳县城至清江浦，建规模居全国之首的“清江督造船厂”。友人说，六百年历史的清江浦，才是真正意义上因运河而诞生的城市，陈瑄是其开埠者。如今淮安清江浦老城区仍保留着明清时的旧格局，清江闸、东西大街、常盈桥、石码头、丰济仓，友人一一为我指点。

我的家乡高湾处于扬州和淮安之间，南到扬州九十多公里，北距淮安七十多公里。你要是开车到高湾，可以从京沪高速公路界首收费站下来，沿着大运河堤直行往北一公里处，就会看到一块醒目的标牌：南水北调。这里就是当今世界上最大的调水工程——南水北调东线的一处重要节点。高湾就在这一段的运河大堤下面。运河分水之后七百年，到了 2013 年 12 月，南水北调东线通水了。大运河前所未有地被改变了流向，逐级提水，水流方向从由北往南改成了由南往北，为庞大的北方城市群供应来自南方的丰沛水源。

其实，被我们习称的大运河，也在历史兴迭中屡经更易、数度堵塞。古邗沟也曾数度变道。在汉代，射阳古城是邗沟的北端重镇，与广陵（今扬州市）扼邗沟南北两极。东汉末年，作为南北通行之路的邗沟已部分湮塞，时任曹魏广陵太守的陈登，于白马湖、津湖之间开凿夹耶渠，对邗沟进行了疏通与截弯取直工程，为宝应境内邗沟第一变，其后一直到明万历四十二年（1614），邗沟在宝应境内共有十三次变道，这就是著名的“邗沟十三变”。运河的变化决定了扬州沿线城市的命运，给当地带来了文化的多元与开放，促进了本地区经济的发展和文明的昌盛。然而，无论唐宋时的长安、洛阳，还是明清时的北京，帝都永远是运河流淌不息、淤而复疏的驱动力，永远是舟楫帆影的终极指向。在明清两朝的政治设计里，治河与漕务系乎国政，性命攸关。

每次经过运河城市，心中总是追问，运河究竟怎样书写着中国的历史？凝定在怎样的文化肌理中？又如何深深积淀于沿岸的民风民性里？毫无疑问，逐水而居，是所有民族的生存本性。在熙熙攘攘的公路和轰轰隆隆的铁路开通之前，运河是南北交通的大动脉，大军作战时运兵运粮草，和平时期运载南北货物，北方的煤炭、木材，南方的稻米、丝绸，以及南北的货运，也是马克思笔下写到的古代中俄、中欧茶叶之路的重要通道。物流的畅通直接推动了商贸和人流，京杭大运河是中国古代最重要军事大动脉，自然也是政治和经济的命脉。

古代陆上运输只有骡马大车和肩扛人挑，运输速度缓慢，运输量又小，费用和消耗却甚大。所以大宗货物都尽量采用水路运输。中国天然形成的大江大河大都是从西往东横向流动的。但是在黄河流域历经战乱破坏，而长江流域得到开发以后，中国就逐渐形成了经济文化中心在南方，而政治军事中心在北方的局面。为保证南北两大中心的联系，保证南方的赋税和物资能够源源不断地运往京城，开辟并维持一条纵贯南北的水路运输干线，对于历代朝廷就变得极其重要，明清两代更在淮安府城专门设立漕运总督和下属庞大的机构，负责漕运事宜。在海运和现代陆路交通兴起以前，京杭大运河的货物运输量一般占到全国的四分之三。

于是，码头文化诞生了。比如官方的驿卒。按明代驿传制，每隔几十里设一驿站，这使大运河既能用作运输走廊，又能驿传，负责运送信函、接待官员，构成一个官道网络，保证王朝将权力伸向四面八方。运河码头同样成为中国江湖文化的滥觞地。我的友人在书中写清江浦的石码头：“早先这里商铺、客栈、货栈、钱庄、车行、饭店、茶楼，一家挨一家，连墙接椽。‘南船北马’‘九省通衢’，说的就是这儿。商旅在此换车换舟，投宿逗留；车船运来的物资，在此装卸，堆积于货栈。各式人等、南腔北调，四方汇集，日夜不歇！石码头过去，更是漕卒、牙行、商贾的交涉地。旧时漕船多挟带私货，因为漕卒备极劳苦，日用亦倍蓰家居，于是沿途挟带贩卖，以图微利。

漕船到水次，便有牙侩来关说，引载客货。漕卒要在城市货物辐辏之处，逗留迟延，寻找机会以博微利。”其实别处的运河码头，也与清江浦一样。著名的青红帮实为码头文化的产物。

清代以降，从红帮分裂而出的青帮占据漕运，把红帮的“反清复明”改为“安清保清”。安清帮不再以“忠义”为本，而以混杂的僧道俗“十三祖”为供奉的偶像。他们把过去的兄弟相称，改为师徒相传。安清帮投靠清王朝以后，清廷责成安清帮护运军粮，从杭州运到通州，沿运河设码头官，分段护卫。由于后来海运发达，粮食改由海道北运，运河失去作用，青帮转而投向其他行业，开设赌局、妓院、烟馆、戏院、戏班、澡堂、茶楼、饭庄、旅店等，以致走私贩毒、贩卖人口，或为军阀、政客、资本家充当保镖、打手、刺客等，成为与政府对峙而又暗通款曲的流氓势力。黑社会的安清帮遂演变为结交官府，坐地分赃的恶霸流氓集团。所以从运河上走的船，背后都有青帮的影子，沿岸的人是不敢动手的。

运河不仅是人流物流的大通道，也是各地艺文的集散地。以方言为基础的民间曲艺就是沿着运河传播的，叫作走码头，一站站盘桓，一站站唱诵，一站站流传，运河水载着他们的哀愁和喜乐，从天津的津卫子，到山东的侉腔侉调，再到江南的吴侬软语，一条运河模糊了方言的边界，使得“骏马秋风塞北”和“杏花春雨江南”和融一处。我的好友谢青桐曾在大运河申遗办工作，中国大运河申遗成功后，机关功能转换，人员也杂了，他去了扬州文化研究所，著述丰硕。我相信，是运河南北交流的文化气象和沿岸的文化风物给了这位学贯中西的年轻学者如此丰沛的灵感。其实，翻检历代文集，以运河两岸风物为题的诗文，可谓数不胜数，仅从我清江浦友人在其书中所引相关诗句，就足以让我惊叹。可以想见，那是一条用文学意象定格的运河风光，是被审美诠释的运河。

2015 年冬天，我在济宁电视台朋友的热情引导下，来到山东汶上南旺镇，这是古代阚国的所在地。春秋时期，齐国大夫止，被封于阚国，世称阚止，“北有荆轲，南有阚止”，以武功闻名天下的阚止与田成子任齐简公的左右相。公元前481年田成子发动政变，阚止被杀，阚氏后代星散四方。

在南旺镇最著名的是龙王庙。“北京到南京，济宁在当中”，古时，位于大运河南北中轴线上的济宁是运河的水脊，过往船只到济宁必须落帆停船，要等提闸放水方能通过。这种停留让这个平原小镇成为运河的咽喉之地，每日里河道内帆樯如林，舟船如练，南船北马，人烟拥簇，货物堆山，商贾云集。“一条大运河，千里碧水流。帆船首尾衔，都过济宁州。”汶上平民出身的水利专家白英，在运河南旺段设计筑造了分水龙王庙，运河水自此分流，“七分朝天子，三分下江南”。鬼斧神工的设计，协调了运河漕运和水利灌溉的难题，使大运河畅通无阻，长盛不衰。这一可与都江堰媲美的水利工程也使济宁成为“运河之都”。

1983年，大运河开始明代以后的第一次全面整修，千军万马云集，我是第一次感受到劳动场面的浩荡与诗意：见了底的运河笔直延伸，一直延伸到看不到的远方，河堤两岸搭着帐篷，连成一片。工地上人山人海，红旗招展，人声鼎沸，河床上下的人肩挑担子穿梭来往，两股人流川流不息，远处看像浩浩荡荡的蚁群，冬天的寒风也好像退缩了，整个场面热气腾腾，让人震撼。天津台的小赵讲，天津当年开挖运河，河泥堆在一起，现在还有天津人周末带上锹去挖，往往还会挖到碎瓷残币。

自宋元黄河夺淮改道后，淮安至济宁的这段运河最脆弱不稳定，或水患频仍，或枯竭湮塞。为了确保漕运正常，首先必须维护运河。所以明清以来，江淮间俗称“挑河”的河工，其顺利与否成为漕运的生命线。濒河之地，例多夫役，首当其冲，动辄征调数万民力。按明清漕粮制，保障运河平安航行的基础建设，如修筑疏浚等，都由地方徭役维修，朝廷不予财政资助，沿岸庶民徭役之重，可想而知。清初亦如此。仅举明遗民谈迁《北游录》所记：顺治九年（1652），黄河决堤，漕运受阻。总督河道兵部尚书兼左副都御史杨方兴，开引河五百丈，役数万人。从淮安杨家庙到清江浦南，全面开工日夜不息，征夫稍稍不力，官兵即矢贯其耳，连簿尉也被箠罚。谈迁从船夫那里，得知杨氏治河，作风酷严。杨方兴本人亦亲临前线，“结茅庐于堤上，盛暑隆冬寝食其中”，其劳瘁可想而知。谈迁在《清河县》替百姓嗟叹：“征夫徭频累，使客驿常多。疲邑天为闵，年年稔麦禾。”徭役繁重，苦不堪言，所赖年年好收成，难道苍天也可怜淮上黎民？

毫无疑问，在《清史稿》河臣传之外，是无数卑微者支撑着王朝这条南北大动脉的贯通，可他们却是永远的历史缺席者。明清两代，淮河漕道施工之勤、縻帑之巨，人民田庐受灾之频，超过以往任何朝代！乾隆帝赐给河督高斌的那块“绩奏安澜”碑，如今仍静静立在清江浦江南河道总督署一隅，此后真的“安澜”否？

在漕运兴盛的岁月里，黄河、长江史无前例地，同时穿过江苏境内。原先的淮河被迫改经洪泽诸湖，汇入长江。而黄河南侵，利于漕运的同时，也遗害无穷。它挟带的大量泥沙，淤积于河道。而洪泽湖也变成真正的“悬湖”，底部高出海平面三至六米，大大高出里下河地区。南低北高的变局，让逆流而上的漕船，格外艰难。向南，漕道穿行于高邮、宝应等湖泽之中，仰赖洪泽湖东南的高家堰为屏障。一旦淮水为黄河所迫，漫溢越堤，高、宝诸湖遂成汪泽。“淮病而黄病，黄病而漕亦病，相因之势也。”顺治年间河道总督杨方兴，这样一针见血地总结它们的关系：宋以前治黄河，只要让它顺利入海即可，无论向南还是向北。但明清不同，因为要“借黄济运”，必须借助夺淮的黄河。黄河只能向南，不可向北。“数年后河仍他徙，何以济运？”他的困惑无人解答。不幸而言中，至清末黄河真的北行，而且一去不返。“两岸漕船八十里，樯灯累累一时起”从此永远成为历史。

胡阿祥教授在一次聊天中，跟我说道，一次某城市举办一个运河论坛邀他参加，他的观点是，大运河是北方专制王朝吸取南方民脂民膏的一个渠道，是南方的一道失血的伤口。结果论坛组织方不让他去了。他哈哈一笑。其实，黄宗羲早在的《明夷待访录》里，就痛陈明初迁都之弊，说江南财赋北上，弄得一条运河不堪重负！明代以来渐成定规的“借黄济运”国策，成为后人轻易不敢质疑的祖宗家法。北方从来都依赖东南的发达经济，如果漕运废弛，那东南财赋如何供奉京师？事关国体，人们夹在两难之境：水自然要治，可排在首位的究竟是漕运，还是民生、水利？在利玛窦这位洋人眼里，如此劳民伤财、不计成本的漕运，竟能存在几百年之久，简直不可思议：“害怕海洋和侵扰海岸的海盗，在中国人的心里是如此之根深蒂固，以致他们认为从海路向朝廷运送供应品会更危险得多。”（黄仁宇《明代的漕运》）“害怕海洋”，岂非暗示民族心理或文明的先天缺陷？令我矛盾的是，没这运河，又哪来随运河而来的一切？

道光十九年（1839），龚自珍沿运河南下，“北俊南孊气不同”，夜晚水上灯火点点，两岸背纤的苦力拉着船匍匐前行，耳闻苍楚的号子，让他潸然：“只筹一缆十夫多，细算千艘渡此河。我亦曾糜太仓粟，夜闻邪许泪滂沱！”（《己亥杂诗》）精彩了上千年的京杭大运河风景依旧，虽没有了千帆竞发的浩荡，没有了纤夫肩上背着的长长船队，也没有了呼啸来往的千军万马，唯一不变的是浩荡的河水，四季不涸，流淌不歇。

运河的开凿既是帝国政治经济与文明融合的需要，以水路的方式书写大一统气象，而对于我们这样生长于运河畔的人来说，似乎更是一种地域、伦理兼风物、审美的宿命。无论置身何处，你的音容里都有它湿润的灵性印记。——高湾于我，亦是如此。

第三节　隔河就是高邮湖

从高湾往西五百米，就是蜿蜒千里的运河大堤。沿河大概五里路左右，就有一个渡口，人、畜、自行车、独轮车在船上来来往往，先是水泥船，用篙用橹，后来用了机船，船也改成铁壳的了。偶尔有放牛的，牵着牛绳上船，人在船上看着水面，牛则在船侧不紧不慢地跟着游，水面上露出牛头，大大的鼻孔喷云吐雾，一副惬意的模样。

过了渡口就是高邮湖。高邮湖是由首尾相连的三十六个大大小小的湖泊连缀贯通而成的。水并不深，因水位高于京杭大运河而称为悬湖，这个南北长约四十二公里，东西宽约二十五公里的水面既是湖又是河，是漕运必经之路，也是南北洪水肆虐来去的洪水走廊。其面积仅次于鄱阳湖、洞庭湖、太湖、巢湖和紧邻着同涨同落的洪泽湖，是我国第六大淡水湖。北宋高邮诗人秦观写道："高邮西北多巨湖，累累相连如贯珠。"南宋诗人杨万里的诗则更有画面感："远远人烟点树梢，船门一望一魂消。几行野鸭数声雁，来为湖天破寂寥。"高邮湖鸥鹭翔集，鱼鲜蟹美，菱嫩藕肥，水产丰饶，美不胜收。

沈括在镇江写成的《梦溪笔谈》中提到："嘉祐中，扬州有一珠甚大，天晦多见，初出于天长县陂泽中，后转入甓社湖，又后乃在新开湖中，凡十余年。居民行人，常常见之……行人至此，往往维船数宵以待现。”有关高邮湖的传说很多，流传最广的说法是：高邮湖底有座古城，叫陈州府，和陆上的城市一样，有房屋也有街道。至今当地的渔民仍然对这个传说笃信不疑，当地渔民下网还会拖上一些古物，这云水茫茫的高邮湖，下面没有城又怎么能有这些稀罕物呢？一般人知道海上的海市，沙漠里的蜃楼。但是高邮湖也常常出现这样的奇观。

据民间记载，1962年农历九月十三日出现了海市蜃楼。从大王庙到老鼠嘴有几千米长的街道，城墙上有兵马走动，城门口人来人往，街上有贩夫走卒，挑葱卖菜，商贾行人，熙熙攘攘。其中一个买菜的老妪手拿一把葱，与卖菜的讨价还价约有两三分钟，清晰可见。当时在白塔河口有几百名民工争相观看，邗江万寿村两个十来岁的放猪小孩见此情景，就兴奋地向海市蜃楼奔去，被大人及时发现拦阻，才幸免于难。此次海市蜃楼显了四个多小时，直到太阳搭上西山才隐去。1995年8月9日这一景象再次出现。上午9时左右，一场暴雨过后，湖面上出现大堤和树木奇景，三四分钟后，景象开始清晰，大堤上有汽车行驶。又过了十分钟，出现一座城市轮廓，有楼房、街道，还有两个高耸的烟囱，其中一个还冒着滚滚浓烟，让人惊叹不止，疑为梦境。

关于陈州府，当地有个口口相传的故事。有一天，一个叫花子来到陈州府，乞讨了两条街，无人施舍，最后来到一个学馆，学馆门口一个学童就从自己的午饭中分了一个饭团给叫花子。叫花子对他说，陈州府人心不古，必遭灭顶之灾，学童立即告诉先生，先生赶紧叫住乞丐，问其所以。叫花子被缠不过，就说，一旦学馆门前石狮子眼红，大难即至。先生不敢怠慢，安排学生轮流看着石狮子，那个施舍的学童也看了好几次，但还是不见石狮子眼红，孩子不耐烦，就拿出书包里的红蜡笔，将石狮子的眼睛涂一层红蜡，随后恶作剧地告诉先生：“石狮子眼睛红了。”先生一看果真如此，大惊失色，立即奔到街上大呼：“石狮子眼睛红了！石狮子眼睛红了！”人们听到喊声都忙着逃命。哪知道惊动了陈州府街北头磨豆腐的老两口。他们家有口永远用不完水的大水缸，老两口正在泡豆子，突然听到大街上有人喊叫逃命，老两口商量说，我们老了，又跑不动了，这口水缸是宝贝缸，我们就躲到缸里去吧，说着老两口就将缸扳倒了。缸口一着地，“哗——”大街上到处是水，不到半个时辰，整个陈州府一片汪洋，没人逃过此劫。那个闯祸的小学童看四处是水，就跳到石狮子背上，说也奇怪，石狮子不但不沉，反而往上浮。他嘴里不住地喊：“孽障孽障往高游……”水越来越大，陈州人都成了鱼鳖，只有这个闯祸精得以生还。从此，人们就把学童逃生的地方叫高游，把陈州府沉下去的湖面称为高游湖。秦朝开始建立驿站，改称高邮，湖随地名，也随着叫高邮湖了。

这个故事，我第一次听出生在高邮的同学好友孙国强说起，感喟莫名。大概是缘由命运的诡谲和人生的无奈，并植入了陈陈相因的道德说教。所以传播很广。

“湖上一樽酒，橹声去渐遥。遥知故人立，望我入云霄。”“日翻湖面影，光动水波楼。岸近樽酒满，柳荫一系舟。”清代蒲松龄的这两首诗，都像是水墨画，一首由近而远，一首由远而近，相映成趣，相得益彰。画面的背景其实都是高邮湖。出生于山东淄川的蒲松龄屡试不中，他在镇纸上刻了一副自撰的对联——

有志者，事竟成，破釜沉舟，百二秦关终属楚；
苦心人，天不负，卧薪尝胆，三千越甲可吞吴。

写了这副励志对联后，蒲松龄就告别故乡，在康熙九年（1670）也就是他三十岁的时候，应同乡好友新任宝应知县孙蕙之邀，到宝应县衙做了一年幕宾。除了在朋友家帮忙之外，他经常身挂布袋，内藏纸笔，出没于孔庙、八宝亭、泰山殿。高邮湖也不远，就在大堤那边，过去就是了。但见帆樯高挂，天光云影间，席一张，茶一壶，奇闻逸事，仙妖狐鬼，天上地下，纷至沓来。

现在的小汕子

现在的大汕子

他的笔下很多篇幅里都有氤氲的氛围和淋漓的水气。——从这一点看，他作品中的南方气息，与三百年后的同乡莫言的气息不尽相同。

隔着一条运河，悬在西天的高邮湖对于高湾人来说，意味着什么呢？高邮湖，平日里是一个可望而不可即的世界，一旦需要，没吃的了去湖里，没烧的了去湖里。在高湾人看来，无边无际的高邮湖，是个百宝箱。在那里，可以捞鱼摸虾，摘菱角，挖荷藕。可以割芦柴，把芦柴碾扁，砌成一尺高的“截子”，以一尺圆径为内芯，圈成二十一圈就可以卖两元钱，供家里的家用开销。高邮湖的特产滋养了湖边的子民。在我小时候，大人一旦没有农活，就带上镰刀、扁担和火柴、米面，手上捏着几分硬币往湖西跑。湖西的人嘲笑从湖东坐摆渡络绎而来的湖东人，你们离开湖西就不能过。

可以这么说，高邮湖对于高湾，是高湾人的前世，是高湾人的后生，它和高湾成为一种相互守望的关系，是一个重要的物质存在，甚至是人们的精神寄托。

现在的湖西已经没有湖天一色、芦荻飘飞的景象，高湾人常去的大汕子、小汕子已经围垦造田，和湖东一样种起了稻麦庄稼。接近湖心的部分围网养殖，平时风平浪静，一到机器抛食时间，鱼群结队而来，万头攒动，水花翻滚，不一会即复归平静，仿佛什么都没有发生。

第四节　毗邻子婴河

在高湾向南不到两公里，运河大堤边上有个醒目的南水北调的路标。就在这个路标的旁边，有一条自西往东流淌的河道，那就是子婴河。子婴河与南北向的大运河相经纬，形成十字交叉。河得名于子婴，而子婴就是秦始皇的孙子、秦朝的第三代皇帝。《史记·秦始皇本纪》中说，赵高杀死秦二世，拥立子婴为秦王。

子婴河，这条名不见经传的普通河流，和中国历史上最早的大一统王朝秦朝的末代皇帝有何关联？嬴政自名始皇，本来指望的万世一统，为何在子婴手上画了句号？

据史载，子婴河在历史上曾是古邗沟的一部分。公元前 210 年，十月，战乱甫定，秦始皇巡视帝国东部，浩荡的队伍中，除了丞相李斯、宦官赵高随行之外，还带了次子胡亥和皇孙子婴。旌旗蔽日，马蹄腾烟，队伍中子婴的心情其实并不愉快。在此之前，他的父亲扶苏因阻止焚书坑儒被贬到边境监军。此行子婴也不是跟着走遍中国、尽享尊荣的，而是充当东巡开路的先行官，为不可一世的爷爷打前站，安排保卫工作。

据《淮安市志·大事记》记载，秦始皇巡视的路线是这样的：“上会稽

（今绍兴），后渡江北上，经邗沟，转淮河，北至琅琊。”这趟行程主要是穿越江湖河海之间，多为水路。当时还没有专供帝王行驶马车的“广五十步，三丈而树”（《汉书·贾山传》）的驰道。秦始皇沿邗沟北上，必定要经过今天的高邮一带。为使他在沿海水网地区也能传旨晓谕天下，必须设立邮传的驿站。由此可以断定，“筑高台，置邮亭”乃先期到达此地的子婴所为。“秦邮”二字因子婴而得，时间当在公元前210年冬季，当时正值枯水之时，子婴在沿途调集民夫，一路清淤，开挖浅滩，确保水道畅通，方便秦始皇的庞大船队行驶。

子婴河一线的古邗沟，处于樊良湖与博芝湖通连之处，工程的土方量和耗费的时日都不会少。因此这段古邗沟便被称为子婴河。就在子婴河边的临泽镇，从汉代开始就建有子婴庙，此庙的香火一直延续到20世纪50年代，该镇与子婴之间的缘分赓续至今，千年不绝。

子婴同其父扶苏一样，也不是等闲之辈，仅仅三年过后，就设计杀死了曾经扶他上马的赵高，并将赵高在朝中培植多年的党羽骨干剪除殆尽。但子婴的能干强悍并不能阻挡暴秦的崩溃，建立在六国累累白骨上的暴秦，像是一辆急速奔驰的马车，突然马失前蹄，人仰马翻，掉进历史的深坑。对此，司马迁的《史记》留下了这段记载：“刘邦兵至霸上，子婴素车白马以降，后为项籍所杀。”子婴兵败投降，秦——这个中国历史上的第一个大一统的专制王朝就此轰然倒塌。

尔曹身与名俱灭，不废江河万古流。氾水的南边就是子婴河镇，秦朝已经成为历史，但是远在千里之外的江淮大地却记住了“子婴”，这两个字像图章的铭文一样，深深地印在这片土地上，历时两千余年却鲜明如初。

第五节　袁术墓的故事

从海河、淮河，到黄河、长江，中国的江河大都是自西向东，涓滴成川，奔涌入海。而京杭大运河作为人工开凿的最大河道，却与之自然形成的河流不同，要靠人工提水调节水位，浩大的调水工程也保持了足够的水位，保证了南北漕运的贯通。

运河边上的里下河村庄

高湾所在的里下河农村俗称“锅底洼”。“锅底洼，穷到家”，久雨成涝时，为了保证被称作“王朝生命线”的京杭大运河的通畅，王朝常常不惜打开里运河东堤的“归海五坝”，分泄洪水。“一夜飞符开五坝，朝来屋顶已行舟”，里下河地区常常遭此横祸，一夜之间水漫金山，人为鱼鳖，颗粒无收。此时的大运河成为一道巨大的伤口，流淌着两岸人们的血泪，鱼米之乡往往成为远近闻名的穷困之乡。

根据史书记载，高湾历史上遭遇过两次重大灾害。

一是宋金对峙时期，那时江淮之间正是南北两个政权反复拉锯的区域，对这一地区只有征伐和掠夺，没有开发和建设。公元 1128 年，黄河溃堤，河道南徙，夺淮入海，淮河下游的水道被夹带着大量泥沙的黄河水冲刷填塞，洪水成为脱缰的野马，肆意奔流，里下河一带从此成了水灾频发的地区。

二是 1931 年夏秋之际，长江流域发生特大洪水，江淮并涨，运河河堤溃决，整个里下河平原汪洋一片。据记载，洪水淹没耕地一千三百三十万亩，倒塌房屋二百一十三万间，有七万七千多人死亡，三百多万民众流离失所。人教版的高中语文课本上有夏衍的《包身工》，描写的挣扎在磨盘底下的“芦柴棒”让人心生怜悯，这些可怜的纺纱小女孩的原型就有当年里下河农村的穷苦无依的女孩子。上海的闸北至今还流行江淮方言，一有淮剧和扬剧上演，老人们便辗转相告。苦情的江淮地方戏以离散悲苦的内容和江淮方言的腔调，勾引得这些曾经背井离乡的游子涕泪涟涟。

高高耸立的运河大堤规制着运河水流，自北往南川流不息，见证了历史的风云沧桑。高湾人看多了运河大堤上的人来车往，来来往往的各式帆幡，见证了一次次的历史风云。

过兵了，鱼龙混杂，络绎于途，大队伍像青鱼散子一样，车喧马嘶，拉锯来去。拖辫子的马队撤了，来了戴大盖帽的，喊着口号北伐，又来了背着水壶、脑后飘动布帘的东洋兵，接着是国民党军耀武扬威，最后是真正为民作主的解放大军，枪炮声远了，锣鼓声近了，人们知道时代变了，知道新的世道开始了。不管什么时代，都要养人，都要活口，都要庄稼和粮食。

在南京，到处流传着朱元璋的故事。这是大一统王朝在南京的第一次建都。至今明孝陵和明城墙还见证了这段历史。雄强一世的农民皇帝朱元璋驾崩，燕王朱棣得知，立即从北京领兵向京师南京飞奔，在高高的运河大堤上急速驰骋，在宝应北边的淮阴遇到新皇帝朱允炆北上的特使，宣读太祖皇帝遗诏“传位于皇太孙朱允炆，诸王各守信地，勿到京师会葬”。想象一下，血脉贲张的燕王，怎能咽得下这口气？运河里熙来攘往的商船、两岸鳞次栉比的村庄，肯定激起了这个一代雄主征服八方、君临天下的决心。他转身悻悻而去，仅仅在一年后，朱棣脱下孝服，再次踏上了运河大堤，这位在北方长大的三十八岁的汉子带着北方的虎狼之师，剑指十六岁的侄子所在的南京，铁蹄阵阵，杀气腾腾。四年的血腥杀伐后，独得天下。朱棣再次沿运河大堤北上，带着君临天下的帝王之仪扬长而去，定鼎北京，称霸天下，成为历史上著名的永乐大帝。

沿历史之河上溯，在高湾流传最广的是关于袁术的故事。细细一查，在历代宝应县志还真有其记载。

据《隆庆宝应县志》《道光宝应县志》记载：“汉袁术墓，在县治南三百步。墓门有碑，镌汉时衣冠人物甚工。今碑亦不存。”清代刘中柱《宝应名胜纪略》载：“在氾水镇南数武（古以半步为一武），高阜临河隈（堤），相传为袁术墓。有河夫挖土帮堤，深三四尺见砖门，垂首望之，内有铁椓，空而黑，不知其几何深也。” 而清代宝应籍国学大家刘宝楠的记载则有所不同，他在《宝应图经》中记道：“县治南百步，八宝亭西，故淮南太守袁术墓在焉。”

在《宝应文史资料选辑》第一辑中记载：“氾水镇南边有一座古墓，一九五八年出土过一对滑石猪和花纹砖等，并有人见过墓道。”这个墓中出土了一对猪型石握，长 10.3 厘米，宽 2.3 厘米，高 2.5 厘米，通体贴金箔，现藏宝应县博物馆。

袁术生性骄傲，这种骄傲自有出处。《魏志》称袁术“以侠气闻”。他的家族在《三国志·魏志》有记载：汉代袁安在汉章帝刘炟时为司徒，儿子袁敞为司空，孙子袁汤为太尉，曾孙袁逢为司空，袁隗为太傅，四世居三公位，人称“四世三公”。而且这个家族在河北以文著称，培养了很多门生，有“门生义故半天下”之称。其兄袁绍也是天下人趋之若鹜的一方诸侯。袁术先是在汉朝为官，天下大乱后，占据南阳，鱼肉百姓，民怨沸腾。可袁术对此民怨不闻不问，他一直认为袁姓出于陈，陈是舜之后，以土承火。再加上他耳朵里刮进了一句民谣“代汉者当涂高”，袁术认为当涂者，即公路（公路即袁术的字）也，坐天下者也就非己莫属了。孙策借兵后，玉玺至此落入袁术之手。这样一来，袁术更加自命不凡，高高在上，目中无人，根本瞧不起出身宦官家庭的曹操，也瞧不起贩履织席的刘备，更瞧不起黄牙孺子孙策，就连同父异母的兄弟袁绍也不放在眼里。袁术按捺不住膨胀的野心，终于僭号称帝，招致天下群雄讨伐。兵败后，袁术迫于无奈将帝号归于袁绍，准备投奔山东青州的侄子袁谭。虎视眈眈的曹操哪里肯放过他，指挥刘备等围堵追击。袁术被围，坐以待毙，吐血而亡，至死还浩叹道：“袁术至于此乎！”袁术死后，家人扶柩沿运河大堤往南，投奔庐江太守刘勋，途经汜水，时值盛夏，尸体腐臭，只好就地草率安葬。

清代谢元淮曾写过一首《袁术墓》：

> 天下英雄操与君，何曾知有袁公路。
> 冢中枯骨应已朽，湖上空传三尺墓。
> 淮南称帝亦徒然，须臾败灭如飞烟。
> 不及高邮张九四，至今犹得苏人怜。

据我的同学、兄弟唐巨宗回忆，1958 年挑大运河（冬天整治河道，干了水之后，用人工挖河，肩挑河泥，疏浚河道），当地民工在汜水地段的运河堤下挖到了袁术墓的墓门，民工哄抢了附近的一个古墓。巨宗的父亲抢到了二十多件高脚碗，碗大如盆，十分精致，上有云锦和士官图。村里人只要办红白喜事，都要上门去借，用来盛大菜。借的人多了，他父亲嫌烦，发脾气砸了碗，从此消停了。

汜水发现古墓的消息被层层上报，但在那个百废待兴的时代，报告并没有得到回应，已经被挖开的墓被草草掩埋了事，现在已经无迹可寻。

其实，袁术墓关系着中国历史的一个大秘密，那就是由中国最著名的和氏璧做的皇帝玉玺。和氏璧从春秋战国以来，一直到三国，是各个朝代的玉玺，这个由“天下第一玉”雕成的“天下第一印”是皇帝权力的象征。战国时，赵惠文王得到和氏璧，多亏蔺相如得以保全。王莽篡权，索要玉玺，被气急的太后怒掷庭柱，崩了一只角，后又用了纯金镶补。孙策借兵就是用玉玺做的质押，后来袁术一直随身带着。当地人更愿意相信，传国玉玺这个关乎中国古代王朝最大秘密的谜团也许就埋葬在这个位置不明、尚未开掘的墓穴中，并护佑着这个贯通南北的大通道。

第六节　柳堡的故事

从氾水沿芦氾河往东，紧邻的一个乡镇就是柳堡。——对，没错，就是电影《柳堡的故事》中的那个柳堡。

“九九那个艳阳天来哟，十八岁的哥哥呀坐在河边。东风呀吹得那个风车转呀，蚕豆花儿香啊麦苗儿鲜……”电影《柳堡的故事》根据军旅作家胡石言的同名小说改编。在战争叙事中融入温馨的爱情场景，以女性化的视听语言，叙述了一对少男少女之间的纯真情感。在冰冷血腥、战火纷飞的年代加入了寻常的人情，在宏大的战争叙事中融入了日常生活中可以触达的人性，这在以《地雷战》《地道战》《南征北战》为主导的新中国电影中十分罕见。

根据曾任解放军总政文化部文艺处处长的王昊回忆，战争年代新四军有个连队驻扎在江南的一个村子里，房东的姑娘爱上了一个战士，因为她把这份情感藏在心里，战士一点没有察觉，姑娘也不好公开表达。战士们出操的时候，房东姑娘经常替他们把脏衣服洗了，干了以后还叠好放到各个人的铺上。有一回，那个战士发现自己的军装口袋里有张小纸条，上面写着两个字“你好”。他猜到是房东姑娘写的，但是他不敢吭声。不久，他又在军装口袋里发现了第二张纸条，上面写了三个字“你真好”。战士更明白了。但是他能做什么呢？接着，他又在口袋里发现了第三张纸条，姑娘在上面写了四个字“你实在好”。一次比一次多一个字。姑娘对战士的爱慕步步升级。战士当然也是很喜欢这个姑娘的，可是不允许战士谈恋爱的规定是铁的纪律，不能违反。他不愿辜负姑娘的心意，也不想欺骗自己的感情，只有偷偷地、很有节制地与她相爱。他俩的事终于被人发觉了，汇报到了连长那里。在那个年代，在那种环境中，连长当然把问题看得十分严重，非常严厉地批评了那个战士，不允许他和姑娘再有任何接触。后来，部队开赴前线作战，在与敌人相持的时候，那个战士跃出战壕，端着枪朝敌人冲了过去，连长大吃一惊，拼命喊他“回来！”“卧倒！”但他根本不听，径直杀向敌阵，就这样牺牲了。战斗结束以后，连队又回驻到原来的村庄。姑娘找不见那个她热恋的战士，打听他哪里去了。连里告诉她说牺牲了。她问怎么牺牲的。战士就把当时的情景如实地对她讲了。姑娘明白了，她心爱的人英勇地牺牲在敌人的枪弹之下。过了没几天，人们发现，姑娘在一棵树上殉情了。

柳堡位于里下河腹地，临近射阳湖，原来叫留宝垛、留宝头。当地有一个传说：从前，有位状元南下赴任，因大运河上闹匪患，改走东荡，行至此地突遇风雨，便把宝剑插在岸边用来系船，雨后开船把宝剑忘在岸上了，故名留宝，后来被叫成刘坝头。1943 年冬天，作者胡石言所在的新四军一师三旅七团来到宝应地区开展抗日游击斗争。当时，他随团队驻扎在刘坝头一带，并担任团部宣教股长和团内油印报纸《战斗报》的主编。胡石言曾经这样回忆道：“1943 年我团驻军在这里时，当时我任团《战斗报》主编，副班长徐金成是一营二连通讯组长。我认为这个故事的风格与标题应该既是战争的，又是抒情的。刘坝头当时沿河尽是大柳树，就把‘刘’改为‘柳’，‘柳’字多情，但‘坝’字没有兵味，所以改写成‘柳堡’。”

1992年10月，宝应县纪念建县一千二百三十周年时，《柳堡的故事》作者胡石言和电影中“二妹子”的扮演者陶玉玲重返柳堡，胡石言介绍了《柳堡的故事》创作经过，讲述了一段鲜为人知的故事：“我写《柳堡的故事》

完全是出自真人真事。1943年冬，我们新四军一师三旅七团在宝应开展抗日游击战。当时，十九岁的副班长徐金成向我汇报：‘首长，我很想开小差。’‘为什么？’我十分诧异。他说：‘我爱上了房东家的姑娘二妹子，她也很爱我，我不想跟部队走了，我想留下当民兵。’我说：‘军人不能和老百姓谈恋爱，你们约定没有？’‘没有，我怕哪天吃颗花生米，牺牲了，害她白等。’1945年9月，这位侠骨柔肠的小战士在丁蜀山战役中牺牲了。1949年南下，他的战友特意绕道刘坝头告诉老房东，姑娘这才出嫁。每想起这件事，我就不能平静。我想，我们的战士为了人民的解放，不仅献出了自己的生命，也牺牲了他们的爱情。我决心用文艺的形式表现出来，便创作了小说《柳堡的故事》。”

小说《柳堡的故事》于1956年拍成电影。摄制组来柳堡拍了两个月，风车、油菜花作为水乡的典型场景随着二妹子清亮的歌喉传遍全国。

战争年代，氾水以东的芦荡区是传统的游击区，中共江苏省委就在邻县兴化。那里也是国民党江苏省主席韩德勤发家的老巢，是国共双方力量反复拉锯的地方。

值得一提的是，1944年2月，中共苏中区党委、苏中军区根据毛泽东主席的指示精神，决定以中国人民抗日军事政治大学第九分校为基础，在宝应的草甸镇和西安丰镇之间的金吾庄成立苏中公学，吸收了大批进步青年。根据史料记载，苏中公学当时还举行了入学考试，入学考试分初试和复试。初试只考政治和语文，政治题考的是民主集中制、三三制、中国革命动力、鸦片战争等基本知识，语文题目考的是《敌后青年之路》。

1944年6月1日晚，金吾庄广场上篝火熊熊燃烧，苏中公学第一期开学典礼在此举行，校长粟裕做了重要讲话。篝火点燃了入学学员的热情。学员编为六个队，每队设三个区队九个班，每班十至十二人。学校给学员们发了军装，每班发了两支步枪和手榴弹等武器。经过大约两周的队列、军人举止和礼节等训练后，就转入政治教育。

苏中公学是一所专门培养军政干部的新型大学，以抗日军政大学的“团结、紧张、严肃、活泼”为校训。苏中公学历时两年，这两年中先后办了五期，为军队和地方培养输送了四千多名干部。

1944年3月，苏中领导机关从东台迁驻射阳湖地区，新四军一师师部和苏中机关的十多个下属单位也相继迁入，包括江淮印钞厂、苏中军区后方总医院、苏中银行、苏中报社、新四军华中军械厂第一总厂、苏中榴弹厂、苏中军区暨新四军一师练兵场等。新四军在这里练兵训干，造枪造炮，宣传、印刷《毛泽东选集》，积蓄力量，磨砺精神，准备迎接国内革命高潮的到来。

中共苏中领导机关大多设在四面环水的小村，周围数十公里都是芦苇和藕塘，河道中水草丛生，主要河道中央打有暗桩，好似天然屏障，大船不能通行，小艇也难以袭扰，当时被称为“华中水寨”，陈毅、粟裕、叶飞、陈丕显、姬鹏飞等革命家在此活动，宝应成为江淮地区可靠的抗战大后方。

高湾距离射阳不到二十公里，但是汜水有碉堡，是日本兵长期占据的战略要地。新四军都是晚上在乡下活动，老人还记得当年新四军张贴的标语——“蚕豆开花，新四军回家”“小麦起身，还乡团断根”“前线部队打胜仗，后方百姓来帮忙”。

一部《柳堡的故事》让刘坝头这个寂寞的里下河小镇闻名全国，镇名随着电影也改成了柳堡。诗人黄东成打趣道：“文艺作品让一个小地方出名的，恐怕要算是《柳堡的故事》和《芙蓉镇》了。”《柳堡的故事》使偏僻的柳堡平添了几分现代文明的气息，竟形成了一种特别的“柳堡文化”。以“柳堡”“二妹子”“艳阳天”等电影语言命名注册的桥梁、道路、工厂和商品越来越多，现在的二妹子民兵班驻地已经成为爱国主义教育基地。影片中的风车、草屋、板桥、轻舟也作为景观被修复保留。大学毕业那一年，我和高邮过来的同学孙国强到柳堡找同学戴洪涛，家里没菜，了不起的戴同学转身出去，就从门口的河里提上一条活蹦乱跳的草鱼，还有一只毛脚蟹，那蟹张牙舞爪，愤怒地吐沫。

第七节　乔家闸的传说

大运河汤汤急流，是南水北调的东线，河水经级级提升后，由原先的由北向南，改成了今天的由南向北流。每隔一段，就会开有一个闸口，放水灌溉两岸的庄稼。

高湾也不例外，沟渠的水都来自大运河。大运河通长江，长江通东海。水和空气把世界连接成一体。

管住大运河到高湾的闸口，叫乔家闸。我小时候最喜欢扶着栏杆，探身看着闸口的水流，水声如吼如啸，浩荡的水流一层层一叠叠挤推着咆哮向前，前后相逐，忽前忽后，让人目眩神迷。最让人心动的是，相同的水，以不同的姿态从闸口奔涌而出，而此刻的水，永远与上一刻的不同，而下一刻也永远与这一刻的不一样。沉浸在弥漫的水腥气里，我的心里又喜欢又害怕。

来了个北方的侉子，在这里张了一个大罾。不息的流水带来被冲得昏头昏脑的鱼蟹虾蚌。高湾人家来了客人，没有肉票，就到这儿买鱼，厚道的侉子把秤翘得高高的，还顺手丢给你一些小鱼小虾。

乔家闸有个神奇的传说。相传在明朝末年，氾水乡下韦镇柘沟村住着一

乔家闸

户乔姓人家，夫妇以打鱼为生，为人忠厚老实，乐善好施，自己虽然不富裕，还喜欢接济穷人。他们生有一子，取名可聘，五岁入学，聪慧过人，四书五经，过目不忘，乡人惊羡，称为神童。乔可聘住在一道河的北边，可学堂在对岸，门前无桥，每日上学都要绕几里路。

一年的二月二，放晚学了。偏偏天降大雨，泥路难行。富家子弟都有人接走，可聘父母在湖里打鱼，他一个人待在学堂看雨发愣，不禁叹口气说：“这里要是有座桥就好了！”咦，奇了，话音刚落，河上居然真的出现了一座木桥，桥上过来一位白胡子老公公，把他背过河，送到家门口。从此以后，每逢下雨天，这位老公公就出现，过来背他过桥。

几年一过，乔可聘长大了，又出现了一件奇事，如果是黑月头，他放学晚了，前面便会出现两盏红灯为他引路。有一天，庄上有一人家贫穷负债，要把年轻的寡妇卖钱还债，请可聘帮助写了一张卖身契。当晚回家天黑下雨，也不见老公公来背他过桥，过了桥，前面只有一盏灯看不清楚，他一个大跟头栽到水塘里，弄得浑身上下全是泥。到家父母问他怎么回事。他说：“平时都有两盏灯引路，今天只有一盏，看不清楚跌了个大跟头。”父亲说：“你今天做了什么亏心事了？”他说：“没有呀。”想了半天忽有所悟，说：“就是帮人家写了张卖身契。”

第二天一早，父亲就带他找到那家，女子还没有卖，便讨回那张卖身契当场撕碎，问那户人家欠了多少债，那家说二十两纹银。后来他父亲举家纾难，帮那家还了债，从那以后放学时前面又有两盏灯为可聘照亮了。一天下雨，老公公又来背他过桥了，可聘问：“老公公，您一大把年纪，为什么要背我过桥？还是让我自己慢慢走过去吧。”老人连忙跪下说：“大人不知，我乃当地土地爷，您是天星下凡，日后富贵时希望不要忘了我小老儿。”

明熹宗天启二年（1622），乔可聘中了进士，授中书舍人，后升监察御史，巡按浙江。他不忘旧恩，封柘沟土地爷为“州土地”，总管全扬州地盘上的物事，并扩建柘沟土地庙，重塑神像，每年二月二都亲自回乡祭拜。自此，江淮一带善男信女都来参加柘沟二月二土地庙会，人山人海，热闹非凡，形成定期庙会，也就有了“二月二上柘沟”的谚语。赶庙会习俗一直延续到“文革”之前。

不忘家乡的乔可聘还在汜水南边的运河大堤上修建了一座水闸，灌溉数乡万顷良田，百姓无不感恩戴德，称其为“乔家闸”。后来乔可聘受奸臣排挤，弃官归乡，隐居柘沟，筑“柘溪草堂”，著书立说。明亡之后，他不再做官，终老家乡。

清代诗人乔亿有《柘溪草堂》诗云：

先世逃名处，悠悠在县南。
数椽临柘水，乔木影相参。
礼让乡人化，诗书子姓惭。
因公念遗迹，回首意难忘。

乔可聘的儿子乔莱，清康熙丁未进士，官至翰林院侍读，参修《明史》。除了以文名世之外，其正直爱民一如其父，为上书兴修淮河水利，得罪权臣，也被罢官归里，在宝应城修建了著名的纵棹园——宝应唯一的公园。它斗拱森然，檐牙高啄，成了这个质朴县城的唯一异数。

乔亿为乔莱之孙。《清史列传·文苑》记载："乔莱，字子静，江苏宝应人。父可聘，明末御史，以伉直著声。……子崇修，字介夫，贡生，以学行闻。雍正元年，与漳浦蔡世远、同邑王懋竑同召见，授铜陵县教谕。著有《乐玩斋集》《陶园集》。崇修子亿，字慕韩，国子监生。与沈德潜交善，工诗，近体在王、孟、钱、刘间，五言古体，直追汉魏。"

《氾水镇志》在"异闻传说"中有篇《大朱庄的"舅爷"》，记载了在氾水一带流传的另一个关于乔家闸的故事：清朝有个当地姓乔的大户人家，这家的乔大人是十三省巡按。乔大人有位姐姐嫁在海河大朱庄的一户姓朱的大户人家。乔大人也就成了大朱庄的舅爷了。大朱庄有两道从运河引下来的水，形成"二龙抱珠"之势，风水逼人。一次乔大人到大朱庄的庵里烧香，路过一座桥，见到一个小孩，用线拖着一只乌龟，嘴里叫着"龟过桥，龟过桥"。乔大人生气了，因为当地有把舅舅称为"舅舅龟"的骂人俗语。觉得受到侮辱的乔大人就在乔家闸竣工之际，用一只盆、一把杀猪刀（"朱"音同"猪"）来"背龙口"，据说流了三天血水。于是大朱庄的好风水被血水冲破，在乔家闸的血光下，这片曾经风光一时的土地就此沉沦，在历史里黯淡至今。后来不可一世的乔巡按在老家砌房子，在运河堤上过往的人都要被拉下来替他踩泥，一次到京城给皇帝送信的邮差路过这里，也被拉下马踩泥。邮差身背公文踩完泥，愤怒上马，回头告了御状，皇上降罪，乔巡按畏罪自杀。这个仇家"舅舅龟"死了，大朱庄的人才舒解了这口恶气。

民间的故事都有说教的承载，这个因果故事则让人感受到人性的狭隘、晦暗，由此引发的傲慢和暴戾，制造了人世间的悲剧。相信好人好报、恶人恶报，成为人们的心理动机和行为逻辑。这种思维方式深刻影响了当地农人，成为这片土地的底色之一。

两个传说或真或伪，也许都是别出心裁的编造，但是一个说的是好心好报，一个说的是恶行恶报，借闸说事，借题发挥，也算是心思相同、殊途同归了。

据我的姨兄张在元回忆，他见过大运河堤有两个过水的涵洞，一个铜涵子，一个铁涵子，因为有了更大的乔家闸，后来它们就荒废淤塞了。

在我的记忆里，乔家闸当时叫革命闸，可当地人还是一直叫它乔家闸，后来恢复了旧称。这是我小时候步行去镇上上学的必经之路。现在的乔家闸依旧吞吐不息，水流浩荡东去。水道北侧傍着一条新建的公路，不时有车辆来往，尘烟滚滚，呼啸而过。

第二章

土：地里长出的故事

第一节　土地的魔法

阚乃源最近有点烦。十分重情义、爱面子的他，前所未有地遭到了老实巴交的亲家的反对，对他言听计从的表妹跟他闹翻，就连平时闷声不哈的亲弟弟乃林也不跟他站在一起。

乃源夫妇和姐妹们

起因是他们脚下的土地，做村民组长的乃源，把高湾的土地流转给了种田大户，集中耕种。乃源和他的兄弟姐妹们一样，一辈子与土地打交道，在这块土地上耗费了一生。他们对这片土地的感情是复杂的，吃的食物、喝的水、穿的衣服、住的房子，还有生活开销，一切生活来源都从土地而来。种粮种菜，养猪养鸡，脱坯烧窑，土地供养了他们的一生，供养了他们辛苦、清贫而稳定的生活。

四季流转，万物枯荣，关联着高湾人的收成，应和着高湾人的喜愁。他们不可一日离开土地，土地是他们的命根子。

费孝通是中国极具国际声誉的社会学家。1935 年，他在外籍老师的鼓励下，带着满脑子的西方社会调查理论深入广西瑶山调查，不幸出了车祸，随同的妻子死了，他也受了重伤。1936 年初夏，费孝通回到他的家乡吴县，在姐姐费达生的建议下，他到开弦弓村休养，并在村里做农村调查。没有想到的是，他对故乡的调查成就了他的定鼎之作《江村经济》。在《江村经济》里，他记下了一位乡亲的话：“地就在那里摆着，你可以天天见到它。强盗不能把它抢走。窃贼不能把它偷走。人死了地还在。”这部“描述中国农民大消费、生产、分配和交易等体系的书”共十六章，关于土地的就有两章。古往今来，土地永远是解决中国几乎所有问题的关键，是核心中的核心。土地是财富的由来，土地问题是农民的痛点，是农村经济问题的关键点，自然也是政治的出发点。“打土豪，分田地”自然也最能唤起广大农民的革命热情，其来有自。

在与扬州一江之隔的镇江，是美国作家赛珍珠生活过的地方，她感受这块土地的“地气”，写成了《大地》，获得诺贝尔文学奖。由一个外国作家写的中国题材首次获得世界文学的青睐。小说中的阿龙一家，逃荒回来，包括房子在内的一切都被偷盗一光，但是丰年时买的土地还在，荒芜的土地给了他生活的信心。留得青山在，不愁没柴烧。布谷声动，他开始播种，当年丰收，他重新开始了新的一成不变的安康生活。赛珍珠所说的“Good Earth”

就是把土地比作女人的子宫，可供播种孕育，生生不息。

有光滑的手心，往往就有粗糙的手背。农民的土地生活还有另外一面。农村人热爱土地的同时，也恨这块离不开的土地：从小到大到老，一辈子都耗在了这块土地上，苦死了。农民日夜盼着的就是不种田，能拿上计划供应的粮本。当年我成为全村“文革”后的第一个大学生。父亲去镇上，办完户口去粮公所办粮证，都要带上香烟和糖果，人见都恭喜，父亲都要发糖散烟。

脸朝黄土背朝天，一辈子都在修理地球。忙累了，坐在树荫下发牢骚：下辈子投胎，再也不要当农民了。——对土地的这种又爱又恨的感情，乃源是深有体会的。他气恼的原因也是起自土地——大家都不想种田，可他费尽心思与种田大户谈好，把田全部给了来自镇上的种田大户，每人每户七百元一亩。不种田了，坐在家里拿现成钱，而且这个价格要比邻村六百元一亩高出整整一百元，但是就是这些平时都好好说话的身边人，到了临签字，都不干了，甚至与他大吵大闹，现在的人心怎么了？

其实，对于农民来说，土地可不是可以折算价格的，甚至不是生计那么简单，涉及生活习惯、情感基础、生命状态等深层含义，乃源大哥一片好心，可是他可能还是把事情想得简单了。

2014 年，我在河北电视台朋友的陪同下，一路翻山越岭去西柏坡。西柏坡位于太行东麓、滹沱河北岸，有七八十户人家。1947 年 5 月，刘少奇率领中央工作委员会来到这里，先是借住了村头十几户老乡的民房，后来自己又陆续加盖了一些，并建起了一道围墙，形成了一个院落。从此这个大山深处的小山村成为全国的军事指挥中心，开创了新中国的基业。最让我感喟的是纪念馆里面还原了当年的全国土地会议的场景。7 月 17 日，由刘少奇主持的全国土地会议正式开幕，会场设在西柏坡村恶石沟西岸较平坦的一块空地上，临时搭了个布棚，长条桌蒙上白布做主席台，来自全国各解放区和军队的代表坐在石头上听报告。9 月 13 日，《中国土地法大纲》通过，会议胜利结束。《大纲》公布后，各解放区掀起轰轰烈烈的土地改革新高潮，一亿多农民翻身有了自己的土地，生产热情和参军支前积极性空前高涨，成为夺取全国革命胜利的力量。电视剧《亮剑》中，李云龙在打仗前面对一帮年轻的战士，是这样进行战前动员的："农民嘛，有了土地就是好日子。为了好日子，你们就要可着劲儿地打老蒋！"送儿当兵，捍卫土地，车轮滚滚，慷慨支前。帮子弟兵进行后勤补给的队伍超过前方打仗的队伍。陈毅说，淮海战役是百万民工用独轮车推出来的。其来有自。

同年夏天，我从厦门去金门岛。个把小时的海路，距离很近。下了渡轮，顿有同日不同天之感。小岛还没全部对大陆开放。金门之战后，这里成为国共对峙的阵地。因为战争的需要，岛上的路都建成丁字路口，而每一个路口差不多都有一个碉堡，碉堡里已不见枪口，圆筒形的碉堡被巧妙地装饰成酒瓶，成为当地盛产的金门高粱酒的广告。金门炮战打出的炮弹成了最负盛名的特产金门菜刀，铸剑为犁的事实直让人感叹沧海桑田的诡谲与神奇。在小岛的最高建筑莒光楼里，我看到里面国民党老兵的"土地证"。这是发给国民党老兵回乡的土地证，只要"反攻大陆"成功，土地证上标明的土地就是你的！怀揣着土地证的国民党老兵并没有等到"光复"，而是在蒋经国的戒严令撤销后，纷纷回大陆探亲，激起了两岸人"打断骨头连着筋"的情感波澜。

其实，蒋介石的"土改"在1948年还在大陆时就开始了。据2011年5月4日人民网文史频道登载的《杨天石"告诉你所不知道的蒋介石"》一文刊载：蒋介石思考过一个问题，共产党的部队打仗很勇敢，每战必胜，国民党部队都不想打仗，每战必败，怎么回事？蒋介石就学毛泽东著作，想从中找答案。他看了毛泽东《中国革命战争的战略问题》一文后，恍然大悟，共产党的部队为什么能打仗，因为共产党给农民分了地，士兵为了保卫胜利果实，打仗就勇敢。这好办，国民党也可以学。蒋介石下了一道命令，宣称凡是共产党给农民分了地的地方，国民党收回以后，承认中共的"土改"成果。蒋介石在江苏北部的兴化、盐城等四个县种试验田。可试验区刚成立，地主就不干了，他们给蒋介石、给南京国民政府写信、请愿，说自己多年抗战，饱受颠沛流离之苦。抗战之后，又饱受斗争之苦，好不容易把你盼回来了，你还要我们承认“土改”，宪法不是说要保护私有财产吗？经地主一叫一闹，在国民党的试验区，蒋介石学毛泽东著作那点“收获”也就烟消云散了。

因此，我想到了费孝通的《江村经济》中的话：“如果《西行漫记》的作者是正确的话，驱使成百万农民进行英勇的长征，其主要动力不是别的，而是饥饿和对土地所有者及收租人的仇恨。”这与马克思的论断不谋而合：“人们奋斗所争取的一切，都同他们的利益有关。因此，必须对人民群众的利益诉求予以足够的重视，采用不同的方式、方法，把思想政治教育同物质利益、精神利益密切结合起来，正确对待不同层次、不同群体、不同个体的利益需要，才能更有效地做好思想政治工作。”

曾经在北京与吴稼祥聊过他的《公天下》《果壳里的帝国》，他认为中国文明属于流域文明，为了人民的生计和国家的安全，必须要控制河流，上下游必须统一。而专制必然导致对社会的强力控制，腐败问题必然导致民生疾苦，激起民愤，引发动荡。

因土地而革命，因土地而改朝换代。得土地者得天下。农民靠天吃饭，靠地谋生。谁能帮农民解决土地问题，那自然会得到重实利的农民的拥护，自然就可以得到天下。

高湾有富农，没有地主，基本上都是贫苦的农民。全庄三十多户人家，三百多亩地，除了桩基、道路、河流之外，可耕地只有不到二百亩。祖祖辈辈以此为生。新中国成立前，除了杨家和阚家有田之外，高湾的田都是属于汜水镇上刁家的。朱家和戚家租田耕种，交粮交租之后，剩下的粮谷供一家老小生活。

现在，高湾的田终究还是归了种田大户，家前屋后的土地不再是自己每天巴望的庄稼了，每年从每亩田得到了七百元，但是这块土地似乎跟自己生分了，没有关系了，面前的满眼庄稼已不是自己的，风霜雨雪、旱涝虫灾也不再关注。以前大忙就忙死，农闲就闲死，现在一年四季都无事可干，平日里不知道做什么好。男人找窑厂出砖，找澡堂子擦背；女人找绿化队栽树，零散地段种点蔬菜瓜果，到镇上售卖，换点零花钱。闲下来的时间就消磨在麻将上，天天有牌桌，哗哗哗哗，一遍遍地推倒重来。

2017 年，正是麦收季节，我路过老家，下了运河大堤，只见道路上和家前屋后的空地上满是麦子，割麦的收割机足有两层楼高，轰隆隆地在地里来去。高湾一片沉寂，大田里的人们眼神复杂，没事做。我问了，为什么最忙的时候，怎么不忙了？他们的回答是，都给大户了，还忙什么忙？习惯了农忙的农民，手脚一旦歇下来，都不知道干些什么。

第二节　运河堤上的活剧

高湾人日日见到的运河大堤不啻是一方流动的历史舞台，上演着一部部政治活剧。南来的，北往的，征伐不断，呼啸来去。

夫差伐齐开邗沟，有了邗沟，就有了这道大堤。这里走过吴国北征的浩荡大军，西汉平定七国之乱的王者之师也由此南指。魏晋南北朝乱世纷纭，北方的世家大族从这里带着无数的珍宝和典籍“衣冠南渡”；仪仗奢华的隋炀帝由宫女拉纤，坐着雕梁画栋的龙船从这里到扬州看琼花；南宋的大臣带着一个半壁朝廷的梦想从这里往南，直到崖山梦破；雄心万丈的燕王朱棣带兵南下“清君侧”，一路杀向金陵；拖着长辫的清朝骁骑沿着这条线路南下征伐；叶挺北伐，赶走了盘踞江浙多年的孙传芳，从县城到镇上，都换上了青天白日旗。

老辈高湾人的记忆从日本鬼子来汜水开始。我的父亲生于1934年，那时才是刚会走路的孩子。奶奶听说鬼子到处杀人，用刺刀挑孩子。善良的祖母以为魔鬼来了，成天抱着年幼的父亲东躲西藏，不敢回家，活活被吓疯。1939年3月，清江浦（淮安）被日军攻占后，江苏省政府迁往里下河腹地的兴化。随后，新四军也进入里下河地区。整个抗战期间，日军难以进入里下河平原的水网地区，但是偶尔日本人会骑着高大的东洋马下乡。新四军在乡下四处打游击，日军吃了几次苦头之后，也不敢贸然下乡了，就在氾水镇修炮楼。大爷阚荣生被抓到炮楼干活，他回忆说，在炮楼里日本人拿出自己的饭盒让他吃，里面有生鱼，腥得没法下口，一旁的日本人乐得哈哈大笑。遇到不高兴他们就骂人，还打人耳光。父亲和二爷一次打酱油，被五个日军拦住。日军以为他们手里瓶子中装的是燃烧物，旁边同村的杨姓村民赶紧说“酱油酱油”，日本人才放过。

没过几年，解放军来了，解放军由北向南一路战斗到宝应，接下来到氾水。氾水镇的枪炮响了整整一夜，天亮时才消停。早起的人们看到，空地上尸体纵横，特别是炮楼前，一地的人，“倒得跟稻把似的”。在我上学的时候，每年春天学校就会让我们系上红领巾，举着红旗，列队去氾水镇，在镇北的运河堤下祭扫革命烈士墓，三鞠躬，绕墓一周之后，总是听相同的故事。故事说的就是解放氾水镇的故事：解放大军由北向南，围住了氾水，这个炮楼久攻不克，结果一个战士裹了厚棉被，浇上油，一个火团滚进炮楼，死死抱住炮楼的柱子，才把这个炮楼烧毁了。

战斗又在高湾打响。高湾的老房子被推平，做了工事。我家门前就是解放军的一个岗哨，南边是国民党的部队，炮打得很凶。父亲和伯母曾回去拿银器，差点被炮弹打中。我家边上一个枯了水的牛汪，很深，被盖上门板，苫上树枝、稻草，就成了躲避枪弹的隐蔽处。男女老少二十多口子躲在里面，有一发炮弹呼啸而来，就在隐蔽处边上几米处爆炸，响声震天，里面人的耳朵顿时失聪，嗡嗡一片。飞扬的尘烟中，大家都吓傻了，半天才惊叫出声。后来，父亲把炮弹壳刨出来，做成了车辘轳。老人们回忆，多少年后想想都后怕：如果正中的话，高湾很多人家就都没了。

1948年12月11日，氾水战斗告捷，自此宝应全境解放。

高湾人最喜欢看部队行军。

先是淮海战役败退的国民党军队。部队的马车很多，由北至南走过。游击队则抱着机枪，从堤下向运河大堤上的国民党部队“哒哒哒”地扫射，扫完就撤。

解放大军接踵而至。白天国民党军队的飞机自南飞来，呼啸扫射，扫完即走。解放军大都是晚上行军，先是一路车队，开着车灯，一辆接着一辆，远看就像一条火龙。接着是马队，马蹄声很有节奏，气势不凡，再接下来最长的是步行的队伍。当时的路坑洼不平，大部队走过，尘土飞扬。战士满面尘土，背着背包和弹药，个个精神抖擞，斗志昂扬。

解放了。

第三节　“场”上的事情

人群需要“场”，就像一个人需要大脑。这个道理高湾人都懂。

北京的天安门，南京的鼓楼，扬州的文昌楼，氾水的东方红大舞台，海河小学的大操场，都是“场”，是人们扎堆聚集的地方。经验告诉人们，但凡人山人海的地方，总有事情发生，而发生的事情常常与自己有关。

和所有生产队一样，高湾也有一个场。那是高湾全庄的中心，是大家伙的公共客厅，是集体活动的所在。通过这个场，集体劳作，集合开会，分配粮草，与世界发生关系。

高湾的场位于全庄的中央，一块地被直角斩方地裁成一个方形，四面的护场河围住，只留一个出入口，入口处住着五保户瞎奶奶。老的小的都叫她瞎奶奶，因为避讳，就把这个瞎（xiā）叫成了 hán，听起来就是“韩奶奶”了。让“韩奶奶”住场头，一是让她看着场头，毕竟有个人，聊胜于无；二是也方便大家顺便带点吃物给可怜的老人家。

场上有一座房子，早先是大食堂，每家每户集中吃饭，打平伙时还在这儿吃，队里杀猪分肉，小孩子飞快地回去拿刀，因为切到最后，刀上沾的油可以做一锅有滋有味的汤。食堂散了，后来改成保管房，一头停着拖拉机，

高湾的路

放着犁、耙等大型农具，一头是农资，存着生产队的种子、化肥、农药。

一年两次的收割季节，场上全是人。一茬收麦，一茬收稻。忙时，场的东、西两边都要搭上水泥预制板，作为临时桥梁，供大家挑着稻麦喊着号子通行。场上有两个碾子，一个表面是平的，也瘦一圈，矮一些，用来平场。平场就是要把草木灰和冬天冻酥了的场地压实碾平，好用来脱粒和晾晒稻麦。另一个则要高，也大一圈，凿了齿痕，用来掼把。掼把是用力把从地里收割来的稻把和麦把，用力掼在石磙上脱粒，在收割机和脱粒机还没有大行其道的时候，这是最艰苦的农活。

场上有了稻麦和草堆，就要有人看场。场中间搭了一个草屋。说是草屋，其实就是一张床，在床的周匝围满稻草，顶上也覆上草，就是一个屋子了。平时都是大爷一人看场。我周末放学回来，家里两张床，弟弟们大了，一张小床睡不下，我就跟大爷去看场，洗完脚，大爷拎着马灯，两人一前一后地走，影子晃晃悠悠地拉得好长。大爷讲完了故事，吹熄了马灯，打着轻鼾入梦。

寂静的夜，深沉的夜。尽管去了穗，稻草也由青涩到枯衰，但是气味仍经久不息。泥土在开裂，流水在灌溉，远处男人的高声气，妇孺低低的饮泣，狗叫声由远到近，又由近到远，循着声音就可以描画出夜归人的路径。春天的猫叫最让人不落忍，像少女的哭泣，让人心生不安。秋夜雁阵远唳，排空而去，引人遐想。冬天，北风从茅屋的每一个空隙钻进来，让人真正感受到“针尖大的空，斗大的风”。我抱紧大爷的腿，瑟缩在被窝里，早上起来，被头都是湿漉漉的。

场，是高湾最重要的地方，也是唯一的公共场所。高湾没有祠堂，没有庙宇，没有教堂，剩下的就是这么一个看似无主、其实重要的场了。

每天早晨，高湾人上工前都要到场上来，年轻时的阚乃源站到场上的土堆上，用铁皮喇叭讲形势，从毛主席的最高指示到全国各地的信息，这就是高湾的新闻联播了。从这个每天召开的早课中，大家明白了，高湾人每天所做的事情都是在伟大领袖的号召下进行的，是伟大的社会主义建设不可分割的一部分。

高湾的场

除了农忙，场的作用就是开大会，演节目，放电影。场上的钟声是高湾人的集合号，早上集中，由生产队长派工劳动。场上开大会，传达毛主席的最新指示和最高指示。一天早上，我还在被窝里，父亲就拿来《毛泽东选集》，指定我背《纪念白求恩》，我好不容易背熟了。到了晚上，乃源大哥早早地把汽油灯打足了气，点得雪亮，人群兴奋，连躲在后面的富农都看得眉眼清楚。公社下来的人检查学习毛主席著作的情况，先问做队长的父亲会不会背，父亲胸有成竹，“这个嘛，连我儿子都会背”！把我拎到大桌上，刺眼的煤油灯下，我脱口而出：“一个外国人，毫无利己的动机，把中国人民的解放事业当作他自己的事业，这是什么精神？这是国际主义的精神，这是共产主义的精神，每一个中国共产党员都要学习这种精神……”背的人和听的人都似懂非懂，但是都一致惊叹，掌声如潮，连检查组都惊叹不止，父亲脸上也觉得很有光彩。

收割后的麦田

场边的河里养了鱼，鱼喜欢成群在护场河里环形游动。其中有两条大红鲤鱼领着鱼群在河底巡游，冬天的冰面像是毛玻璃，红鲤鱼在毛玻璃下游动，鲜明而活泼，让岸上的人心动。春节前捕鱼，把水抽干，捞出无处可逃的鱼来。最后两条大红鲤鱼也上了岸，扑腾了几下，不动了。我如愿以偿地分到了最大的红鲤鱼，兴高采烈。可等到煮熟了，一点滋味也没有。

现在高湾的场上已经是一片荒地，护场河河道干涸，河岸倾颓。这几年，高湾人看着周边的村里都有土地庙，大家心里也不踏实起来，每家出钱出工，也在原来保管房的位置上修了一座土地庙，边上还竖起了一杆旗，红彤彤地在风中飘扬。场上原来的草堆也不在了——收割机现场就把稻麦收割装袋了，稻麦的秸秆偷偷地一把火烧了了事。小时候的草堆可是背人的隐蔽处：从草堆根部拔了一捆草在里面做个窝，人钻在里面，打牌喝酒，甚至谈情说爱，因为这是可以遮掩一切的地方。

一次，几个高湾东边的孩子在草堆里玩火，不小心烧起来，熊孩子们逃得无影无踪。火大了，场头的钟响了。父亲接过一个脸盆，往棉袄上一泼，然后就爬上了草堆，一个劲地把那些没有着明火的冒烟的草捆往河里扔。

父亲是干部，是身先士卒的带头人，他果然带头了，在烈火浓烟中，父亲的形象时隐时现，衬托在黑色的天幕中。我站在河边远远地看着，我眼中的父亲形象已经与英雄形象重合在一起，甚至与英雄一般无异。我流出了眼泪，我相信，我的眼泪中，崇敬的成分要远多于担心，那是难得的幸福的眼泪，至今记忆犹新。

第四节　墙上的标语

上学时最喜欢看历史书，特别是哥哥姐姐书包里的书，但是一旦真正学了，觉得历史书是最可怕的，需要死记硬背的知识太多太多，整个没法弄。可是为了改变命运的高考，只得一节节、一章章、一本本往下背，书被翻烂，一次高考要用两套书。我们完全明白韦编三绝的含义，那种前背后忘、苦不堪言的滋味至今还在。学历史最不解的是，历史越长，在教科书里的内容反而越少越短。你看，从元谋人、山顶洞人、北京人开始，一直到三皇五帝、夏商周、秦汉三国魏晋南北朝，中国历史最长的一大段，只有薄薄的一本书。而1919年到1949年，只有三十年时间，竟占厚厚的一本！——历史越远内容越少，历史越近内容越多，这里面包含的只是一个简单的常识：历史距离现在越远，被尘封的部分越多。相反，距离现在越近，就越是明晰和清楚，跟心理学的“近时记忆”相同——由此可见，历史与人生的经验何其相像。

2016年，我参与策划央视中文国际频道的《国家记忆》，在策划书里，我这样写道：“在历史流变中，很多事实被尘封，事件被人为地复杂化，要以辩证唯物主义和历史唯物主义为利器，揭示因各种局限而被屏蔽的事实，包括因意识形态、知识局限、认知能力不足、人事纠葛分歧导致的与事实不符的意见和观念，打破习以为常的非黑即白、非此即彼的思维定式。摒弃成见与偏见，豁开蒙昧和暧昧，不因循，不守旧，不戏说，不假定，不妄议，不穿凿，不矫不伪，不虚不饰，通过实事求是地挖掘和呈现，追溯历史关联，构建因果链，还原由各种主客观原因而被屏蔽、被扭曲的真相。”《国家记忆》栏目因题材的优化和现代影像手段，取得了同时段收视率全国第一的传播效果。

有一段时间，我住在扬州的西门街。西门之外过去是扬州人的祖坟集中地。多铎在坟地架起红夷大炮（从荷兰人那里买来的）轰击西门，八旗兵蜂拥而入，毫无悬念地演了一出狩猎民族征服农耕文明的大戏。扬州十日的血腥气弥漫在春天，经久不散。

1997年前后，当时我住在附近的螃蟹巷，西门街改成美食街，道路扩建。周末，儿子骑在我的脖子上去工地，一起蹲着看一层层剥笋一样坦露出来的城墙。西门街从一地废墟建成了城墙博物馆，几朝城墙叠压在一起，像深镌在岩层上的地质纪元。就在这历史的岩层中，我们得以窥见层层叠压的朝代的印记，让人感慨时间的重量。

从20世纪50年代开始，高湾每家的土墙上刷过形形色色的政治标语，一层层覆盖着，如果能像地质学家解剖岩层一样把层层覆压着的标语逐一剥开，那就不啻打开了一本书，上面记录了共和国的政治动员史。

标语不是简单的LOGO（徽标），而是显性的文化政治。刷在墙上，看到眼里，入乎心中，这就是所谓的“入眼入心”。标语是一种号召，一种动员，里面承载的是需要让农民共同配合、一起行动、统一思想的内容。它们义正词严，昂扬豪迈，与全国同呼吸，与世界相通达。

现在井冈山市行洲村茨坪以南，有一个红军标语旧址村落。这是当年红军活动比较多的地方，五十多条红军宣传政策、获取人民拥护的标语保留至今。“穷人不打穷人”的标语，有时候比敌人的枪弹更有威力。

我在老家的手写标语

高湾的老房子已经不在，但是在高湾墙上鲜活过的口号仍然在脑子里留存，在言行中留下印迹，甚至在思维中沉淀下来。

第五节　似水流年

成分　成分

八十年前，费孝通在苏南调研。天下动荡，民心浮动。对此，这位江南世家子弟忧心忡忡，“中国农村的真正问题是人民的饥饿问题”。这就点出了农村问题的要害。农村的问题就是生存问题，生存问题是一切问题的根本，解决了生存问题就得人心，得人心者得天下。

毛泽东说：“谁是我们的敌人，谁是我们的朋友，这是革命的首要问题。”接下来的问题是，面对熟人社会，如何开展革命？而且要开展“无产阶级专政下的继续革命”？最好的办法是从财富下手，根据所拥有的地产房产家产划定成分，确定社会阶层，划分阶级。

海河只有一个地主，叫高元良。他是汜水镇上人，因为在乡下有地，被划为地主，全家也搬出城镇，到海河落户。他的五个儿子倒是个个出息，都有文化，小儿子高启多教课有板有眼，是我难忘的启蒙老师。最出彩的是三儿子高启红，吹拉弹唱样样都会，扮演《白毛女》中的黄世仁时，翻出家里的皮袍，戴上墨镜，刚一亮相，满场喝彩，让衣衫褴褛的杨白劳在一旁尴尬不已。

高湾划成分，几个大姓中，高家被划成贫农；阚家只有荒田几亩，老屋三间，被划成中农；杨家被划成富农；朱家、戚家赤贫，划为雇农。

这就决定了高湾的政治格局和运动基础。在那个时代，对于高湾来说，政治就是饭碗，就是由哪个家族主宰饭碗里米粒的分配。富农在开会时窝在后头，场里放露天电影也得搬着凳子站到后排（前面人多看不清）。高湾的生产队则由阚家和戚家轮流“执政”。我父亲做队长时，修了可通车的机械化道路，用家里买的红砖砌窑烧砖，让家家户户盖了瓦房，借着办村办厂的名义接来了电，通了电灯，家家看上了电视，他还在账户上结余了一笔钱。

在高湾，出身雇农的朱家根正苗红，政审毫无问题。朱德华、朱德才、朱德荣三人都当上了兵。我的堂兄阚乃源上学时成绩很好，但是上高中要推荐，因为他的父亲曾经当过“逃兵”，这就可疑了。高中没有上成，成为乃源的终生遗憾：在他看来，成分直接决定了他的人生走向和一辈子的心态。

成分不是一成不变的，也会转换。我的好友唐巨宗的父亲做篾匠，手艺精湛，但嗜好喝酒，酒后常常骂干部，被打成“坏分子”，郁郁一生，酒瓶不离手，一次醉酒后，酣眠而去。

虽说成分没有在高湾造成鲜明的阶层分别，高湾的队长和会计却是生产队里的“管理者”，工分由队长说了算，会计则是记账，多多少少要享受一点优先的福利。比如，生产队杀猪分肉的时候肥的多一点，分口粮的时候第一个分回去，等等。我听插过队的同事汪宁说，当年在兴化插队的时候，年终在煮猪食的大锅里烧一大锅热水，上面罩上芦席的尖顶，全生产队的人挨个在里面洗热水澡。第一个队长洗，第二个是会计，然后挨到“尖头户”，也是生产队里出头露脸的活跃分子，接下来是知青，然后才是妇女和儿童。

麻雀之灾

燕子在春天独来独往，贴地掠飞，捷如闪电。冬天的乌鸦则成群结队，盘旋来往，纠成一团团黑烟。麻雀则不同，随时随地，到处可见，叽叽喳喳，喜欢单个在天上飞，在风里绕线团。不择食，不择地，不怕人，庄稼成熟了满地啄食，无粮就到空地上到处刨食。

就是这个高湾人视同家禽的麻雀，却在1958年遭遇了有史以来最大的一次灭顶之灾。

1958年，一部粮食大省四川“打麻雀”的新闻纪录片在全国放映。影片中，全民上阵，千军万马吆喝，加上敲锣、敲盆、敲尿桶、敲竹筒……吓得麻雀飞过几个田块便坠下地来。这一大打“人民战争”的经验，立即在全国推广开来。麻雀遭遇了前所未有的灭顶之灾。全国单位放假，工厂停工，学校放假，男女老少，个个奋勇当先，满山遍野竹竿如林，红旗招展，从东到西，从南到北，摆下草人的疑兵阵，烧起烟火，天上地下铺设夹板，构筑了天罗地网，采取掏、毒、套、打、烟熏、疲劳轰炸等综合战术向麻雀展开了总围攻。人们吆吼哄闹，喊声震天，锣鼓齐鸣，麻雀四处逃窜。

全国一盘棋，高湾男女老少也加入了这场亘古未闻的运动中。有一张海报，张贴在高湾场头。上面是一个手拉弹弓、眯眼瞄准的“红领巾”，下面是大红字“少先队员们！小朋友们！为消灭麻雀、增产粮食而斗争！”为此，村民还专门买了一把猎枪，专门瞄准这些每日相伴的小鸟。高湾场上的钟敲响了，全体老小操起锣鼓家伙，锅碗瓢盆，一起敲响，一时间，人声鼎沸，这是高湾历史上从没有过的景象，运动以麻雀的一时消失为最终结果。现在已经没有任何一个高湾人能够回忆起当时抓了多少只麻雀，这场运动究竟有了多大的战果。

从舞蹈开始

广场舞是中国特产，中国大妈们发挥她们的创造力，自创自演，自翻花样，千奇百怪，成为自娱自乐的一种集体仪式。从城市的公园广场到村镇的露天空地，都可以见到这些大妈们孜孜不倦的身影。电视台举办的广场舞大赛激起了大家伙的热情，她们技痒难耐，开大音响，大跳一气，引人注目。在组约的中央公园、巴黎的卢浮宫、威尼斯的圣马可广场，她们已经捷足先登，抢在“中国制造”之前走向了世界。

父母结婚六年，到了父亲三十一岁才生下我。名字要叫一辈子，起名这种事情是文化人的事情，父亲没上过学，不敢造次，就请了当时“四清”工作队和大队干部，在家好吃好喝招待了一天，先是起名叫“清”，后来又嫌不响亮，改成了“庆”。父亲至今记得那两位从江都过来的社调队的干部，胖的姓雷，瘦的姓谭。

海河那时候有同善庵、五里庵、妯娌庵，还有观音阁。每年都要把都天菩萨供上花轿，抬出来游行。父亲告诉我，那时候小，抢着在前面扛旗，扛一圈回来，可以得到两个馒头。有一次他出于好奇，爬到五里庵的柜子上，揭开窗幔，看到一个巨大的都天菩萨，横眉立眼直瞪着他，吓得不轻。

同善庵原先遭过火，还剩下大殿和砖塔。我家族的大奶奶信佛，丈夫去世，拜同善庵的老尼姑心静为师，夜深人静，念经不休。心静圆寂前留下遗嘱，把死后烧化的骨灰和上面粉，撒到河里喂鱼。

红卫兵们喊着口号，带着袖箍来了，他们第一个目标就是同善庵。毁大殿，捣塑像，拆砖塔，让人把木头和砖头挑到合力生产队，在空地上砌了所小学校。

戚家的老小是一个脑筋灵活的人，他脖子一侧有一道深刻的疤痕，这成为他的一个鲜明的标记。当年家里穷，他因甲状腺疾病去县城开刀做手术，一直拖着赖着没交钱，没等到拆线，就趁人不备，从医院跑了回来，自此脖子上留下了难看的疤痕。“文革”开始，戚家的老小变成戚小将，开始了他的革命行动。他召集了一帮学生，带上红袖箍，从东向西，挨家挨户搜罗。高湾人家大多勉强维生，没什么家私，他们翻箱倒柜，从箱柜中翻出压箱底的女人们的陪嫁。

冬天了，海河大队的知青和小学校的学生组成的宣传队举着红旗，挨个到每个生产队巡演。在场上，宣传队被老老小小里三层外三层围着。独唱、快板、舞蹈、小型表演唱、大合唱，花样还不少。我总是粗着喉咙唱“闪闪的红星”，最后的尾句都是直着嗓子向上抽。有一次快要抽不上去了，边上有位声音高亢的嗓音帮了一声“嗷”——硬是帮我顶了上去，此举让我感动万分，抽完了大气不匀，但感觉很爽。

海河小学校边上的山墙是全村的“三角地”，是全大队的公共舆论场。公告、公示、大字报，几天一层，一层层往上贴，贴多了，一撕就是一摞子。放学时，校长从每班选出几个人，发一张大纸，回去就用毛笔抄。抄什么？当然是抄报纸。我家里每天都有邮政员骑着绿色的自行车，打着清脆的铃声，送来《人民日报》和《新华日报》。报纸是要紧的，也是金贵的。学习时，队长要在灯下读，之后让学生回来抄大字报。这些还没完，它们还要用来糊窗户、贴泥墙。烟瘾大的，会讨回去卷叶子烟抽。

“甜蜜”的事业

1979 年，谢添导演的一部名为《甜蜜的事业》的电影上演，红遍了农村的场头。三个忙忙叨叨的家庭、两个情投意合的男女、一群叽叽喳喳的孩子……源于对生儿育女、男婚女嫁的不同态度，展开一系列故事，笑料百出，激起那个年代难得的笑声。影片主题歌随之风靡全国：“甜蜜的工作甜蜜的工作无限好啰喂，甜蜜的歌甜蜜的歌飞满天啰喂……我们的明天我们的明天比啊比蜜甜哟。”歌里唱的“甜蜜的工作”指的是计划生育。

中国人口在中华人民共和国成立前是 4.5 亿。1954 年第一次人口普查是 6 亿多一点，那是把华侨、港澳台同胞计算在内的。十年后，中国人口在 1964 年超过 7 亿，之后，1969 年超过 8 亿，1974 年超过 9 亿人。

高湾人出生时间相对集中，人们从三年经济困难中恢复了元气，开始了一个生育高峰。在 1962 年到 1967 年期间出生的尤多。1962 年高中出生，1963 年阚乃凤，1964 年阚乃兰、邵玉林、戚启明、朱德尧，1965 年阚乃娣、吴金祥、朱德兰，1966 年我出生，下面还有高峰、乃兄，我的两个弟弟，一帮孩子都差不多大，成天大呼小叫，呼啸来往。

农民最大的愿望就是在吃饱肚皮的前提下，延续香火，死后能够入土为安。这是祖祖辈辈留下来的习俗，但是这一基于生物学要求的最基本的愿望在这几十年发生了变化。要计划生育，只生一个好，那么“这一个”究竟是男是女无从控制，就成为不可知的命运了。生男的志得意满，俨然一副完成任务后解脱宽松的神态，而生了女孩则只有积蓄力量，等待时机，准备再生。那个时候，在高湾，最争气的还是要靠男丁。身后站着一群小伙，腰杆子都硬挣，说话口气也大。朱家、戚家、阚家男丁不少，成为不容忽视的力量。

2016 年 1 月，新的《计划生育法》开始实施，至此生二孩合法。我的堂兄阚乃林已经六十多岁，还在打工，为快要到来的老年准备养老金。与此同时，全国各地的医院开始准备产房，月子中心、幼儿园、少儿培训刺激了新一轮的投资热，农村的墙上又刷上了鼓励生二孩的大幅标语。

龙年纪事

1976 年是龙年，这是中国人不能忘却的一年，大灾，大恸，大悲，大喜，全国人民的心情都坐了一遍过山车。

位于松花江边的吉林市是个美丽的江滨小城，2001 年底雾凇节，我从北京赶去吉林，参加全国旅游节目协作会议。空气清洌，冰雪覆压，风景宜人。就在吉林大桥的边上，坐落着一个陨石博物馆，里面收藏着中国吉林一号陨石，这块世界上最大的陨石重达 1770 千克，经过大气层的燃烧，落在当时的吉林省永吉县桦皮厂公社靠山村十队村东。

陨石落下四个月之后，唐山大地震，天崩地裂。

2008 年我的侄子阚文龙曾经带队前往四川汶川救灾，他告诉我，地震来临时，先是上下颠，接着是左右晃，一般的建筑很快被震平。当年在泗阳的同学好友毛峰带我去当地的科普馆，感受地震，坐在固定的装置中，好像置身在一个搅拌机中，无处可逃，让人惊恐。

从渤海湾到内蒙古、宁夏，从黑龙江以南到扬子江以北，国人都感到了异乎寻常的摇撼，全国惊惧。全国的老百姓都在房子外面搭起了防震棚，人都在防震棚里睡觉。

高湾也搭起了防震棚，一柱一梁，上面覆着塑料皮，再盖上稻草。一头用草塞死，一头支门。一天晚上，父亲急急忙忙搭好防震棚，看我们躺下后，一路小跑赶去镇上开防震会议，据说迟到了，挨了批评。我们躺在草屋里，感觉好奇，但是心里十分害怕，从大人的慌张神色中，隐隐地好像在等待着不可抗拒的事情发生。

高湾老小天天晚上坐在防震棚里的桌子上乘凉。一个没有月亮也没有星星的晚上，半夜有人往天上放枪，照明弹呼啸升天，一片惊恐的叫声如潮汐一般，由南向北席卷而来。后来据说是一个蹲点的公社书记放的，目的是演习。母亲从诊所里带回盐水瓶，洗净了装上凉开水，用绳子扣着，在地上埋了一串。一次我半夜醒来，父亲一动不动地坐在地铺上，看我醒了，就认真地交代我，假如遇到洪水，要爬到最粗的树上，等直升机来救，不要管别的，谁也不要管。看着两个弟弟熟睡的小脸，我欲哭无泪，一夜噩梦，直到天亮。

美国汉学家孔飞力在他的名著《叫魂：中国妖术大恐慌》中，向世人描述了乾隆朝的政治与社会生活，其中写到某地曾被一股名为“叫魂”的盛世妖术搅得天昏地暗。在1768年由春天到秋天的那几个月里，这股妖风竟然冲击了半个中国，百姓为之惶恐，官员为之奔命，连乾隆也为之寝食难安。惶恐蔓延全国，演变成一场基于惶恐的全国性的除妖运动。作者细致入微的描写令人战栗，对人性幽暗的揭示让人震惊。

那年的夏天，村里还发生了一件命案。一个村上的水管员夜里放水，被人卡断了喉咙，还抠去了两个眼珠子。出人命了！路上的车子多了起来，戴着大盖帽的公安来来往往，甚至平时很少看见的偏三轮也呼啸着出现了。高湾的成年人都脱光了衣服接受一轮轮的体检，连晚上被窝里打架留下的痕迹都要反复勘察，要双方证明。一位姓祁的会气功的牙医嫌疑最大，被隔离，被吊打，始终没有得到结果。此案不了了之。当地人留下心理阴影，晚上都不敢走夜路了。多年后此案被并案侦破，原来是一个知青夜里出来偷鸡摸狗，被这位耿直的水管员看见，为灭口而杀人。据说人死前他看到的最后一眼会留在瞳仁里，水管员被抠去了眼球。

那一年家家住防震棚，防震棚门口都挂着一只小喇叭。有一天我正在棚边上绕着玩滚圈，还没到正常广播的时间，小喇叭突然响了，是哀乐。因为有过前两位国家领导人逝世报道的经验，我竖起了耳朵："伟大领袖、伟大导师、伟大的马克思列宁主义战士……"我的心好像陷进了一个深渊，越陷越深。我知道是谁了，我一路飞奔到田头，铁圈滚远了，我也顾不上，大叫大嚷 "毛主席去世了——"我从大家的神色里，看出了他们的震惊、担心、愤怒，"小伢子，别瞎说！"父亲都变了脸。

再接下来，"大快人心事，揪出四人帮"——敌人都揪出来了，大家就更放心了。

田间场头，大家笑眯眯地打招呼。"好了，好了！""这下好了，四人帮倒了。" 话虽不多，但发自内心。从陨石雨、大地震、杀人案到领导人接二连三离世，春天以来的大惊恐被置换成一场大发泄，完成了公众情绪的一次大逆转。

小学校的山墙上再次糊满了大字报，学校也放了学。老师带着学生排成队游行，挥着小纸旗，各生产队都要走一遍。我领着喊口号，喊得声嘶力竭，回来后在锅房的汤罐里连舀了两大碗水，喝得精光。

第六节　消失的乡约

2015年春节，我应大连广播电视台徐文谦副总编之请，和好友王爱华、冀学军合作，在《朗读者》之前，做了全国首档亲情文化真人秀节目《家书》。白天的喧嚣过去，面对窗外的万家灯火，我有感而发，写道："烟花易冷，浮华易散。在这个乱花迷眼的时代，在被按了快进键的当下中国，传统社会仍然按照它的逻辑在自然生长。不管你在烟雨朦胧的江南，还是风雪弥天的北方，不管你在白墙黑瓦的檐下，还是在柴旺火烈的炕头，我们都在用爱的信念，用不变的情怀，护持家的轨道。不管时代如何变迁，不管你身处天涯海角，对家的那份钟爱和牵挂总是那么铭心刻骨——这是对生命延续的忠诚敬畏，对传统伦理的慎终追远，同样，这也是中华文明薪火的生生不息。"

"修身、齐家、治国、平天下"，推己及人，由家而国，这是中国传统中的达己达人的思路，不是一个简单的顺序问题，而隐含着一种逻辑、一种秩序、一种操作路径，也是国家长治久安的依据。

在高湾，家家都关门过日子，其实并没有太多的利益可争。但是却一直在斗在争，没有统一的文化，没有共同的思维，没有沟通的渠道，代之以争吵和打闹。在高湾人中，自私自利、忘乎所以的有之，横行霸道、迷信气力的有之，男盗女娼、不择手段的有之，兄弟不睦、一地鸡毛的有之，不友不孝、不与人来往的有之。常常为了几尺地、几棵树、一只鸡，甚至一次白眼、一句不好听的话，不管不顾，大动干戈，轻则骂上几句，严重的就会跳高打斗，让年幼的我们心惊肉跳，噩梦连连。后来我在街上看小人书，看高尔基的《童年》，觉得陌生而熟悉。远在西伯利亚那头的高尔基在童年感受到底层生活的寒碜、粗陋、恶意和无奈，像冬天无处不在的寒意，层层包裹了我。童年的我毫无安定感，只是隐隐地觉得，我不属于这里，运河帆影远逝的那一头肯定还有更大、更适合我的地方。——今天写到这里，我还是觉得隐隐心寒。

必须要说，高湾大多数人内心善良。但是生存环境恶劣、视野狭隘，形成了只认现实、不问因果，仰视强者、同情弱者的思维习惯。对于粗粝的生活，他们本着生存的本能，有着植物种子一样的钻劲和韧劲。很多人内心紧张，一触即发，这种弱者思维导致的直接结果就是人际关系的紧张和冲突。政治立场的分别、现实利益的争斗，激发了自私的本性和贪婪的欲望，导致无休无止的吵闹，以邻为壑者比比皆是。农民是真正的草根，乡村成了真正的化外之地。有人往往把“穷山恶水”和“泼妇刁民”并列一处，造成了一些偏见，其来有自。我深刻地体认到，这里有贫穷困乏造成的灾难，有制度设计形成的矛盾，更多的，是未经修养的人性造成的地狱。

高湾边上过去有个同善庵，说是庵，但是据我父亲说，曾经规模很大，有 99 间半的房子，里面有牛头马面，有地狱鬼府，有大锯断肢、烈火焚身、拔舌敲骨等塑像，看了让人心生畏惧，不敢作恶。

同善庵被毁，亡人龛被烧，乡人至此没有了畏惧，失去了敬畏之心，也没有了教化，森林法则在这里通行无碍，男人耍横，女人撒泼。野蛮成为野蛮者的通行证，忍让成为忍让者的墓志铭。

在皇权不下县的古代，靠的是家族和宗法制度维系着乡村的基本制度和人伦道德。教科书里说“旧制度吃人”，但是什么制度都要维护大多数人的根本利益，都是有严酷的护持力量在，否则更多的人的利益得不到保障，最后受苦受难的还是大多数人。

在民间，最看重的是一个“孝”字。

早在西周王朝，统治者主张敬天、孝祖、敬德、保民，重视尊老敬贤的教化。汉朝董仲舒提出“罢黜百家，独尊儒术”的建议后，孝道由家庭伦理扩展为社会伦理、政治伦理。明代以孝治国。太祖朱元璋农民出身，他诏谕臣民们要兴孝道，用“孝”维系皇权统治。朱元璋把孝看作是“风化之本”“古今之通义”“帝王之先务”。明朝还以养老之政教民孝，对老人赐以布帛、授以爵位，还让他们议政御政、评论官员、理民诉讼、宣教民众，并明文规定八十岁以上的老人由官府供养。由于明太祖的大力提倡，整个明代都非常重视孝道，皇帝的庙号、谥号或陵名，带孝字的很多。清沿明制，乾隆在扬州盐商的豪宅里摆下千叟宴以款待老人，现在南河下还保留了当年的院落。孝亲遗存至今，以至于现在乡下看一个人的为人，首先看他“孝不孝”。

2012年春天，我到“华夏第一村”华西村调研。高耸入云的华西塔，每家每户的别墅小院，到处都有横幅标语。印象深的有一条“爱国爱家爱华西，爱亲爱友爱自己”，质朴而接地气，看似与“修齐治平”顺序相反，其实阐发的只是一个道理：一个人的命运要与周边人的命运相关，与国家民族的命运相关。在华西有个规矩，一户人家，只要有年龄超过八十岁以上的老人，村里每年发给老人养老补助金，数量按照他的直系子孙的数目算，一人一万。一个五世同堂的老人常常有子孙二十多口，那就是每年二十多万。家有一老，如有一宝。在物质利益的刺激下，尊老养老成风。

2017年，电视剧《白鹿原》口碑大热后市场遇冷。电视剧里，仿照乡贤形象塑造的白嘉轩就任族长之后的第一件事就是修祠堂，族里每遇到大事，不论是婚丧嫁娶、生老病死，还是遇到灾难，求祖宗保佑。村里有了事，“到祠堂去”，在道德的约束下，万事不敢逾矩，在祖宗的牌位前，守着规矩过日子。村里的二流子石头犯了错，家破人亡，自己也精神错乱，被罚看祠堂，守着祖先牌位，忏悔度日。遇到事情，白嘉轩会召集族人到祠堂，立在祖宗牌位前，背诵《吕氏乡约》：“德业相劝，过失相规，礼俗相交，患难相恤。”神情肃穆，众口一词，仪规严整。

在高湾，人们只是按照上面传下来的文件、刷在墙头的标语行事。支书、大队长，还有民兵连长，构成海河村权力的“三驾马车”，他们掌控一切，决定一切，影响着村民。

2012 年冬天，我和好友唐巨宗来到无锡东郊的荡口古镇。这个古镇西邻泰伯墓和鸿山越国贵族墓群，东与常熟接壤，河道纵横，湖荡密布，小桥流水，环境幽雅。镇内居民以华氏居多。国人最熟悉的是被电影《三笑》和《唐伯虎点秋香》调侃的华太师，其实这个叫华察的太师是学养极深、极为内敛、教子有方的谦谦君子，子孙也不是那种草包。三个儿子伯贞、仲亨、叔阳，皆聪明而有文才。除了大儿子伯贞英年早逝外，仲亨为武英殿中书舍人，叔阳为礼部主事，其著作收录于《四库存目》，世人称羡，流脉深远。

华氏后人把《虑得集》誉为治家经典，世代相传。在鹅湖这块风水宝地的浸润下，经诗礼文化的培植，荡口成为“孝义之邦”和“名人摇篮”。中国古代铜活字印刷鼻祖华燧、近代著名数学家华蘅芳、当代著名漫画家华君武、被称为“中国力学之父”的钱伟长、当代大儒钱穆、“第二国歌”《歌唱祖国》的作者王莘，都是从这座古镇走出的一代俊彦。徜徉在荡口不长的古街上，你会感觉身处一条历史长河，星光熠熠，光彩照人。

明天，明天的明天，高湾，还有千千万万像高湾的乡村，我们和我们的后人，相信还能听到新的“乡约”的朗读声？

第七节　难为的收支

有钱没钱，回家过年。一年到头忙下来，过年大家最惦记的就是年终分配了。

年终的决算会常在我家开，平时舍不得点的两盏煤油灯都拿到了堂屋。不大的房间里，坐着的，站着的，靠着的，蹲着的，挤满了人，尽管煤油灯罩早早地就被擦得锃亮，灯芯也被捻高了，但是堂屋里还是暗影重重。

高湾二百亩地，每亩产小麦一百多斤，产稻二百多斤，先要交国家的上交粮和集体的征购粮，这是雷打不动的。接下来要留来年耕种的种子，留供按劳分配的劳动粮，还得留下集体养的牛和猪的饲料，剩下的才是口粮。集中分配，一季小麦，一季稻谷，要供三十七户一百三十多口人吃嚼一年。

一年的分配分为预分和决分。夏季大忙后预分，年终过年前决分。预分常常是读个账，没钱可分。决分大家都重视了，大多数人家年底只有几块钱，甚至一年起早摸黑干下来，辛苦一年不但没有收入，年终算下来还倒贴队里的钱。高元华家夫妻两个，加上四个能干的闺娘，还有一个特别吃苦耐劳的女婿，帮队里养了一头牛，农忙时帮人耕田，他家的收入差不多是最高的，能分得一百块，让人艳羡不已。我家里算是收入比较高的了，父亲是队长，工分比一般男劳力略高一些，大家也没有话说。母亲是赤脚医生，拿大队的工分，也比一般劳力要高不少。

大人们在说话，在争吵，唉声叹气，好像还有低低的啜泣。我睡不着，半夜起来，踩着一地烟屁股出门撒尿，空气清冽，月明如昼，天寒地冻，我冻得打哆嗦和喷嚏，赶紧钻回烟雾缭绕的屋内。

拿到了仅有的钱，一家老小可是在家等着过年。姑娘要花，小子要炮，老人要新帽，再怎么说，过年总得做一身新衣裳。拿了钱，带了布证，捏得紧紧地去供销社买布。挤到长长的柜台前，成捆的布竖着，件件标致。歪着脑袋看，想象着穿在家人身上的样子，选好了用手指定，把售货的同志“喂”过来，开票，连上钱和布证，夹到头顶的铁丝上，用量布的竹尺一推，“刺——”的一声，就到了高处端坐着的会计的头顶上。那铁丝四通八达，密而不乱，了不起的会计像只大蜘蛛，端坐在网的中央。噼里啪啦一阵算盘，算了账，找好零，“刺——”地把铁夹推回来。供销社里，人声嘈杂，清晰的只有“刺刺刺——”的声音，铁夹在头顶穿梭飞舞。买好了退出来，喜滋滋地夹了布，回去找裁缝。这时候裁缝最忙了，由日至夜，缝纫机“呼噜噜”地响个不休。

过年是一年中最盛大的事情。遇到过年可以吃肉，平时来客才可以拿肉票去镇上，每斤肉七角三分，割些肉回来，以至于高湾人把肉都叫作“七角三”。遇到年景好的时候，过年两三户人家拼起来，杀一只年猪，把肉分了，再送一些给亲友，剩下的擦了大盐，腌起来挂在外面晒太阳。原本鲜艳的肉色在日复一日的阳光下泛成紫色，每天割一块，切成薄片，放到饭锅里蒸，脂油汪到饭粒里，油亮可人，香气扑鼻。一大块咸肉一直要吃到第二年夏种。平时晒太阳要挂得很高，防止被馋嘴的猫和一种叫“三蛮子”的蓝羽长喙的灰喜鹊啄食。

我看到一张1982年春节定量商品供应目录，分成十六项：卷烟、曲酒、食糖、脆饼、麻糕、麻货（麻圆、麻饼）、粉丝、油炸肉皮、皮蛋、鲜蛋、糖货（花生、寸金、浇切）、慈姑、猪副产品、黄豆制品、石碱、水产品。

分成城市和郊区，郊区供应的相应减少一半或者三分之一，比如烟酒等；有的只供应城市，不供应郊区，如脆饼、麻糕、麻货、慈姑、猪副产品、黄豆制品；还有的供货有区别，如同是水产品，城区供应淡水鱼二斤，郊区供应带鱼一斤。——以上是城市、郊区的供应，对于农村那就更少了。

农村最大的开销还是砌房子，家前屋后有宅基地。砌房子不容易，一辈子就为一处房子，房子往往是乡人的全部资产。一个庄上都有个“庄”，也就是每年大家集资，集中给一户人家“办大事”。这个“庄”抓阄后轮流做，轮到了，一般就用来办婚事，或者砌房子。把平时生活不可能完成的“大事”给办了。一个男孩子必须要有一幢房子才能结婚成家，否则就要到人家家里招女婿。最犯愁的是儿子多的人家。夜深人静，两个弟弟都睡熟了，我常常听到父母小声的谈话和唉声叹气声。从来不见愁容的父亲也开始咂嘴“哎——怎么办呢？”让我顿生恐慌，心悸不已。

战天斗地，吃苦受累，家家穷得叮当响。彼得·德鲁克讲过这样的话，人们喜欢说意志可以移山，但其实只有推土机可以，最终起作用的还是经济法则。革命就是对人性的调动。一次性分田到户，这么一种简单的回归，高湾年年大丰收，再也没有了饥荒。

农家也用起了空调、彩电和冰箱，中国乡村在物质上获得的进步是显而易见的。然而需要说明的是，这些电器通常都是家庭成员外出打工所得，而非来自国民待遇“在野派”的居家劳动。更何况，就目前的农业生产本身而言，种地赔本的事情并未完全消失。近年来的乡村变化真应了那句话：农产品价格比眉毛涨得还慢，而农资价格涨得比胡子还快。

农村改革后，农民过上了一段好日子。随着改革向城里而去，改革的成本越来越大，和历次的中国问题一样，城里感冒，农村吃药。但是很快农民负担越来越重，一个普通农民要交的税赋有农业税等。增产不增收，多收了三五斗，很快歉收。粮食跌价，到处打白条，粮站拒收，最吃香的是收粮的。好不容易卖掉了粮食，却拿不到现钱。急等着用钱，农药种子化肥，各种名义的乱收费难以杜绝。取消了农业税，但是农产品和工业用品之间的“剪刀差”加大了，地里的粮食只能糊口，靠打工挣零花钱。甚至出现不种不赔、越种越赔的现象。有些地方，只在领导小车路过的路边种上庄稼，其余的大面积抛荒。

中国的GDP（国民生产总值），从1978年的三千六百七十八亿到2016年的七十四点四万亿，增长了二百零二倍。但是农民收入远远没能跟上这个节奏。乃源告诉我，现在种田不用交税，每年净收入八千元，开拖拉机一年三千元，加上做队长两三千元，他的收入要远比一般人家好，一年也只得一万多块。他的收入，除去回购粮食的费用，出人情花去一半，剩下的差不多维持生活，没有结余。

收入是一个问题，开支更是一个问题。

男耕女织是对传统农耕社会家庭生产生活的形象说明。对于一般农民家庭来说，平时生活就是够吃能住，其余都减到了极致，紧巴巴地过日子。一日三餐，基本上都是自力更生。米面不论，蔬菜出自房前屋后的菜地，鸡鸭生蛋，甚至鱼虾都产自随便哪条河里。年成好的时候，几家拼起来，过年杀头猪，肉被腌起来，要吃上半年。农村的一切都自给自足，来自土地的出产。平时有客人来，就忙不迭地到鸡窝掏鸡蛋，拿着肉票去镇上买肉，七角三分一斤。如果运气好，肥肉多，骨头少，那就更解馋，大人孩子都高兴了。

20世纪80年代之前，高湾人基本上都住自己盖的草房，土坯垒高，柱上架梁，草帘上铺上草，开了门窗，就是房子了。讲究的除了在房子四个角上包上砖头，做成“四角硬”之外，还在屋顶上铺那种湖边长的茅草，坚韧不朽。而一般人家就是麦秸了，麦秸会发脆，雨水浸透后会发霉变朽，被麻雀做窝，三下两下就会漏。农村有一种专门的茅匠，就是帮人修草房的。有了他们，房顶不再漏雨，可以算是补天的人。砌房子不是一件容易的事，往往要花费一辈子的积蓄，常常是轮到坐庄了，才有余力去做。要分家过日子，要结婚，必须要砌房子，那就得搭上一辈子的老本。

老人们说，20 世纪 50 年代，两张单人床拼在一起，卷着铺盖卷就成了一个家。后来条件好些了，流行“四个一工程”，也就是一张双人床、一个热水瓶、一个脸盆、一只痰盂。再后来结婚流行“三转一响”，流行“二十四条腿”或者“三十六条腿”。捷克式家具，一件家具四条腿，床橱桌椅茶几条凳，什么都有了。“三转一响”是指缝纫机、手表、自行车和收音机。今天看来其实是基本生活必备品，一点都不过分，但是在那个年代就是一笔巨大的无法承受的开销。

儿子多的人家，最愁的是儿子结婚。乃源大哥结婚是冬天，那场雪特别大，没完没了。村里人大吃大闹了三天，鞭炮震耳，满眼红色。到了乃林结婚，砌不起房子，对方是老户人家，讲究，要砌房，要彩礼，少一分都不行。可把人愁的！大爷天天吃饭时端着碗，到我家里商量，怎么才能熬过去，还能跟谁去借去挪。捧着碗过来，坐在边上唉声叹气。乃林的婚事给我们家族都带来了浓重的阴影。对于男孩多的人家，最愁的是儿子结婚，男孩子多的家庭注定受苦受难。邵家和我家都是兄弟三个，很多人觉得肯定万劫不复，眼角都不带扫一眼的。

结婚要摆席，常常一摆三天，全庄人都来帮忙。烧菜，端盘，洗碗。坐席讲究，一般先论辈分，再论远近，次论年纪，但是也不见得严格。如果遇上做干部的来了，一律坐上席。主次座位要谦让，不谦一下是不合礼数的。高湾坐席还有个习俗，都要“拘礼”，主人不搛，客人是不能伸筷子的。吃空了一般也要捂着饭碗，表示饱了。八仙桌边上就有人端着一碗饭，等谁的碗快完了，抽冷子“砍”进对方饭碗，“砍”成功了，宾主承欢，大家高兴。“砍饭”的人要手疾眼快，如果被对方躲过，没砍成，那就得继续端着饭碗，在桌子边上巡逻，抽空子再“砍”。被“砍”了的饭，必须一粒不剩地吃完。身手敏捷的，一顿饭下来，能“砍”上个十碗八碗，把大家吃撑。遇到不灵光的，一碗饭都“砍”不下去，大家都饿瘪了，嘴上还得说“饱了饱了”，回家还得再吃点，才睡得着。

结婚是一辈子的大事，必须全力以赴地办。而在日常生活中，最大的开销是“出人情”，也就是亲朋好友之间的份子钱。婚丧嫁娶都是大事，那是不用提了，从孩子生下来，过白露，然后每十年一个生日，到了老年，整生日都要祝寿。砌房子要进宅，孩子考上大学，都得热闹一番。门口坐着账房先生，用毛笔在一个红纸本上登账。有来就有往，少了不好看。寻常人家，一年的开销都要在三千元到一万元之间，占收入的三分之一以上。

黑龙江电视台曾经有一条在全国获奖的电视新闻，说的就是农村的人情现象。一个小村子，家家请客，发展到大事小情都要办酒，甚至砌个猪圈，买辆自行车都要请客。目的就是一个，把送出去的人情再“捞”回来。人人哭穷，家家有债。全是有钱出钱，没钱去借，“人情大似债，头顶锅来卖”。

农村人除非苛捐杂税，抽血过量，一般过日子是没有问题的，没有所谓的“中产阶级焦虑”。问题是没有积蓄，赚钱就成了硬道理。城里工人每月发工资，有定量供应，这是那个年代的农村人最羡慕的。客观上，城乡二元制加大了城乡之间的差别。有的农村人就攀着城镇人做个干亲家，图的其实就是那点福利。

关于城乡收入差别，卢跃刚先生曾经打过一个生动的比喻：一驾向前奔跑的马车，上面本来坐着两个人，一个是城里人，一个是乡下人，他们同是马车的主人。后来，车跑不动了，老实巴交的乡下人就下去推车，马车又开始向前跑。可是城里人只顾自己风光，忘了把乡下人拉上车。车越跑越快，筋疲力尽的乡下人被远远抛在后头。乡下人努力地追上去，可他发现，车上已经没有了他的座位。城里人永远驾车在前面跑，乡下人永远在屁股后面追，久而久之，便形成了一种规矩：乡下人想搭车，要看城里人脸色。乡下人这才大梦初醒：马车已经不属于他了。

第三章

人：随处安放的生活

第一节　上学记

高湾人日常看到最长的队伍就是上学的童子军。孩子们背着书包，从各家各户走到小路，最后浩浩荡荡地会到通往学校的大路上。那时候，女孩穿红衣服居多，男孩着绿军装居多。大学的修辞课上，老师讲到互文，我一下子就想到了“红男绿女”。可见，红并不一定指的是男，绿也不一定指的是女，而是穿红戴绿的男男女女。当年的红男绿女们背着书包，在河堤上一阵风来，一阵风走，煞是好看。

我上学是带着游戏的心思去的。高湾西头的大孩子都上学了，我一人在家待不住，跟比我小的孩子又没得玩，奶奶的老故事像炕糊了的烧饼，再也勾不起我的兴趣，就想跟着堂兄乃林去前庄上学。憨厚的乃林帮我扛个小板凳，我背着红塑料皮的语录包，一路小跑，心中欢喜，十分来劲。下雨大家都不肯上学，我偏要去，跌成泥猴也要去。

前庄的学堂其实就是一间大房子，里面坐着三排学生，依次是一、二、三三个年级。三个年级的孩子由两个老师教着，一年级读书，二年级算数，三年级默写，老师轮流切换频道，按序作业。最后一堂课大合唱，那是一天最后的狂欢。《学习雷锋好榜样》《我在马路边捡到一分钱》《东方红》，

曾经的小学校变成现在的砖窑取土处

大家伙放下书本，仰着脖子，扯着嗓子喊，喊得痛快的时候也该下课了，一个个夺门而奔，蚂蚁炸窝似的。

我上学的目的是下课和放学，下课多好玩啊——斗鸡、跳绳，最不济还可以贴在墙边“挤糯米饭”。两队人贴着墙分别往中间挤，挤到中间的会“冒”出去，那就得赶紧跑到队尾，再继续往中间使劲，忙得一头汗，川流不息，乐此不疲。其实我上学不在老师的点名簿里，属于“黑户”。上课了，我就悄无声息地窝在最后一排的桌肚底下，因为教室只有前面有扇门，后面看不清楚。再加上桌椅歪斜，后排根本走不进去，所以我的“黑户”身份一直没有被发现。窝在桌肚底下，可是老师讲课我听得清清楚楚。临到考试，老师发下钢板刻的试卷，正好发到最后一排多了一张，我做好交上去，居然是班上唯一的一百分！我的“黑户”身份由此暴露。母亲那时候在合作医疗做赤脚医生，就过去跟校长商量，说我太小了，既然这么喜欢上学，就让他重新开始上一年级吧。老师不答应了，他是全班成绩最好的，要上就上二年级！

就这样，我成了这个最简陋的小学里最小的学生了。老师是高启多，还有知识青年田六英。高启多是汜水镇人，每天一早带着师娘和孩子从镇上下来。师娘眉眼温顺，不言不语，只是带孩子、做午饭，晚上放学后，又背上孩子跟丈夫回到镇上。后来才知道，她曾出过家，后来还了俗，帮助丈夫打理家事。还有一位老师田六英，是南京知青，后来回南京，在街道工厂做工。我多年后见到她，当年年轻、高挑、活泼的田老师已经是一副老年妇女的形象，多年的粗糙生活磨削了她的记忆，也根本记不得我了。

前庄的教室被雨淋透后成了危房，学校办不成了，我到了东边的朱庄，再后来转到了海河小学。读完小学，没地方再读中学，海河小学也就变成了“戴帽子中学”，小学老师也成了中学老师，开始跟着学生一起“晋级”，教起了初中。

初中的语文、数学还可以对付，外语没人教。反正高中、大学的升学考试也不考，也就无人理会。难为的是物理、化学，学校除了教室里的桌椅黑板粉笔，没有任何实验器材。了不起的物理老师韩长祥、化学老师申维华就在黑板上画天平、试管、酒精灯，讲原理，做演算。特别是班主任董鹤松，写得一手好字，口才十分了得。他带着刚刚高中毕业的陈永喜老师，每天晚上拎着马灯，挨家挨户查看学习、解答问题，在村里转一大圈回去。不论严寒酷暑，风雨无阻，总到大半夜才回到家。我在班上年龄最小，却是成绩最好的。小时候犯困，困了就站着看书、做作业。班上一下子考取了六个高中生，可谓空前绝后。前几年董鹤松老师过七十岁生日，同学们聚会庆贺，感谢老师当年培养。董鹤松老师还说要感谢我们，因为那一年中考的优异成绩，他得到了全县表彰，顺利转正，成了公办教师。

那时候最有意思的是看闲书，新学期都要讨高年级的语文和历史书来看。小人书是宝贝，每次到镇上，按照惯例，大人都要让我们吃一碗馄饨，或者吃个菱形的火烧，最不济也喝一杯糖精兑的糖茶，一分钱一杯，香甜得很。但是我都不要，我的目标是小画书，也就是小人书。大人挑了满满一担棉花到镇上，卖给收购站后，用钱再去买布、打酱油，我就在书店里看小人书。一楼一分钱一本，都是革命样板戏，还有看不懂的高尔基。二楼两分钱一本，可以看《三国演义》《水浒传》。小人书上都盖着篆字红章“闵加寿”。大人办完事来到书摊，如果收成不错，心情大好，还会额外开恩，让我到新华书店买一本小人书回去。最多的时候，家里有二十多本小人书，放在一个藤篮里，当成宝贝。最可怕的是大队到我家开会，一帮小队长抽着烟，用熏黄的指头蘸着吐沫看我的小人书。看不完的还要带走，每次来都是一次浩劫，让我难过好几天。

平时喜欢去奶奶（外婆）那儿，除了吃她做的梳头饼之外，顺便去他儿子家看书。那时候《人民文学》封面上永远是六只吉祥鸟儿，展翅绕飞，让人兴奋莫名。《彩云归》里的大历史中小人物的坎坷命运、《阿扎与哈利》里的青年男女的美好感情、《正红旗下》的老北京的烟火气息，激起了我对外面阔大世界的无尽向往。他家不允许把书带出去，外出就锁门，就在狭隘冷硬的乡间门槛上，在黄昏檐下麻雀的啁啾中，我完成了文学的自我启蒙。

我考上高中时只有十三周岁，身高一米四六。到氾水中学上学，背着书包，肩上扛着一袋米，就此走出了高湾。直到十八岁到扬州上学，彻底离开了这块土地。现在的海河小学已经不在，原来的地方被轮窑厂挖了泥，制了砖，留下了两个方形的深坑。只有原来操场边上的大柳树还在，婆娑的枝条生动依旧，仿佛还在提醒着过去的存在。

离开了高湾，我从无拘无束的野性童年，一下子进入残酷冷漠的青春物语。没有任何过渡，一下子被逼到了悬崖，背后就是不敢想象的万丈深渊。所有的目的、价值，所有的努力、精力，都集中在一点上，那就是高考。

高考是生命线，是生死线，是希望线。每个人都在为改变命运殊死一搏，那是一种竭尽全力的赛跑，一种真正的拼命。我后来看到过泰州的高考班上的标语“时刻不要忘记你是农村户口！”最后还加上一个猩红的感叹号。我在的班上虽然没有这种触及灵魂的标语，但是这种观念也是同样地深入人心。为了全家命运，为了自身前途，一群群十几岁的少年在竭尽全力，千军万马

我离开高湾时住的老房子

地挤独木桥。晚上十点钟熄灯后，全校只有一个长明灯教室，灯下一片黑压压的人头，连窗外能照到的地方都站满了人。日光灯大概是亮得太久了，不期然地就坏了，忽闪忽灭，像调皮生在眨眼。长明灯教室难进，每个同学都准备了一只煤油灯，把教室玻璃照得一片光明。需要背诵的历史、地理、政治书，不知道翻了多少遍，上面画满了杠杠条条。复习了不知多少遍，到了最后，一本书半小时不到就哗哗哗地翻完了，这样翻了几个月，就翻烂了，最后都要再换一套，接着翻。

几乎每个高考学生都有一个故事，浪漫退去，九死一生。同学陈汇祥说过，那时候到县城上高中，天蒙蒙亮，汽车在公路上，每次都遇到在纺织厂上完夜班回家睡觉的工人车流。一队满怀希望向着县城而去，一队则浑身疲惫地朝着乡下老家回返。他暗下决心，将来绝不要加入这个行列中去。同学梁广裁已经回家，随父亲放木排做生意。父亲在公交车上遇到汜水中学的校长，

我和我的好兄弟们，从左至右依次是杨峻、阚乃庆、成晓明、唐巨宗

硬是把孩子送过来重读。

中学同学中，我有几个结拜兄弟。老大唐巨宗成绩最好，可惜写字太慢，每年考试只差几分，在老家蹉跎多年，最后去了苏南一家台资企业，负责全厂管理，成为技术和管理专家。老二杨骏因为腿部患骨髓炎，高考一再受挫，他一边治疗，一边重考，八年高考，最后得中。杨骏做事踏实，负责能干，现是县中学的一名出色的政治老师，常年带高三，为最后一搏的北大班、清华班临阵助力，后因表现优秀，被提拔做了学校的中层干部。老四成晓明高中毕业，回老家做了民办教师，买了砖头准备砌新房结婚。我重读考上了本科，骑车到了他家鼓励他重读，他立即辞职返校重修。大学毕业晓明去了烟台，现在是全国百佳律师事务所的主任，在当地律师界首屈一指，四处买房，俨然土豪。陈汇祥现在是南京师范大学附属中学的党委书记。梁广才研究生毕业后进了上海市政府，后来辞职开办了一个外贸公司，还在老家办了一个厂子，成为当地纳税大户，也为家乡输入了上海的精明文化。

一次在电视台审片，记者拍回来一条新闻：一个镇文教助理借民办教师转正收取贿赂、大肆敛财。其中采访一个捂着半边脸的民办教师，我一眼就看出来了，这是我的一个高中同学，数学极好，可惜偏科，高考几年未果。在中学担任代课教师，多少年不能转正，只好向这个当道的小官行贿。事情败露，已经到手的转正又泡了汤。

张在元

张在元是我的姨兄，七十八岁，年龄跟我母亲一样大。那个年月，外甥抱着舅舅走，侄子搀着小姨跑是常见的事情。我的大姨在生产后的月子里去世，外婆每年清明前就念叨。

在元是家里的老大，小时候做农活曾经摔断过胳膊。十四岁时母亲去世，临死前把在元叫到跟前，叮嘱了两件事：一是婚姻，要在元娶姑妈家的女儿，也就是表妹，因为有一个弟弟在姑妈家收养，始终不放心，为了弟弟平安长大，这门亲事要答应；二是要在元求学上进，右臂残疾，做不了重活，上学是唯一出路，并叫来姨夫：只要在元考上学校，都要给他上学，否则做鬼都不饶过你。

在元三岁入私塾识字，五岁读《三字经》《百家姓》《千字文》，七岁读《大学》《中庸》，九岁读《论语》《孟子》，十一岁到杠桥小学，从

我的姨兄张在元

二年级上起。两年后到汜水小学读书，十五岁考上汜水中学，放假就给瓦匠做小工，挣生活费。因成绩优秀，他考上南京市一中。但是政策不留农村考生入学，又转回宝应中学高中部上学。高中成绩名列前茅。在高三时要求入党，在外调时，当时的大队支书对他父亲有成见，说他家是“新富农”。这样不但没有入成党，还限制了他报考学校，只能考师范类院校，就这样考取了南京师范学院。也因为同样的原因，没有被第一志愿政教系录取，而是录取在了外语系俄语专业。三年困难时期，每月助学金十五元，上大学没有花家里一分钱，还寄回家补助兄弟们上学开销。

尽管不喜欢外语专业，但是想到这是将来生活的全部依靠，张在元刻苦学习，成为三好生，被同学选为班长。1964年大学毕业，抱着对党感恩的思想，决定响应号召，去内蒙古支边，被分配到内蒙古大兴安岭林管局。那时候有六百个大学生、四百个部队转业干部同去林场。平时在林业中学教学，寒暑假组织学生到商店服务。珍宝岛战斗期间，组织学生进行军事训练，练习刺杀、射击、爆破等。“文化大革命”开始后，学校停课了，在元组织了一支毛泽东思想宣传队，带学生到深山老林，在林场工人中间宣传毛泽东思想，同时避免学生以“破四旧、立四新”为名的打砸抢。特别是他们排练的文娱演出，深受林业工人的欢迎。在林场，他们在山间找水，沿着动物的蹄印找水。最让在元激动的是1966年7月18日，他加入了中国共产党。后来一场大火烧掉了档案，包括他的组织材料，到了1973年只得重新申请入党。

为了保卫珍宝岛，在元被抽到林管局武装部进行了三个月的军事训练。回校后成立民兵营，担任营长，对学生进行军事训练。当时已经做好了上前线的一切准备，都化验了血型，发放了军服，随时准备打仗。就在上前线的前天晚上，林区调来了一个机械化师，上前线的任务才被取消。

到了1971年，张在元申请调动，回到老家，与妻儿团圆。因为那时候没有俄语教学，就被安排到县里的宣传组工作，分管县里的文化部门，包括县文化馆、文化站、广播电视台、新华书店、县剧团、电影院、放映队等。他很忙，小时候我还去他的宿舍住过一晚，床边就有电灯绳，一拉就亮，让我兴奋了一晚上。第二天才乘轮船从县城回去，耽误了一天课，但是那个明亮的晚上让我印象十分深刻，久久不忘。

农业学大寨工作组成立了，张在元被安排到安丰乡、曹甸乡、泾河乡参加运动。县委就让这个难得的大学生到泾河乡担任副书记、革委会副主任。他一边试验种杂交稻，大幅提高亩产，一边大搞副业，摇草绳、编芦席，提高农民收入。他做的杂交稻种植试验在全县推广。1979 年在元被调到中港公社做书记。中港是当时全县最穷的，田多地荒人稀，全乡只有一点五万人，上报面积一点五万亩，实际有七万多亩。“要得富，先栽树”，张在元到任不久，先号召全公社栽树。他和南京林学院联系，一位曾留学苏联的林学教授过来，听说当地的书记是南京师范学院俄语系的学生，随即用俄语与之交谈，十分融洽，饭后就订了协议。从此欧杨这种林木开始在宝应生长，时至今日，仍是当地的主要经济林木。1981 年全国林业会议在宝应中港召开，中港的种林经验全国知名。

最让张在元记忆深刻的是分田到户事件。之所以称之为事件，是他不知天高地厚，差点捅了一个大娄子。1980 年秋天种麦时，四个生产队到县农行贷款，准备长绿肥，但是借不到钱。他就让这四个生产队包产到队，分田到户。大年初二，大队支书到他家，告诉他，分田到户后大家干劲十足。别的队的社员大年初一都在打牌打麻将，他们队不要人催，一个个都在田里劳动。果然，到了麦收季节，分田到户的生产队都获得大丰收，一季的产量超过了以往一年的产量。村里一个姓金的老干部在春节时跑到张在元家，说分田到户是倒退，是瞎搞，说话很不好听。在元劝他到年底再看，如果搞错了，就自动退职。结果还没到年底，看到麦收的景象，他又跑过来，朝在元跟前一跪，自己打自己的嘴巴，要在元原谅他。他说他家今年大丰收，儿子买了一条船、一台拖拉机，又砌了三间新房子，家里还有几千斤小麦，打死他也想不到。

农民是最讲实际的，看到分田的实实在在的好处，全乡各村都把田分了。

这样一来，动静大了，省里来了调查组，由省农委的一个姓赵的主任带队来宝应调查。在元汇报了包产到队、包产到组的情况，那时候不敢碰“包产到户”这根红线。在赵主任的再三追问下，在元才说出了“包产到户”。赵主任听后哈哈大笑，说“你胆子太大了，江苏省没有第二家敢这样的”，并提出到农户家里看看。张在元立即先回中港，看到县里的一位领导正乘他不在，调查批评他的做法，是“犯了路线和方针错误”。在元立即正色道：“我有问题你们可以当面检查，不要背后摸我屁股。即使我错了，也应该到年底看结果。书记当不当无所谓，我还回到学校教书就是了。”来人一看形势不对，立即就走了。

第二天省调查组到了乡里，在走访座谈时，一位也是南师校友的调查组成员悄悄跟在元说，你不要口口声声检查，全国已经有人分田到户了，你没有错。

邓小平对万里在安徽小岗村分田到户的做法做了表态:“鼓励试，允许看，不争论。”随后，全国很多地方闻风而动。但那时江苏的“深化改革”一直走在全国后面。

但是县里主要领导暗地里也佩服张在元的胆识和勇气，提名张在元任副县长。后来连续两年被提名副书记，都卡在扬州没批。

到了 1990 年，张在元被调到县审计局任局长，算是卷起裤脚上了城。年过半百的他开始清零人生，学习会计学、审计学，取得高级审计师职称，并考取注册审计师，后又转为注册会计师。退休后，在会计师事务所任职，不久看到不少单位做阴阳账，他无力回天，主动退出。县里领导让他担任县老年大学校长，直到七十岁彻底退休。

忙了一辈子，刚退休时，在元并不习惯。但他很快开始了新的生活。他在笔记本中列了几条：坚持锻炼身体，早上出门跑步、打太极拳，上午坚持锻炼一个小时，下午睡午觉，出去活动一个小时。坚持收藏爱好。古玩物件一是瓷器，不同时代的不同样式的艺术品。二是紫砂壶，各种样式的壶。三是钱币，古钱币和现代钱币。四是砚台。五是鼻烟壶。六是印章。还有练书法，学习绘画。

在独居的小屋里，架上是书，橱中是各种收藏品，桌上是字帖，生活充实有趣。他说，孙子留学回来了，要他写回忆录，帮他出版。他正在写，但是脑筋不行了，常常回忆不起来，能写多少就写多少吧。说话间，他脸上浮现出标志性的笑容，亲切而温暖。

又：就在我完成这篇文稿后一周，2017 年 8 月 19 日中午，敬爱的在元大哥离开了人世。我在扬州，面对漫天风雨，哀恸不已。当即书写了一副挽联：奉己为家栉风沐雨情常在，自强不息守正不阿留芳远。书完，窗外电闪雷鸣。罡风之下，一树凌乱。

9 月 28 号，是大哥六七的日子。传说人死后，每七天一个轮回，选择投胎的地方。这是最后的定夺日。大哥想必找到了安身立命的地方，这个地方必定是没有贫病、没有纷争、没有苦痛的地方。

这一天开会，在一个不能离开的台上端坐。大哥的忌日，我不能亲至，便在手机上作了一首诗，发给赵秀珍大嫂和爱民、为民、玲梅兄妹及其家人，遥寄哀思。

张在元生前最后的照片

辗转命转蓬，往来秋风初。
谦狂任交加，乱世且自牧。
樟松自挺直，荷藕空馥郁。
老槐常伴身，稚竹总须扶。
紫毫无锋争，泥壶守清虚。
寄情劳生外，歌吟幽梦余。
惊闻大限至，长歌且当哭。
人亡何以堪，沧桑自有书。

阚乃庆

我是中华人民共和国成立后高湾第一个大学生，也是“文革”后恢复高考后海河村的第一个大学生，一时成为当地人教育孩子的励志榜样。

之后，我上大学，做中学教师，做媒体记者，做大学教授。从扬州到北京，又从南京到无锡，30年一路走来，换了几多工作岗位，经历了多种人生况味。下文是2013年《扬州日报》和无锡的《望江南》杂志社刊出的林洁洁对我的专访。

穿林打叶，谦狂交加

——访文化学者阚乃庆

大学教授、宣传部长、高级编辑、媒体监管者、文化学者、电视策划人……“身份”意味着“分身”，阚乃庆的时间被切割成碎片，在有序的忙碌中，大脑不断切换着频道。他住在无锡一个不大的院落里，院子里满铺绿草，种着茶花、柑橘和桂花。春茶、夏桔、秋桂。他说：“小院可以挂一方匾额，上书俩字‘无冬’。”小院安静，只有头顶天空航线上的飞机曳着长长的尾气无声划过。“星沉海底当窗见，雨过河源隔座看。”晚间，各家电视台荧屏大战正在轰轰烈烈地上演，其中多个领风气之先的大型节目出自他的旖旎心思和如花手笔。此岸，歌吹沸天，红尘滚滚；彼岸，一灯独照，长缨缚龙。月亮从东天悄然升起，在阚乃庆眼里，那个寄寓了古往今来多少离人泪的月亮其实只是一个寒热不均的沙漠。正如此刻的电视节目一样，哭哭笑笑、打打闹闹，挑动人们沉睡着的荷尔蒙，其实只是一场单调的眼球争夺战而已。——但是，眼前的一切都与此无关，只有风，还有月。

“流亡，就是我的美学”

三十五岁生日的那一天，朋友星散，夜凉如水。阚乃庆的思绪渐渐从酒精的陶醉中清晰起来：在这个江边古城，他得到了这个年龄难得的声名和无忧的生活，剩下的很可能就是随波逐流，过安生日子。而在他看来，这种一眼看到底的生活是断难接受的，他深深体会到《神曲》里所说的“迷失在人生的密林里”的中年况味。于是，他辞掉了别人眼里艳羡的一切，告别过去的生活，一张车票，一只行囊，把他带到了北京。在短短五十天的时间里，拟定节目框架、招聘人员、建虚拟演播室、拟定流程、安排采访、编辑、建全国及海外记者站……千头万绪，连滚带爬，他搭建了全国第一家省级卫星专业频道的节目框架，成为第一批吃螃蟹的人，也成就了当年中国电视最引人瞩目的奇迹。庆功宴上要他谈感想，他说真像蹦极，死去活来。

“你与世界的关系，其实也就是你内在的关系。你如果把世界上的某一部分看作绝对不可接受的异端存在，就意味着你与内心的某一部分彻底割裂了。”在阚乃庆看来，不能忍受的就是重复，日复一日的重复会让人意志松懈，意气消沉。中学教师、电视记者、编辑、制片人、总监、大学教授……二十多年的职业生涯，阚乃庆换过的单位、从事的岗位难以计数，而时过境迁，总能翻成不同的风景。“但有绿杨堪系马，处处有路到长安。”他相信泰戈尔说过的一句话，人要在外边到处漂流，最后才能走到最深的内殿。

“流亡，就是我的美学。”阚乃庆引用乔伊斯的话这样说。说话的背景是一首歌“It's better to burn out than to fade away”（与其苟延残喘，不如绚烂燃烧），Nirvana乐队主唱Kurt Corbin的嗓音在空阔的房间里传播，磁性十足，格外迷人。

应天时，接地利，顺人和

新闻、文化、纪录片、法制、人物、旅游、少儿、娱乐……几乎所有的电视节目形态，阚乃庆几乎一个没落，统统做了个遍。新闻、影视、文学、哲学、文化……他兴趣广泛，在学术领域跨界穿行，诗性、才情、担当和学术理想一以贯之。

“电视是你的窗户，你不会留意，窗外所有事情，都是极端紧张的。”在全国第一家省级卫星专业频道，他深谙电视盈利模式建构与转型的艰难，对此作了深入研究，为业界广泛引用，并被国家广电总局相关领导在重要论坛上引述。做了多年的节目，他深谙电视低俗化的顽疾。把文化学、传播学、社会学、心理学进行比较研究，就后现代文化语境下中国电视的文化悖论发表了相关论文，涉猎广泛，深刻睿智，广受业界瞩目。

“向成功学习成功”，他一头扎进了乱花迷眼、浩如烟海的国外电视节目，系统研究国外的电视节目模式。《最新欧美电视节目模式》成为国内业界的秘籍宝典和广电院校的专业必备书，被《传媒》杂志推荐为“传媒好书”。最为人所称道的是，往往国外一个新节目刚刚推出，阚乃庆就会迅疾“捕捉”，然后翻译、引进、分析。美国NBC电视网“The Singing Bee”（歌唱小蜜蜂）刚播出不到十天，就被他率先引进国内，后来成为另外一家卫视的看家节目，赚得盆满钵满。

阚乃庆在业界有个著名观点：电视和所有文化产品一样，都是“应天时、接地利、顺人和”的产物。引领中国电视民生新闻之先的《南京零距离》和电视相亲节目《非诚勿扰》都有他策划的影子。“毕加索说过把圆画方，我的体会是以方画圆。”他认为，这些节目都有一个特点，就是不趋主流，不避流俗，和光同尘，深深扎根，最终自我成全。

阚乃庆喜欢加缪的《西西弗神话》，那里面有个道理：自由不是从山底下开始推石的那一刻出现的，而是在把石头推到山顶上的那一刻实现的。

择高处立，就平地坐，向宽里行

十年前，阚乃庆在北京见到一位德国的传媒学者，这位学者的一句话让他印象深刻：“中国是世界上少数几个处于剧烈变动中的国家，在这里发生的一切会成为历史。”当年他选择电视，就是觉得电视是个窗口，在这里，可以见自己，见天地，见苍生。可以独善其身，也可兼济天下。他勇担道义，仗剑而行，曾被不法厂商非法拘禁，曾扛着摄像机与公安干警冒雨奔涉几十里泥路。在他的节目里，有贪官被绳之以法，与民争利的小衙门被惩处，不法公职人员被处分。

同时，他还开办了高端人物记录节目，政界、军界、学术界、文艺界……与不同的心灵对话，自然会得到寻常人生得不到的收获。了解世道，读懂人心，这才是最重要的创作。“知白守黑”，不一味地冲谦自牧，也不狂放不羁，不流于晦暗枯涸，也不轻薄可笑。这才是人生的真境界。

爱书藏书。读书成为阚乃庆一日不可或缺的生活。他欣赏本雅明的一句话，读书不重功能与实用，而是把书作为命运的场景、舞台来研究和欣赏。孟子曾慨叹过世人放其心而不知求，阚乃庆说，要把读书和写作当作一种修行，一字一句地把自己救出来。

阚乃庆认为，一方面要保持对新事物无穷无尽的好奇心；一方面要学会忍受孤独，不借助人，不假诸物，独与世界精神相来往。他 QQ 上最新的签名是“要为自己做照明”。对此，他的解释是，一个人只能与自己达到最完美的和谐。

阚乃庆的办公室里，挂着著名元曲研究大家李昌集教授的一幅字“择高处立，就平地坐，向宽里行”。结体飘逸，神气活现，随性而灵动。他不喜欢虚张声势和急火攻心的东西，在他看来，平淡平易才是真境界。因为居心平，然后才可历世路之险。

一人独坐，视通千载。乾坤一滴，云山万里。

杨献忠

杨献忠小名大忠子，是高湾第二个大学生。他父亲杨登玉笑哈哈地跟我说，这个名字是他起的，起得可好啦。家庭成分不好，做父亲起名的一番苦心自不待言。

大忠子小时候瘦弱，显得头大，让人心生可怜。但人很聪明，成绩很好。后来考上宝应县城边上的城郊中学，离家有四十里的路，他骑着自行车，背着米和棉被去上学。他穿着补丁衣裳，吃的是简单的饭食，上学几年中，只有寒暑假才回家。1993 年考上了当时的江苏农学院。他父亲一次碰到我，跟我说，你看你多好，将来拿粉笔，做教书先生。大忠子怎么报了个倒头农学院，家里种田还没种够？但是考上学校，跳出了农门，看得出来，父亲心底还是高兴的。

杨献忠考上大学后，我去看过他，他跟我从农学院走到我当时任教的中学。我们推着自行车，一路走一路聊。在街头请他吃了一碗面，他连说好吃。家里经济困难，上大学都是靠他自己勤工俭学挣来的钱，自己养活自己。

大学快毕业了，他到县里联系工作。当时江苏农学院的畜牧兽医系在江苏乃至全国大名鼎鼎，县里的多种经营管理局也准备接收这个朴实的返乡大学生。临近分配，正大集团到学校招聘，这个因《正大综艺》而在国人心中扎根的泰国农企要在上海办养殖场，很多学生不愿去，杨献忠举手报了名。

就这样，杨献忠到了上海郊区，在松山养鸡。七八十人，要养一百五十万只鸡。先是蛋鸡，后来是肉鸡，从饲养、防疫、打扫卫生，到卖蛋卖鸡。花费的饲料和出肉率要考核。杨献忠很勤勉，三年后他做了厂长。张罗的不仅是鸡，还有几十口人的生计。鸡养得很好，最难的是卖鸡，要请客要送礼。他喝酒放不开，送礼又心惊胆战。

杨献忠有个弟弟，成家后也不想待在老家，杨献忠就把他介绍到邻近的一个养鸡场做工。养鸡场的事情可谓脏苦累，夫妻两个来了，忙了三天，就不辞而别。

正大和国企一样，经不起市场的淘洗，养鸡场办不下去了，一帮人无所事事。杨献忠的太太是上海人，看他天天打麻将，找人喝酒，就说你这样不行，干脆重新学习，改行吧。他嘿嘿一笑，我别的本事没有，考试的本事还是有的。就这样，杨献忠改行做了报关员，后来转到一个外企，做国际物流。女儿也上了海事大学。一家人在上海，顺风顺水。

2017 年夏天，我到上海，约了杨献忠见面。大忠子的面容依旧，肤色黝黑，头发稀疏，显得比实际年龄稍大。但是他特有的笑容还在，憨厚实诚，让人心安。在一家路边的小酒馆里，他告诉我，他每年都要回几趟高湾。现在条件好了，家庭要帮助，父母要赡养。老婆很理解，没有意见。对这一点他特别满意。

原来杨献忠答应写一下自己的，但是后来电话里又说，实在忙不开，我也就不便勉强了。愿这位高湾走出的聪明兄弟一切安好。

在高湾，20 世纪 90 年代后，先后有朱德才、朱德荣、杨献忠、我、乃高的孩子都考上了大学，高家的孙辈、季庆元的孙子也上了大学，阚闻还读了研究生。这些孩子尽管有的在高湾出生，但是大多在城里长大，高湾对于他们来说，只不过是父辈们一成不变的故乡，他们与高湾的感情要比他们的父辈隔膜许多。

但愿我们的后代能看到我的这部诚意之作，能记住你们的从前以往，记住当年你们的父辈是竭尽全力，经过殊死拼搏才上的大学，才有了跳出农门的机会，才有了后来的这一切。

就在此书在漫长的三审三校之际，我的山东兄弟成晓明因患肝癌于 2019 年 9 月 17 日去世，身前他一直问此书的出版事宜，病危期间，他还在病床上捧读样稿。特把这篇文字附后，以此祭奠我的好兄弟——成晓明。

天心月圆

铲、堆、勾、抹，墓工的动作机械而严正，无可挑剔，在众目注视下，黑色的大理石墓板徐徐盖下，晓明的骨灰盒就此安放。

我的兄弟最终埋骨异乡了。

晓明的照片罩着黑纱，被哀恸不已的妻儿捧在怀里。我拈了一朵白色的菊花，鞠了躬，仔细放在他的墓前。一米见方的石岗，这是晓明最后的归属地。我在心底默默道一声：晓明，委屈你了。

下山前，我最后回望了一眼这个叫云龙山的墓园，墓碑层层叠叠，如簇如涌。每个墓碑下都埋藏着一个迥然有别的人生，但是墓碑则完全一律，上面只有姓名和生卒年月的差异。

晓明的墓穴就在这一片石头的灌林中，湮灭不见。

告别晓明，车返江南需要十个小时。路上车不多，车轮滚滚，天空高蓝，深邃无边。风很硬，透过窗隙狠狠地撞在脸上。在风中，我开始下泪。我相信，这次是真的了，晓明真的与我们永别了。

都说盖棺论定，我在想，是到了对晓明说些什么的时候了。从小到老，我们说了不知道多少话，有正话，反话，也有闲话，气话，各种玩笑话，打趣话，在电话和手机普及之前，我们也不知道通过多少封信，但是这次阴阳相隔，我和晓明还是第一次这样说话，如果他黄泉有知，相信他会和我一样感觉陌生，甚至很不自在。从懵懂的儿童到年过半百，我们相识相知四十年。平时都习惯了在轻松快乐、诙谐调侃中谈话议事，几十年了，人即是语境，改不掉的。

晓明是我的同学，我的伙伴，我的对手，我的兄弟，我们有个词叫“亲如手足”，对于他，如同对自己的手足一样，再熟悉不过。在我看来，晓明是一个始终远不止吊唁仪式上的悼词那么粗略的人，但可能也正是由于太熟悉了，这种“零距离”造成了巨大的取舍困恼乃至认知障碍，甚至成为我写作的最大难度。

都说文字要比人走得更远，但在他的亲朋故知里面，大概也只有我写他是最合适的了。往事历历，如梦如幻。且容我随思绪漫流，在不尽的回忆路途上随意撷取几朵小小的野花，以此作为菲薄的祭品，奉献在他的灵前。

我和晓明都生于20世纪六十年代，成长在一个文化和物质一样贫瘠的时代。沃野千里的苏北大平原，古时候一道贯通南北的京杭大运河从中间硬生生地犁过，把南方的物产源源不断地输送到帝国的北方心脏。所幸的是，这个古老的国度终于从零和游戏中清醒过来，开始了经济建设。一个百废待兴的年代最需要的是人才，就这样，晓明和千万底层的农家孩子一样，不唯成分，不靠关系，单靠智力和成绩考进了宝应南部最好的氾水中学。百里挑一的孩子们划着船，推着车，更多的是挑着担子，挤进了这个当地的最高学府，自此我开始了和晓明的交集。

那是一个拼命学习的时代，千军万马挤独木桥，目标只有一个——高考。晚上只要有光的地方都是一片黑鸦鸦的人头，长明灯教室的荧光灯通宵达旦，一座难求。天刚放亮，校园每棵树下都有一头雾水的朗读者。我和晓明年纪最小，个头最矮，记得当时上高中时我只有十三岁，身高一百四十六公分，体重四十五公斤不到。晓明跟我差不多，教室里四排学生，只有我们两个男生坐在第一排，其余的都是女生。有位认真到近乎迂腐的老师，上课时就喜欢满幅板书，擦了写，写了擦，我和晓明在前面尽吃灰。一等老师转身写字，我们就不约而同起身，够到讲台上拿粉笔，然后迅速坐回。等老师写完，看到没有粉笔了，只好干讲。后来终于发觉了，老师背过身写板书时，就把粉笔装到裤子口袋里。裤子沾满粉笔灰不算，有时带彩的粉笔灰又弄到了脸上，这就有了喜剧效果了。同学们开始哄笑，平时紧张的教室里立即充满了快活的空气，这是晓明和我最开心的时候。

学习竞争激烈，但我和晓明是异类，可能是年龄小，玩心难收，班主任张老师用他浓重的高淳口音把我们两个叫作“小老爹”，督促甚严。唐巨宗智商一流，语文数学都好，可惜写字太慢，每张卷子都不能写完，终未及第，连老师都只叹可惜。杨峻因为身体原因，边治病边读书，连考八年，终于如愿。他们和我、晓明四人，仿造古人桃园结义，结为兄弟，面对即将打开的未知世界，患难与共，此生不渝，成为汜水中学师生中的佳话。

兄弟四人中，我是第一个考上大学的。拿到考试分数单，我骑车赶到晓明家，那时候晓明高中毕业，回乡做了民办教师。家里依照当地的风习，已经买了砖瓦，准备砌房引凤，立门成家。看到我的成绩单，晓明几乎立即做了人生的决定，他辞掉了当时很多人羡慕的工作，回到母校复读。以一种不管不顾的精神头，冲刺高考。听杨峻说，晓明为了更好地读书，专门在学校附近租了民房，常常看书到天亮，困了累了，就开了水龙头，用冷水洗头，激醒后继续苦读。晓明终于以全校文科第一的成绩，被录取到当时全国最好的政法类大学——西南政法学院，在歌乐山下戴上了那个时代人人向往的大盖帽，圆满结束了这段注定改变人生的复读生活。

杨峻小时候患骨病，留下了骨髓炎。毅力惊人的他屡败屡战，努力达到了分数线，但是体检这一关总是过不了。那一年他又一次落榜，我去看他，坐轮渡去大运河西，他在家刮着芦柴，柔韧的芦柴在冰冷的铁片下被修整成细长的薄片，打成高度一致的芦围，供粮公所囤粮。杨峻见了面，头也不抬，只是沉默而机械地刮着芦柴，一根接着一根，柴屑纷扬。我和唐巨宗、晓明商量，决定带杨峻出去散散心。每人拿出仅有的几块钱，凑成了几张长途车票，第二天到了无锡。那时候无锡的乡镇工业发达，经济总量在全国仅次于上海，再借势太湖美，成为全国人人向往的旅游目的地。

这是一趟真正的苦旅，运河边的一所小学因为学生放假，教室成了廉价的客房，几张课桌一拼，铺上草席，就是床了。能走的路，连公交都不乘，成天处在半饥半饱的状态中。在鼋头渚，波涛万顷，一碧如洗。可是天光水色慰藉不了饥肠辘辘的肚子。下山的路上，我看见石阶上有几枚尚未成熟的山桃，立即拉了晓明往坡上走，居然真的找到了桃树，晓明来了精神，上了树，摘了半书包的桃子。泡在崖下的太湖水里，吃着酸涩微甜的桃子，我第一次感觉到物质才是精神的保障。晓明开玩笑说，再没钱就把手表卖了，换钱吃饭。

去路艰难，回程就更加不堪了，余钱只够买便宜的船票，而且只能买三等舱。在闷罐似的船舱里，农民们贩卖的鸡鸭臭味熏人，一个船员下来验票，大概也是烦了，骂骂咧咧，还动不动用脚踢那些在船舱中东倒西歪的农民。晓明气不过，上前理论，他喊了句，你们下船等着。等天亮到了氾水码头，晓明东张西望，终于看到了那个痞里痞气的船员，就上去招呼，用指头点着自己和我，又指着船员说：我们单挑，两个你选一个！我一听这话，就从肩头卸包，开始捏拳。那小子一看势头不对，赶紧溜了。这一趟旅行是我们兄弟的第一次出行，苦则苦矣，但是能让杨峻恢复了生活的常态，恢复了奋斗的信心，大家都觉得很值。多少年后回忆起来，都乐此不疲。

雄心志四海，万里望风尘。

晓明毕业，从巴山蜀水的重庆到了凭海临风的山东，在烟台成家立业。山东，号称“一山一水一圣人”。泰山迎日出，播云雨，镇天下；黄河填陆地，润万物，化苍生；儒家三子均源于此，弦歌不辍，文风长继。我曾去祖籍地济宁汶上探访古阚国所在地，在此真实地感受到，有人说的中国古代的纸上文明一半在山东，似乎并不夸张，与地下文明在陕西，地上文明在山西的说法完全可以相提并论。受儒风熏染几千年，山东人厚道、豪爽，讲义气，好交友，讲礼节。晓明融入了妻子所在的山东家庭，这个家庭给了他前所未有的亲情和温暖。“吾心安处即故乡”，他后来每次跟我们说起，都表情怡然，心存感念，让我们钦羡，也感觉他找对了人，走对了路。

2000 年，我从大连公干完毕，乘上了大连到烟台的渡轮，那是我第一次到烟台。初冬的渤海并不平静，飞鱼艇在浪涛中腾跃，胃里也翻腾欲吐。等见到在岸上的晓明的笑脸，我心安了。晓明的父亲听说我来，执意要见我，在马路上，抓住我的手不放：乃庆啊，多少年看不到你了！我在这儿幸福啊，晓明对我好，我的儿媳妇也好，从来没有红过脸。我问他生活习惯吗，平时做什么。他连说习惯习惯，这儿夏天凉快，冬天有暖气，家里很舒服。平时呢，接送孙子上学，回头就在股票市场炒炒股，晓明给钱，让我消遣呢。老人很动情，说没有乃庆你当年鼓动晓明复读，考不上大学，哪有我家晓明的今天？老人情义深重，我很感动。

那一次，我领教了山东的"哈（喝）酒"文化。与北方盛行的划拳和南方的敬酒不同，山东的酒文化重感情，排座次，是一个逻辑严密、线索繁杂的话语场，"生死之交一碗酒"，各种话头都可以构成端杯的理由，诚恳实在的表情，浓酽如酒的话语，不由得你不一次次端杯哈酒——远道来的客人，咋办？哈一个。你我是兄弟吗？是！那哈一个。请哥哥帮我办件小事，行！谢大哥，我哈一个。什么？还有这事？我来办了。再哈一个。升官发财考学生日，自然要哈。还有呢？健康要哈，快乐要哈，不幸要哈，聚会呢？老朋友自是要哈，新朋友呢，第一次见面是缘分，有缘分肯定也要哈。哈来哈去，就酒酣心热，勾肩搭背，击胸唱喏，就上穷碧落下黄泉，终致两处茫茫皆不见了。

晓明聪明热诚，性格豪爽，心思细致，做事敢拼，终于成就了一番事业，取得了众人瞩目的成功。他带领的律所成为全国百佳所，有了一堆炫人眼目的荣誉和光环。但是，我们知道，不管怎么着，他还是那个待人真诚、性格豪爽、慷慨大度的兄弟。

儿子着一身玄黑，在晓明的墓穴旁默默流泪。晓明生病，他一直要来探望，我都没让，这次还是说不要来，他在电话里急了：都不让我见晓明叔叔最后一面？三年前，儿子从国外留学回来，应聘进了一家央企。年轻人急功近利，刚上班不久，就急吼吼地想跳槽挣大钱。我和晓明说起此事，他说了一段话：

要想挣大钱，必须要让自己成为一个值钱的人。我把晓明的话录音后带给儿子。我问他，还记得晓明叔叔的话吗？他说记得。还向我完整地复述了一遍，看来他是记到心里了，昨天他给我发了一张图，获得了集团的青年突击能手，这是他继集团的一个大项目获得贡献奖后的又一个荣誉。相信这里面有晓明的功劳。不但为我的孩子，杨峻的孩子、唐巨宗的孩子，他总是给予足够的关心、鼓励和支持。兄弟们每想起来，都十分感动。

晓明整整工作 30 年，成为一名闻名山东的律师。相比于 30 年如水年华，得病后的 3 个月，无疑是一场日以继夜的战斗。3 个月前的那个早上，我正在开车，接到晓明的电话，他先是跟我开几句玩笑，然后云淡风轻地告诉我，他患了肝癌，还加了一句，是晚期。我一下子炸了。把车停到路边，我急了，冲他吼了起来，我说，你开什么玩笑，我们说好一起养老的，我们兄弟四个，一个都不能少的。他说，我也不想这样，没有办法。我说你在哪里，我马上去看你。他说不要，等下面做个小手术后再到你这儿住几天。那一天，是 6 月 17 日，我永远记住这个日子，从那一天开始，我们兄弟的心思都牵挂着晓明。我把我们四个人的群名改为"晓明平安 兄弟福臻"，这是我们的心愿。正如杨峻后来说的，上天有眼，我们情愿每个人给他 5 岁，让他再活 15 年。我们兄弟还有很多事没做，很多地方没走呢。

就这样，苦苦熬到了 7 月 18 号。他做完手术，我们长驱千里去烟台看他。他对我们笑着说，我会积极治疗，但是也要做好准备，万一不行，就先走一步，到下面帮兄弟们看房。我说你别胡说八道，这么多天了，你为什么不让我们去看你？他跟我重声说，我在医院，又起不来。你们来了，我怎么陪你们？这个家伙，都什么时候了，还说要陪我们。唉！

正如那个该死的墨菲定律，越是怕什么，越会来什么。在与死神赛跑的路上，好强的晓明还是不幸落在了后面，终致不治。巨宗让女儿下班后，到上海的医院到处寻访，最后找到了病房，细心的孩子不敢露面，把鲜花悄悄递给护士站。上面写着"123，加油"，还是了不起的成豪破译了这个爱心密码：

是兄弟三个，为晓明鼓劲的。

中秋节前，我倡议去烟台，和晓明一起团圆过节。立即得到巨宗、杨峻的响应，但晓明不让，巨宗把我们订的机票截图发给他看，说我们兄弟也是家人，就当家人团聚了。中秋当日，我们兄弟三个驱车，从无锡到江阴到宝应，再到盐城机场，飞到烟台，夜幕初降时赶到晓明病房。两个月不见，万恶的病魔改变了晓明，他形容消瘦，腹部鼓胀，气息奄奄。见到我们，他嘴角牵了牵，但是很快压住了欲哭的动作。遵医嘱他只能吃流食，但还是从我的手指里破例吃了一点家乡的芋头、菱角，然后就催促我们回去休息。我问他，是不是人多嫌闷，他使劲点头。

出了医院，乌云盖海，星月不见，恰如我们的沉重心情。

回到酒店，我彻夜难眠，不远处的沙滩白天光亮，此刻则是黑魆魆的，我知道，那是退潮后的沙底。我写了几句——

长风直入祛秋燥，
乌云如盖遮海潮。
明月皎洁不可期，
菱芋馥郁且慰劳。
锋砺齐鲁三尺剑，
情动吴越一声箫。
云上星寒无穷数，
梦月长天挂林梢。

这个晚上没有见月，却是我们兄弟最后一次团圆。在我的心中，那轮圆月一直挂在乌云之上。天心月圆，花枝春满。

第二天，我们三个怕他感觉人多烦闷，就一个个进去跟他说话。我第一个进去，我说，晓明，前几年我一个人在大理散心，在崇圣寺往里走，依次看到三座大殿，一是弥勒，一是观音，一是罗汉，就是告诉我们，要欢喜，要智慧，要无畏。晓明，你要放心、安心。他使劲点头。我说你我兄弟此生努力，得到了很多，也享受了很多，应该说，没有什么遗憾了，他补了一句，也没有亏欠。

这句话一下子击中了我，是啊，他有什么亏欠？先是为养父母送终，接着又一个个送走了把他送人的亲生父母，家里的子侄亲戚朋友，只要有所求，他都一一满足。每年要回老家好几次，看老人，看老师，看同学，当然这也是我们兄弟欢聚的时候。

四十年世易时移，老家的河水依然流淌，庄稼仍在吐花扬穗，但是天上再也没有组成人形的雁阵，水里也没有穿梭的鱼群了。年轻人在农村待不住，纷纷走向阔大纷纭的外面世界，平时只有佝偻的老人在村间地头蹒跚来去。

有一次我看到晓明在笑呵呵地用手机看一段视频，我凑头过去，一个老太太在唱当地民歌，这是他的生母。老太太老年痴呆，由弟媳照顾，除了生活费之外，晓明每月都给护理费，直至老太太仙逝。晓明妻子跟我们说，他好像生来就是为了还债的，把所有人、所有事安排好了，他就走了，只是对他的身体，对我们家庭没有交待。一番话语，让人唏嘘。我想起在沙漠里见过一种梭梭草，到了秋天就放弃了生命的节奏，不再生长，而是枯索着站在无边无涯的荒漠当中，把所有的营养留给根系，为寒冷的冬天做准备。

晓明要强，不愿让自己难堪的一面示人。除了我们兄弟外，拒绝所有闻讯要来探视的人。在医院，他每天坚持剃须。要知道，这对于说话都费劲的他来说，要耗费多大的体力啊！跟了他三十年的司机小曲也成了他的兄弟，成天在医院和家里往返。实在不能动弹了，晓明还请他给剪脚上硬化的指甲。

时间很慢，也很快。临上飞机前跟晓明告别，摩挲着他软弱无力的手臂，我们四只手握在了一起，只有晓明的手冰凉。我们四个心思是通的，大家都明白，这可能是此生的最后一面。他嘴角抽动了一下，看出来是要哭了，但是又忍了回去。

登了机，倚着舷窗，不争气的泪又下来了。风起一天云，霞光照天宇。我不敢想象晓明的未来，心思只有在文句间徘徊——

天地有大仁，
运命何参差。
生离作死别，
分手即天涯。

巨宗开车到了凌晨，把我先送回家，然后才回去。老大默默奉献，总是让人感动。第二天心思恍惚，晚上失眠，辗转间，我又写了几句——

月斜东天夜沉沉，
枕单簟寒梦亦深。
昨天鲁东今江南，
心事无言托雁声。

朦朦胧胧中，枕边手机响起，是巨宗：晓明走了！我一下子坐了起来，尽管心里有所准备，但是还是接受不了这个生硬的现实。我一看时间，是 9 月 17 号凌晨两点。

苦熬到天亮，巨宗到高速口来接我，又去宝应接上杨峻，我们驱车赶往烟台。车轮滚动，风声呼啸，高高的运河大堤上，白杨耸立，像浩荡的军阵；落叶惊飞，如低徊的雀群。这条从宝应通往烟台的路，晓明来来往往，走了不知道多少趟。我们一路无语，心底都在流泪。

晓明静卧在透明的棺材里，闭目无言，似在酣眠。我们离开才一天，晓明就撒手人寰，独自西归了。兄弟一场，如今阴阳相隔，痛何如哉？我们兄弟三个抑制不住不断涌出的泪水。一向冷静的杨峻前所未有地放声大哭，让人心惊。晓明的妻子抚棺哭诉：你起来啊，你起来啊，你太不像话了，你就丢下我们不管了？！你不守诺言，我们说好一起终老的呢？面对不能接受的事实，这位坚强的妻子完全失去了往常的冷静和理性，儿子成豪哭着抱着妈妈，不停地说，妈，有我呢，妈，有我呢。这位中国名校毕业的高材生考美国的博士，几轮拼搏，眼看就要拿到世界顶级大学的博士录取通知，他毅然放弃了，临时参加司法考试，准备在国内发展。为了治疗父亲的病，他查阅了大量医学资料，甚至找到大量国外的医疗资料，总共有上千页，翻译过来参阅。

葬礼前一晚，晓明的儿子在灵柩前抚棺，一边不断跟爸爸喃喃说话，一边擦拭滴落在棺上的眼泪。整整一天一夜，几乎不吃不睡。我心疼极了，抚着他的肩，问孩子：爸爸临终前说了什么没有？他告诉我，爸爸用最后的力气大声说，我爱你们！连说了三遍。孩子说完，又哭了。

我在灵前放了一段扬州观音山禅寺住持法融颂的南无阿弥陀佛经，悲凉澄净的声音如炉前的香烟，袅袅不息。在局促的酒店桌上，巨宗仔细地裁纸，我写了一副挽联——“锋砺齐鲁三尺剑，情动吴越一声箫”，慎重地署上我们三个的姓名，让杨峻兄第二天带到殡仪馆，挂在花圈上。

巨宗提醒晓明的老家亲属带去了老家的黑土，撒在了墓穴的地下。当天，同学李德全、张国英也特地赶来吊唁，我们的老师、母校的原校长居继顺听闻后，在电话里声音哽咽，表示要去烟台扫墓。班主任张开桂老师跟我们情同父子，在散布天下的学生中，他最喜欢晓明和我。三年前趁着还能走动，让女儿、女婿开车带他去晓明和我处看望我们，晓明特地赶到江南作陪。老师喉部开刀后不能言语，用随身带的小本子不停地写，高兴而欣慰。这一次，张老师从我们的同学大姐、女儿张杨处知悉晓明离世的消息，眼眶含泪，沉默不语，用笔写下了：我也快要走了。

天空流云，滔滔不绝。

“埋骨何须桑梓地，人生何处不青山。”从墓园所在的高处远眺，胶东的山峦像锯齿一般横亘天边，其中一段像是人的头部轮廓，被墓场的经营者想象炒作成仰躺的佛容。我知道，山崮的那边就是他的家，他的家人还将生息其间，边上就是大海了，浩瀚无边，海潮激岸，永无止息。我知道，这是善于置业的晓明的最后选择，这个选择是对的。

尼采说，世界曾为他打开，又自卷起来。晓明留在了半山上，生者的道路还得继续，我希望这篇小小的文字，能稍稍填补他逝去留下的巨大空洞，以此作为一种解脱，脱却他逝去带来的沉重的负担，以便他的妻儿和我们兄弟更好地前行，走完苦难的人生。我相信，这也是晓明所希望，所期待的。

我曾对在病榻上的晓明说，我会写写我们的故事，下次来带给你看。他立即跟了一句，狼狈的（事）不要写。这家伙，这时候还要面子！很抱歉，兄弟，这篇文字没有办法给你审阅了，不到之处也只有请你见谅了。

你一个人走在未知的黑暗中，你是一个喜欢热闹的人，想到你独自面对的孤独，不由悲从中来。

最后，我要说的是：晓明，我们下辈子还做兄弟。

兄弟，一路好走。

第二节　参军记

大概每个孩子都有一个做军人的梦想。穿上军装，背上钢枪，“一颗红星头上戴，革命的红旗挂两边”，作为钢铁洪流的一部分，神圣、神气、神武，是永远的时尚。

我在《宝应县志》中看宝应籍的烈士，海河全村只有一个名字：朱月明。他是高湾人。烈士名录里记载，朱月明，1922 年出生，1946 年入伍，解放军某部战士，1948 年牺牲，牺牲地点盐城。一个表格、几个关键词，安放了一个鲜活生命。朱月明牺牲后，留下妻子守寡，其子朱德荣后来也当了兵。

父亲一辈兄弟三人，自然要出“丁”。大爷曾经被抓去，祖父一看急了，从外面赶回家，拄着拐杖找到乡长。乡长姓任，是姑奶奶守寡的任家的养子。乡长一看来的是派头十足的舅舅，赶紧安排，用祖父带来的稻子换了一个人，代替大爷去当了兵。

逃过一劫的大爷在镇上跟人学打烧饼，在运河大堤边上摆了个烧饼摊子。大爷主事，二爷帮忙，打好了烧饼，让我父亲挎着篮子到庄上挨家卖。说卖其实不是卖，只是换，米面可以换，鸡鸭蛋可以换，咸菜瓜果也可以换，就这么维持着简单的生计。遇到不讲理的，拿了烧饼不给钱，甚至还挨顿打。

一次运河堤过兵，一脸和气，一口一个小兄弟，临了还给足了费用。还问，要不要跟着他们当兵，饭可以管饱，打赢仗回来有田分。大爷一想，这样的队伍好！就跟着这支部队走了。扛上枪后的大爷撂给二爷一句话：告诉家里，我当新四军了！大爷跟着粟裕打游击，有机会就打，打不赢就走。因为他识字，在新四军里做文化教员，帮人写信。部队先是打日本鬼子，日本投降后，就打国民党反动派。大爷跟晚辈说过，行军打仗，人家带四颗手榴弹，他带八颗，还腰缠四百颗子弹。虽然重，但是心里踏实。冲锋前，他先埋头往前扔手榴弹，等炸开了，再猫着腰往前冲。子弹嗖嗖的，幸运的是，从没被打中过。部队在苏中、苏北、里下河一带兜圈子，那时候伯母（也是我的姨母）刚生下女儿不久，由外婆带着，背着新生的女儿，一路要饭，一路打听，一路寻找。终于找到了人，新四军生活艰苦，大爷瘦得眼睛都眍进去了。

一次战斗中，部队中了对方的埋伏，被人追着打，队伍散失严重，大爷回到了老家。

大爷的耳朵是残缺的，两只耳朵的外廓都只剩下大半边，据说是冻掉的。当年跑回家的大爷不敢久留，他带上不到二十岁的二爷，一路跑到上海，兄弟俩租了间房，在街头拉黄包车。上海的房东老太家里只剩一个人，兵荒马乱中想认大爷做义子，只要帮她养老送终，就把家产全部给他。大爷有家有小，自然不干。后来又跑到镇江拉车，正是渡江战役之前，当时的镇江是江苏省省会，地处江防前线，满街游兵。当兵的常常坐车不给钱，要钱就得挨枪托，甚至有兵痞拉开枪栓，抵着他的脑袋，要他拉车。有一次，一个瘸腿的大兵上车不给钱，还骂骂咧咧，大爷忍气吞声，把车拉到僻静处，一下子把车掀翻，跑了。

物价飞涨，票子滥发，草纸不如，拉车无法维生。又要打仗了，他和二爷过江，一路走回了家。一路沿着运河堤往北，也不知走了多久，到了家门口，二爷一屁股坐下来，呜呜地哭了。

我一次在好友唐巨宗家里，帮他爷爷做豆腐。那天我吃了平生最好吃的豆食。在做豆腐的锅屋，一个独眼老人在锅膛旁烧火，是他奶奶那头的一个亲戚。我童言无忌，好奇地直问对方，你眼睛怎么瞎的？老人告诉我，当年为了躲避抓壮丁，母亲将一把生石灰生揉进去，烧瞎了他的眼睛，也保住了他的性命。“好铁不打钉，好男不当兵”，一句话，他说得很平淡，却让我心惊。他呼哧呼哧拉着风箱，灶膛里的火光时明时暗，照见一只眼睛枯凹，另外一只就显得格外有神，在黑暗中一明一灭。

当年朱月明当了兵，随大军出发，多年音信全无。家人找了很多年，最后才在盐城解放牺牲战士名录里找到了他的名字。

当兵在战争年代意味着极大可能的牺牲，意味着有去无回。而到了中华人民共和国成立后，情况就不一样了，那时候，跳出农门只有两条路，一是上学，一是当兵。

上学需要天资，需要有钱供学，特殊的年代还需要凭村里推荐。对于一般家庭就可望不可即了，那么当兵就几乎是走出乡村唯一的选择。

父亲曾经验过兵，由村支书牵着头大骡子，父亲披红挂彩，骑在上面，十分神气。哪知道，最后一关的体检没有通过，原因是肠粘连，估计是饥饿的副产品。父亲被淘汰回来，成为他一生的憾事。

高金元

新中国成立后的高湾第一个参军的是高金元。

高金元今年六十九岁，从深圳退休回来已经将近十五年了，他住在汜水镇的一个小区里。2017 年暑热，我在乃源大哥的带领下，找到他位于镇上的院落里。抽着过滤嘴香烟，他一边嗞嗞地吐着烟雾，一边跟我回忆起当年的经历。

我小时候苦呢！1968 年当兵，没有进过书房门。十九岁出来当兵，文化是在部队学的，会念念，能写信。小时候家庭很困难，很穷。姊妹四个，父亲三十几岁就死了，老党员，得了肺病死的。他打游击，是个人物。父亲一死，日子不容易过了。十九岁前我没穿过一双鞋子，冬天穿草鞋。十九岁验兵借了衣裳去的。学会走路之后就自捞自吃。跟野兽一样的，荸荠、沙粮、胡萝卜，到人家田里挖了吃。家里不做饭，没有米，一到晚上回来一嘴泥。回来睡觉，家里没有一床好被子，就是稻草铺的床。冬天钻草堆里睡觉，只有一件破棉袄，补丁摞补丁，虱子多得不得了。

1968 年，部队大招兵，没有文化也收，海河大队一下子去了六个。我当了三年义务兵，团部在河北石家庄，守桥梁，河北、河南、山东、东北一些大桥，都是我们守的。我守过安阳大桥，被调到新集大桥，天津、北京……多了去了。守卫做什么？就是站岗，八小时站岗、巡逻，背着枪走。当了三年，1971 年退伍。我家里没人，就听部队安排，安排

高湾三代军人高金元（中）、朱德荣（右）、阚文龙（左）

到哪里就到哪里。江苏一百多人分到铁道部建厂局，建车站，在四川资阳山沟里建了造内燃机火车头的431厂，上万人的大厂。返回北京后，又建北京火车站。改革开放后，1979年去深圳，深圳火车站就是我们盖的。我们去时是一片荒山，住山沟，砌土墙，几十万大军，建成了成片的办公楼，还有火车站、商品房，蛇口金融中心也是我们盖的。我先是做瓦工，砌砖、抹灰、做地坪、铺地板，后来做管理人员，管二三十个人。我搞机械，大型混凝土输送泵，德国进口的，一百多万一台，不但会开，还要会修。我农村出身，做事认真，能不折不扣地完成任务。五十五岁我退休回乡，现在过的是幸福日子。回想这一辈子，亏了当兵，迟一年就没有安排，从哪里来到哪里去，没有办法。

对于现在的生活，高金元很满足。他老是觉得自己的运气好。高金元家里堂屋敞亮，中间立着一幅玻璃画：一株迎客松伸展如臂，两只丹顶鹤敛翅伫立。中堂一副对联，上联：鹤寿同春，下联：喜气洋洋。

每个月五千元，过日子没有问题。儿子高中没考上，就到深圳打工，是技术工。现在晓得苦钱了。

就在跟高金元聊天的时候，朱德荣闻讯也赶来了。他还带着妻子戴桂珍，两口子见了我，分外热情。

朱德荣

朱德荣现在已经退休在家，提起过去的经历，他语气平静，波澜不惊。

我是1956年出生，1974年入伍。我那时想去当兵，但是我妈死活不同意。为什么？父亲（朱月明）当兵成了烈士，提到打仗她就害怕，家里就一个儿子，哪里会同意呢？人武部的人跟我说，你是烈士后代，又是家里的独子，你不好当兵，你实在要当，让你老妈妈来，我们就同意。上头不让去，我就在家里闹，老妈妈没办法，只好同意，我就到了部队。

部队在东海前线，舟山群岛的岱山，是驻岛部队。一天三顿大米饭，每顿三菜一汤， 两碗饭。那时候真高兴，能吃饱饭，一点不想家，过年都不想家。

我当了六年兵，是技术兵，在汽车连开车，一个师就我们一个汽车连。汽车连的任务不少，开车拖炮，拉军事器材，拉生活用品，还要训练，一年都不停的。我那时候从农村出来，能吃苦，进步也快。驾驶技术也好，被评为南京军区红旗车驾驶员。入伍第四年当了班长，带着全班参加全军比赛，练开单轨桥、双轨桥、S形。两根钢轨，架在河上，要丝毫不差地开过去。还练车辆急救。几十个螺丝的部件，要在规定时间装起来。把眼睛蒙起来，拆换轮胎。分电盘、化油器、融电器出了故障，在没有配件的情况下要因地制宜解决问题。我们真的叫勤学苦练，结果在全军比赛中拿了第四名，立了二等功，《解放军报》都登了我们的事迹。我申请入党，又给批了。一切都是顺风顺水，前途看好。

戴桂珍在一旁插嘴：“他哪里顺过？每次到提干的关头就不行了。”朱德荣不由得苦笑：“还不都是让人告的？”这中间还有一段让人哭笑不得的故事。

我们俩谈恋爱，那时候她有个追求者，看我们好上了，就写信到部队告，说我破坏地方婚姻，闹得很厉害。那时候部队管得严，一来二去，提干的事情就耽误下来了。我们1980年结婚，结婚当天赶到南京开会。那时候宣布，今后提干一律要军事院校的毕业生。我就相差了几天，没能提上干。现在我去看过去的领导，他还念念不忘，觉得对不起我。

后来，部队留我当志愿兵，我已经成了家，还是想回来。当时我想，我是个驾驶员，回来还怕没事做？1980年底转业回来，哪知道工作真找不到。没有安排，到宝应人武部，没有安置。一个宝应县有几百人转业，哪有那么多工作岗位？到了春天，家里没的吃，到处借粮。姐姐家在河西，运河过摆渡要二分钱，来回一趟四分钱，就是拿不出来。

乃源一直支持我，从我家门口走，都扔一捆草，给我家里烧。看我一个人闷，带我到镇上看电影，五分钱一场电影。就这么混了一年，到处托人找工作。带回来的军装、鞋子、皮带，包括领章、帽徽都送了人了。实在没有办法，1981年年底，战友的哥哥找到镇五金厂，当时厂里有两部车。我一听，就找了当时的供销社主任，他是我姐夫的表兄弟。人家待我好，给了两瓶洋河大曲，一条大运河香烟。晚上拎到厂长家里去，人家家里正在招待客人，吃过晚饭打牌。我忙前忙后，端茶，倒水。忙完了，厂长撂了一句话，让我明天去厂里报到上班。

后来我听说，当时打牌的领导都跟厂长说，这个小家伙不错，长得不错，又是党员，又会驾驶。我在部队做过八个月的通讯员，服侍人还是会的。比如给人倒茶，一手拿茶瓶，一手端茶杯，用无名指和小手指夹住茶杯盖，这样就留给人很好的印象。

就这样，我到了厂里，每个月拿二十七块钱，按照车间主任待遇开的工资，算是很高了。那时候柴油、汽油紧张，有了油就开车，没有车开，就在厂里擦锈。

到了1982年才正常开车。到了1983年，我调到镇上的供销社开车，收入不错。1984年家里砌房子，那时候在全大队是最好的房子，房梁最粗，用的是民政部门照顾的木料。家里情况开始好转。

1985年，氾水镇开办了一个旅游公司，就一部中巴汽车，我和另外一个司机轮流开，家属也调到了氾水医院，算是照顾。那时候我心思野了，想到扬州发展。正在犹豫，哪知道在12月3号那天，天寒地冻，镇旅游公司另外一个司机在瓜洲渡口的冰面上开车不慎，刹车失灵，车滑到长江里去了，死了九个人，司机坐了几年牢。旅游公司才开张几天就关了。这样一来，我更得走了，找政府盖章，书记说事情刚出，你不好走。

熬到了1986年，省汽车公司扬州分公司招人，我去考试，当然就被录取了。去了开零担班车，按照今天的说法就是物流，都是托运的东西，什么货都有。我们是全公司第一个搞承包的，每个人拿几万块钱，把大货车买下来，六个人包了五部车，跑线路。一年半后单位突然收回承包，把钱退还。我就拿这笔退回来的钱，买了出租车，从1995年下半年开始开出租车。那时候扬州刚开始兴办旅游，烟花三月，人多得不得了，生意真好做，每天能赚四五百块钱，晚上回来喝酒，真高兴。后来出租车一下子上了几千辆，生意不好做了。从夏利换成桑塔纳，花了钱，买保险，车子还要修。一次晚上过斑马线，车前面的保险杠碰到了自行车的脚踏，人家就势倒下，送医院，说脑子里有瘤，五天后，几万块的单子下来了，保险公司还不好报销。车被交警队扣着，不能挣钱，扣押的费用还要交，真是焦虑不堪。

拖到2004年，实在撑不下去了。那时候欠人家十几万的债，把出租车卖了四万块钱，在单位办了内退，找到一位中学同学，跟人打工。同学在重庆，是一家企业的一把手。他让我什么都不要带，直接过去。在重庆待遇真不错，除了理发和抽烟用钱，别的都不用花钱。我在重庆待了整十年，才把借的十几万债还掉。

朱德荣和戴桂珍是中学同学，上学时两个人连一句话都没说过，他们的重新交集还是在高中毕业以后。

她父亲戴先生是有名的老中医，我高中毕业去学医，到了郭桥的戴医生家。我不知道是她父亲，当时一看同学戴桂珍也在那里，她看到我也奇怪，咦，你怎么在这里？原来这是她家。学查钉螺、搞血吸虫化验，5个多月。村里人骑着车子过来找我，说征兵了，就回来了。后来我们就一直保持联系，谈恋爱了。

我们1980年结婚，一个氾水镇需要保健，差人，要她上来，就到了氾水妇幼保健所。镇上不错，安排了房子，连枕头、席子、水舀子都准备了，一起上来了。后来，我去扬州，她在老家，把两个女儿养大，上了大学。在氾水医院，她五十岁就回来了，买断了工龄，落了三万块。

1997年，一直在乡下独居的母亲姜启兰去世。老太太直爽洒脱，临死前嘱咐儿子朱德荣，把她的骨灰撒到长江里。老太太跟儿子说，要是把我埋在地上，你肯定会来，你如果不在了，还能指望你的两个女儿来看我？到时候一座荒坟，被人骂绝八代。朱德荣按照母亲的要求，开着出租车，晚上来到江边，把老母亲的骨灰撒到长江里。我想象着，那时德荣的心里肯定不好受。

我是一辈子不顺，做什么都不顺。在部队几次提干，到节骨眼上就不行。老连长退伍在南通，到现在都说对不起我。我开车又被人讹诈。2008年车辆有使用权，我离开了，又损失了一笔钱。

晚年的周作人曾经说自己是屠格涅夫小说里所谓的“多余的人”，在什么事情里都不成功，把一切损害与侮辱看作浮云似的，自得其乐地活着。德荣聪明也精明，但一辈子被生活挤压。退休回到老家，德荣和多年分居的妻子总算聚到了一起。现在的德荣活得云淡风轻，按他自己的说法，对过去相信的东西再也不相信了。

朱德荣、戴桂珍两口子跟我谈完，还把我带到了他们家。这里原是氾水镇医院的房子，1994年买下后重新装修，院子宽敞，室内四壁雪白，简单整洁。了不起的妻子在这儿把两个女儿养大成人。女儿们上了大学，都在南京安家落户，有家有业，生活得很好。在重庆待了十年，德荣习惯了开窗，不怕冷，怕闷，气上不来。

德荣告诉我，女儿春节从南京带着外孙女过来，女儿走后，在敞亮的院子里，晾满白色的床单，阳光灿烂，感到特别舒坦。

高湾的朱家还有三个当兵的人，一个朱德华，一个朱德才。他们是亲兄弟。

朱德华是 1970 年的兵。他当了几年兵，在部队农场喂了几年猪，接着回来务农，娶了媳妇。多年不能生育，就抱养了一个女儿。这个小女孩十分漂亮，聪明伶俐，招人疼爱。后来妻子又生了个女儿。老两口就把抱养的女儿在家招了女婿，把亲生的女儿外嫁了。哪知道这个可怜的抱养女儿得病去世，留下了一个小外孙女。现在老两口带着未成年的外孙女过日子。

朱德华当兵后没几年，弟弟朱德才也验上了兵，去了海军部队，驻扎在舟山群岛的岱山岛。我记得他带给我一本红皮的部队的笔记本，封皮上烫了金字。我把它当作宝贝，多少年都一直没舍得用。朱德才退伍后在上海一家远洋航运公司做轮机长，跑跨国海运。现在退休了，和女儿一起，在苏州生活。

戚启红是戚殿富的大儿子，去北京卫戍区当兵，在中南海值守了几年。

朱德华

退伍回来后，一直辗转在江浙一带打工。前几年央求乃源大哥，把孩子送到我所在的学校上学。我请乃源和他吃饭，他一脸疲惫地说，当年在中南海有领导欣赏他，但是他没有主动接近，更没提任何要求，否则就不是今天这个样子了。说完一声叹息。

一人当兵，全家光荣。

中华人民共和国成立后，高湾有六名子弟当兵，做了革命军人，立了“光荣人家”的门牌：高金元、朱德才、朱德荣、朱德华、戚启红、阚文龙。有陆军，有海军，还有武警。我想起了我父亲给我说的话，他当年差点被推荐当兵，我想象着，要是父亲当年验兵走了，去了部队，一切都会发生变化。根据量子力学的原理，他和我母亲之间就不会有生命的交集，那就没有了后来的一切，包括现在的这些文字。

第三节　亲人的足迹

2015年5月2日，位于安徽滁州的明光市举行阚氏家族祭祖大会。5月的皖中，麦苗青青，油菜花黄，青黄间杂，美如织锦。阚是小姓，从上学到工作，我都很少遇到同姓的。可在明光，阚姓占当地人口的六成以上，是名副其实的大姓。

祭祖当天，一场大雨自天而降，但是并没有浇灭明光欢迎族人的热情。北到黑龙江，南到海南，西到昆明，东至台湾，来自天南海北的阚姓族人汇聚一堂。北京的一位族人穿上古代祭祀用的礼服，峨冠博带，十分显眼。大家在供奉着齐国大夫阚止的铜像和猪头三牲的牌位前轮流敬香，祭祀祖先。邀我参加祭祖大会的族兄阚乃顺表情严肃，声音洪亮，声情并茂地朗诵我写的祭文：

时维公元2015年5月2日，岁在乙未三月十四，承明光阚氏之诚邀，吾阚姓后人子嗣，从天南海北汇集吴头楚尾，于江淮分界线北侧之安徽省明光市，谨备果蔬薄享，祭奠列祖列宗。焚香膜拜，奉敬如仪。令值仲春，天朗气和，荞麦青青，菜花灿金，纸钱杳杳，心思渺渺。追先人之遗风，怀祖宗之功德，续家族之余绪，表后生之虔敬。怀报国之猛志，酬兴族之长愿。辞曰：

吾姓始祖，当推齐国阚讳止公。止公尚武，与燕国荆轲并称，以壮士名誉天下。为齐国卿相，受封阚邑。止公死于国难，托体山阿，光耀万世。阚姓之历史至此开启，静水流深，涌动至今。今之故地山东汶上县，为京杭运河分水之脊，并以供奉华夏唯一的佛牙舍利成为东方佛都。运河泽披两岸千年，佛光普照人间万姓。

历史风云，波奇浪谲。后世阚氏或因仕宦或避战乱，走出汶上，或北上，或南下，或西迁，命随国祚，星散四方。后人谨记祖训，积极进取，不甘平庸，以致代有才人，为社稷效力，为百姓造福。都乡侯阚泽，官拜吴国太子太傅，览究群籍，有勇有谋，经纶天下。北魏阚骃，博通经传，典校经籍，刊定诸子三千余卷，钩沉历史，拾遗补阙，传习文明，薪火相接。阚伯周脱离北凉，开创高昌国，东望中原，名震西域，埋骨新疆，烈风传世。唐朝大将阚棱，横刀立马，万夫不挡，为民平暴，功勋卓著，惜遭陷害，含冤致死。阚氏后人无不恪守做人本分，质朴耿直，勤苦奋发，常以才情武功著称于世。逢盛世即演文习武，事农种稼；遇乱世则挺身而出，勇纾国难。孙中山应其部属阚兰溪之嘱，为合肥阚姓家谱写序，阐扬阚姓历代多好义尚武之士，盛赞阚姓对于民族之贡献，开全国首例。日寇侵华，阚维雍投笔从戎，率兵死守孤城桂林，城破身亡，壮烈殉国。国民政府为之举行抗战中第二次国葬，山河易色，举国同悲。

阚氏后人至今已逾五十三万人，遍布华夏各地。经济、科技、文艺、传媒、教育、实业、农工、商贸、军事，各界人才辈出，星光赫赫。明光阚氏起自明代，元祖荫公从扬州迁徙至此，枝繁叶茂，卓然望族。扬州阚氏源自苏州，宝楠公另辟一脉，筚路蓝缕，继承荣光。此次扬州阚氏应邀专赴明光，共叙族谊。藤蔓千缕，本自一根。万溪奔流，皆出一源。阚氏后人，聚成一团火，散作满天星。念血脉相通之深情，思同宗同祖之长谊。吾辈当以国家和全族利益为重，守祖先发愤自雄、百折不挠之心志，立足当下，与时俱进，同心同德，奋发作为，精诚处世，各谋发展，踵文增华，砥砺前行，为祖宗添光，为族人争辉。则上不负先祖厚望，下不愧子孙后代。期盼吾族发展壮大，添丁加口，香火永继，世代辉煌。

值此春日，吾族后人恭列于此，庄严祭奠，敬请先祖垂念后人辛劳，加庇子孙平安，佑护全族康宁。

伏惟尚飨。

仪式结束后，大家结队上了几辆大巴车，赶到家庙，再次祭奠。然后便在村办厂厂房中举行长条宴席。虽谈不上丰盛和高档，但却实在而殷勤。酒席桌数之多，让人咋舌，让外地的阚姓子民深切地感受到族人的热情。

2014年，我去山东济宁电视台讲课，特地去了汶上县。古代阚国所在地南旺湖已经不在，只保留了南旺这个镇名。南旺镇地处京杭大运河中段，有大运河“水脊”之称。明初修建南旺分水工程，运河水至此“三分朝天子，七分下江南”，这一巧夺天工的水利工程被称为北方的都江堰。把诗词当日记写的乾隆六次南巡，六次在这里留下诗词。

匆匆看了分水龙王庙。荒寒萧瑟，分水处河道已涸，不过气势仍在。临别前下车打量了一眼南旺镇，这块朴实的北方土地，没有任何多余的细节。风在田野上自由地游荡，树一律裸着枝干，干硬的枝丫在风中撞击有声，麦子在拔节，翠绿盖地，让人怜爱。

全国阚氏都把春秋时期齐国的阚止当成始祖，没有异议。但是在齐国被陈成子所杀的齐简公宠臣阚止，和孔子的弟子宰予是不是同一个人，史料记载扑朔迷离，历来亦众说纷纭。最有名的是古代的苏东坡和现代的钱穆的观点，前者认为不是同一人，后者认为就是一个人，各执一词，让人迷惑。我的好友、北京语言大学席云舒博士仔细考证，写了《宰予、阚止非一人辨》，得出结论：“无论是以时间推之，还是以《论语》《史记》所记孔子评价宰予之言的语意推之，宰予和阚止都不可能是同一个人。”

祖辈先人

传说我的祖上是从苏州过来的，到我这一辈是第五代。推算起来，应该是在太平天国时期，长江下游，特别是江南饱受战乱，民众纷纷外逃，星散四方。阊门成为他们离开故乡最后的深情一瞥，以至于他们一直把阊门当成自己的故乡。

堂号是家族的LOGO，是族徽，表明一个家族的源流世系，是家族文化中用以弘扬祖德、敦宗睦族的文化符号，也是族属和支派标志。堂号匾额高悬，年节喜庆之日，书写着堂号的大红灯笼会高高悬挂。阚氏在高湾的堂号叫燕冀堂。从字面的意思上看，“燕”有“安”的意思，“冀”假借为“觊”，表示“希望”或“期望”。从堂号得见，我的先辈对家族倾注了他们的愿望，对后人寄予了平安和希望。

祖上乘着五艘大船沿运河北上，到了我现在的老家，见水落就下锚上岸，买田置屋扎了根。

始祖宝楠公生了两个儿子，分枝长叶。长子在高湾南边五百米的新民村，那一支在我祖父这一辈出了一个“武状元”阚节山，跟着左宗棠抬着棺材去西北平叛。“安得君恩许归去，东陵闲种一园瓜。”老了归隐乡里，做乱世乡绅。一次兵痞骑马经过，放马啃青，好好的麦苗被糟蹋得狼藉一片。节山公上前理论，兵痞不理不睬，说这些马我们也管不了。老人说那我来管，抖擞精神翻身上了光背马。马惊了，乱窜乱蹦尥蹶子，节山公硬是安坐不动。马累了，停下来，他在马背上往下一沉身子，马腿折了，跪坐在地。兵痞才知道遇到了高手，匆忙带马跑远了。节山公老了在家练武，家藏有一柄一百六十斤的大铜刀，可惜后来不知所踪。

宝楠公的次子就是我的高祖父。当时阚家祖坟在高湾北首一公里的迎丰村。父亲还记得，阚家有十个大坟茔，由当地的唐大柱子一家帮助看守，边上有祭田，也归他家耕种。每年清明前一天祭祖，唐大柱子扛着八仙桌，阚家全族人浩浩荡荡前去祭扫。八仙桌上供着猪头三牲，焚斗香，化锡箔，烧纸钱，老老小小排队磕头，一一拜祭，场面很大。

“文革”中，大爷家有个雕了几重的亡人龛子，非常精细，被高湾的年轻人一把火烧了之后，阚家这一支的记录自此湮灭无迹。

记录只能从我的祖父开始。

祖父名讳竹山，排行老三。祖辈兄弟三人，老大早年病故，留下遗孀，她吃斋念佛一辈子。二祖父做过民国的乡长，在一方天地里呼风唤雨的，很是神气。祖父竹山瘦弱文雅，读过很多书，是远近闻名的乡绅。

祖父后来做过县域的税务长官，常年在外公干，每次回高湾，有一个姓曹的山东大块头小伙跟着，提箱拎包。他则拄着一根文明棍，永远斯斯文文地走。走热了，胳膊一伸，跟着的人心领神会，马上上前替他脱皮袄。

先人埋骨处

祖母姓陈。就在祖母怀着父亲的时候，二祖父一次神神道道地说起日本人，说日本人杀人放火，专挑怀孕的妇女剖肚子。这一印象就在足不出户的祖母心里头落了根，久而久之祖母竟然疯了。祖母下葬时祖父带领一排税警，围成一圈向天鸣枪，气氛肃杀凄怆，猫头鹰自此从高湾消失。

祖母去世，祖父在外，父亲和二伯父在家放野马。他们都还是孩子，家里的田全荒了，全长稗子。因为贪玩忘性，也不会保管钱财和粮食，被邻里饥民偷拿偷食。他们看家里米坛空了，没饭吃了，就跑到汜水镇上，到店铺里赊账。店家都认识他们，看在祖父面上，都肯赊给他们，等祖父回来还账。

中华人民共和国成立后，祖父一人隐身高邮湖的渔家，靠教授童生为生。我上高中时有个姓周的同位，是山东微山湖流落到高邮湖的。他跟我说有个湖东的老先生姓阚，还是他父辈的启蒙老师，当是我祖父无疑。

祖父一次雪夜晚归，和当时还没成家的父亲在屋里向火取暖。父亲睡了，一觉醒来，火塘熄了，祖父已经冻僵，就这么在漫天的雪花中匆匆走了。

我的祖辈除了祖父兄弟三人之外，还有一位最小的姑奶奶，据说长得很是标致，又知书识礼。当年相亲，一个姓任的大户人家的小伙一眼看中，回家日夜相思，竟然得了相思病郁郁而亡。姑奶奶痛不欲生，不顾家人反对，嫁到任家，身着红装抱着公鸡拜完堂，即着孝服捧着牌位守灵堂，从此守寡，中年夭亡。

外公　外婆

据姨兄张在元回忆，小时候在高湾，高家有钱，阚家则有学问，都是读书人。读书人家诗礼传家，重情重诺，以此为最。

我的外公姓高，名讳炳生，1908 年出生，在田地里辛苦劳作一辈子，还不到六十岁，就在劳累中过世了。那是 1967 年，我刚出生不久。可惜对这个最宠我的外公，我的印象里一点影子都没有。外公十二岁就在有钱人家做雇工，靠体力糊口。小时候妈妈身体不好，吃饭吃得慢，他就说，当年我要是这么吃，早就饿死了。那时候在主家，一桶饭上来，先盛个半碗，三两口扒完，赶紧再盛满尖的一碗，慢一点就吃不饱。

外公农忙时夜以继日，农闲时到河西剐柴，刮芦柴滩上支锅做饭留下的锅灰。后来有了点积蓄，就买了牛帮人耕田，还帮人砌房盖屋。什么“生活”来钱就做什么。1946 年“土改”分田，分到田的外公天天在田头忙，打的稻麦比人家又多又好。稻子收了舍不得卖，连夜把稻舂成米，天亮挑到街上卖。就这样日积月累，把血汗钱换成金器，备荒防灾。由于常年劳作，积劳成疾，胃病发作，吐血不止，去世时只有五十九岁。临终前，外公最不放心的是刚满一岁的我，特地把外婆叫到跟前，叮嘱她带好这个他最喜欢的外孙。

外婆姓戚，户口簿里登记的名字叫高戚氏。先是嫁给大黑爹爹，生下了两个女儿，也就是我的大姨和二姨；大黑爹爹病死后，接着嫁给了她的小叔子小黑爹爹，也就是我的外公，生下了一儿一女。我妈是老幺，最受宠爱。

外婆是我最亲的人。在祖辈亲人中，留给我的印象最深，对我最好，令我最牵挂的就是外婆了。尽管有孙子，但是没人叫她奶奶，妈妈就让我们兄弟三个叫她奶奶。奶奶善良、朴实、勤劳，对我那是真正的无原则地宠爱。舍不得我吃苦，见不得我遭罪，只要有一点好吃的都给我留着。小时候我冬天在家待不住，她怕我冻着，就用一床大被把我裹住，用绳子捆在腰上背出去。

儿子日子过得殷实，但是奶奶的晚景却不好，靠生产队分点口粮，捡麦穗、稻穗为生，但是一直给我备着吃的。我肚子饿了，就会跑到她那边去。特别是每天早上做的梳头饼，那种好吃，我至今难忘。每次我调皮，母亲动怒要打了，我狼似的一声长嚎，奶奶就像救兵，马上驾到，把性急的母亲气得发抖。我们兄弟三个都是奶奶一手带大的，她住在仅可容身的牛屋，冬天晚上脚头捂不热，母亲就让我们兄弟三个跟她“通脚”，一个个接力，直到我们长大。

奶奶去世时，寒霜满地，她的脸上覆着纸钱，我跪在她面前，无语哽咽。奶奶最后的日子挨冻受饿，实在凄凉，可惜我刚刚大学毕业，无法照顾她的生活。第二天远远地看见冬天积霜的田头扬起青烟，奶奶的床铺、衣被被燃成灰烬，飘摇不见。我最亲的人就此离开这个世界。我的心在流泪，哀恸不已。至今不能原谅待老人恶劣的人。

现在奶奶的坟头已经不见，前几年，那片土上的庄稼特别茂密。我知道，这就是奶奶长眠的地方，她用最后的骨灰肥了田。现在那片庄稼也与周边一般无异了。奶奶过世，连一张照片都没有留下，我只记得面对苦难时她满脸的岑岑笑意。至今，奶奶的一头白发还常在我的眼前飘荡，提醒我做人的善良和责任。

大爷和姨

大爷比我父亲整整大十岁。大爷是读过书的人，有着完全不同于乡下老人的气质、胸襟、爱好。

大爷的经历可以写成一部书。

大爷是家中的长子，早年读过书，会写字。兵荒马乱的时候，他成家了，为了生计，带着二爷在离家五里地的镇上打烧饼。当兵的来来往往，在千年的古运河边反复拉锯厮杀，他也就随着东躲西藏，不得安身。一次新四军路过，他就跟部队走了。在部队里，他很机灵，又会读写，就很快成了一个领导的通信兵，好多年后还跟后人提到粟师长（当时的新四军一师师长粟裕）。一次打仗，一颗子弹从碉堡外射来，穿过射击孔，他身后的一个战士当场牺牲。后来的情况就语焉不详了，我所知道的是，部队打如皋的时候，姨不远百里跑去看他，缝补衣裳时看到，因忙于打仗，衣服里面都是虱子，贴身的子弹袋里都有。后来，与所在的部队失去了联系，大爷就跑回家了。跑回家的大爷又被国民党抓过壮丁，然后又跑回来过。实在不能在家了，就跑到镇江，拉黄包车，直到解放。

兵荒马乱的时候保全了性命的大爷后来的日子并不好过，“逃兵”成了他一生的包袱。尽管他后来做过联队的队长，令一家人平安度过了三年困难时期，但是他仍然抬不起头来。父亲那时候也是队长，也算保住了家里人的生活。大爷老了，姨先是神神道道，后来也疯了。父亲让大爷去四里桥育种基地为全队看守杂交稻，不几年回来，就又让他看场。那时候，弟弟们都出生了，家里的两张床不够睡。我放假回家，每天晚饭后，用灶膛里滚烫的火钳浸到脚盆里，嗞的一声，水随即温了。在温水里洗完脚，就跟着大爷看场去。

我们拎着马灯，到了空旷的打谷场上。稻子收了，漫野的庄稼在这里变成一堆一堆的稻子，像是一个个神秘的坟冢，埋葬着一个个曾经生长的故事。白天稻子被摊平了晒，晚上堆成了尖，上面用灰斗盖上石灰印。“高湾”两个字模模糊糊的。一年最重要的收获就在这几天，看场的人睡在场上，有个稂草木架房子，门是草，顶是草，四壁是草，床下垫的当然也是草。盖着厚厚的被子，听着大爷有一搭没一搭地说古，周遭满是稂草的枯熟醇厚的香气，马灯的火头一明一暗，远处的狗吠远远近近。早上起来被头有露珠，但每个晚上的觉都是香甜香甜的。

老了的大爷最喜欢听扬州评话，在阳光下在门口坐着小板凳看书，到了饭时就为家人做饭。大爷厨艺极好，是远近有名的厨师，谁家做什么大事，都请他主厨。

大爷说去就去了。夏天他感到身体有点不适，找村里那个胡来的庸医打了针后，早早就睡了。早上，我父亲带着回乡的孙子出门溜达，像往常一样转到了大爷家。往常这时候，大爷早就出门放鸡了。可这一天大爷还不开门，父亲就闯进去，大爷侧躺着，光着的背已经硬了。

接到消息，我恍惚了一天。晚上完成采访任务后，朋友派了一辆车载着我连夜往老家赶。天黑雾重，我竟然找不到从运河堤下来的路，车就在起雾的运河堤上来回梭巡。我的泪下来了：大爷啊，你是不是怪我来迟了？

一屋的人，一屋的灯，只有大爷是躺着的。我痛悔的是，只顾着所谓的新闻事业，很久没回高湾，买的《皮九辣子》还没交给他，这是他最喜欢的扬州评话。

二姨，也是我的大伯母，我管她叫“姨”。

姨个子小小的，不会说话。沉默一生，孱弱一生。也许是积蓄太久，压抑太过，到了晚年，她瘦小的身躯里却迸发出惊人的能量。每晚不睡觉，到处乱走，还挑水把家里的水缸装得满满的。疯了的姨坐在家门口的凳子上，指着每一个过来过往的人说话。但她喜欢我，说我是属马的，没有胆。妈妈陪她到扬州看病，给她梳头，空了就陪她说话。过了几年，继两个孙女之后，终于盼来了孙子，家境也好了。她的精神得到安慰，脸上有了笑容，精神也渐渐好了。

好了的姨恢复了无声无息的老样子，又开始了影子一般的沉默生活。乃源大哥一次从镇上带来了柿子，她觉得好吃，贪吃了几只，悄无声息地离开了这个让她欢喜让她忧的人世。姨去世后，我把她的身份证照片翻拍了放大，这成为她留在世间的唯一影像：她的表情锁定在水纹中，像是一道道丝网，把她隔绝在另外一个世界里。

二　爷

二爷走了，是在二娘走了十四年之后。我第一次也是最后一次跪在他的面前。但是他的脸上已经覆了黄纸，他是看不见我的了。这些年我第一次用目光丈量着二爷横躺着的身形，我觉得他很小。我总觉得，这些年二爷活得模模糊糊的，像一个影子。二娘在世时两人也不尽和谐，甚至二爷多少年缩居在高邮湖上的一只木船上放鸭，也不回家，不去看家里的四个丫头片子。

父亲兄弟三人中，大爷出门谋生后，一去不归，家里就只剩了二爷和父亲两个小男孩。吃不饱，穿不暖。冬天蜷在一个被窝里靠彼此的体温取暖，只有一套棉衣，白天一人出去玩另外一个人就得在被窝里猴着。长大了，二爷和父亲各自成了家。二爷上过十年私塾，会背成套的《论语》《孟子》《大学》《中庸》，但是不会写，只会写自己的名字和“毛主席万岁”。但是二爷会一门手艺，就是木工。他是水木作，造船的。所谓水作，就是造船修船，工作时把油木灰掺上麻丝，用平凿一锤锤往船板隙缝里填凿，然后髹上桐油，干了后就可以下水了。

一次二爷在修船，边上漂过一个长辫子的漂亮姑娘，二爷呆住了。这就是我后来的二娘。二娘的父亲当年抗日，被日本人砍了脑袋，无首的尸身吓疯了母亲，后来，她就寄养在做中学老师的叔叔家。

当时，师傅看准了二爷的心思，就托人说媒，把这个湖边的水妹子嫁给了二爷。二娘长相标致，皮肤白皙，头发很长，会唱秧歌。在生活单调的农村，自然也得了不少的闲话。但是从没见二爷生过气。大爷和父亲是村里的干部，有些额外的吃嚼，家里无灾。二爷也改做旱木作，为死人打棺材，忙个不停，自然也能得到主家的一顿倾其所有的招待饭食，所以也能维生。

小时候二爷经常看着我，眼神痴痴的。他没有儿子，只有四个女儿。二爷朝思暮盼总算又有了结果，二娘的肚子又大了。一天早上，二爷捧着一碗稀饭，喜滋滋地蹲在我家的门槛上，一边吸溜吸溜地喝着，一边说昨夜二娘生了，是个带把子的。二爷那天还说孩子是他接下来的，他一边有些尖声地笑，一边擤着鼻涕。还跟我父亲一起商量孩子的名字。孩子是黎明时出头的，最后定名为乃明。

乃明自然是二爷的命根子。但是孩子还没长大，就被大不了几岁的大姐喂的蛋黄卡住喉咙，活活噎死了。我就记得一家人的呼天抢地。二娘好几年都是呆呆的，村里人不敢把小孩带到她面前，怕勾起她的伤心。

好像不久，二爷就不见了。都说二爷卷了铺盖到湖上放鸭去了。在我的想象中，二爷是在阔阔的湖面上，撑着小木船，跟着云朵似的鸭群任意东西。后来，二爷到哪儿都是蹲着，吃饭打牌晒太阳打盹都是这样，他已经不习惯坐着了。大人说，这是鸭倌的习惯，鸭子下水了，就蹲在岸边守着，一蹲就是半天一天的，久而久之就不会坐了。间或，二爷也回家，蹲在我家的门槛上喝粥说话，他说的话在我听来一点味道都没有，就像他碗里的白粥。父母总叫我端着咸菜碗给二爷搛，二爷客气两句就搛，一点不像其他来我家的人那么谦让。我看着蹲着的二爷，人黑了，更显得瘦小了。

再后来我就离家上学，姐姐们也一个个地先后出嫁。我的三个堂姐的婚事都是二爷包办的。最俊的二姐，二爷谁也不许。一次在苇滩上认识的朋友介绍了一个有钱人，有钱人请他喝酒，酒酣耳热之际，拿出一块金灿灿沉甸甸的东西。金砖！二爷的眼直了。直了眼的二爷心思也直了，听到有钱人无意中说到还有个未婚的侄子，待如已出，二话不说就把二姐许了人。出嫁那晚，二娘哭得很凶，好像不是一般人家嫁女儿时程序性质的哭。我提着小马灯，在二娘的袅袅哭声里，把二姐送得很远。那晚，走在冻得梆硬的河堤上，河水白亮，月亮很小，空气一点都不冷，是我最早记得的一个晚上。

女儿们回家，先是带着女婿，后来带着越来越大的孩子，女婿就不常见了。再后来，就一个人蓬着头回家，低着眉眼洗衣担草烧火做饭。晚上偶尔门响，就会传出隐隐的哭声和长长的叹气声，还间杂着低低的呵斥。这时候二爷家的灯总是亮得很晚，平时是早就熄了的。

最后的老姑娘性子最倔，没等二爷张罗，就嫁到苏南，带回一个瘦小文弱的小女婿。二爷就陪酒。看小两口用他不懂的吴语叽叽喳喳，他的眉头皱得更紧了，可能他杯里的酒越喝越烈了。

二爷说老就老了。

老了的二爷话多。他老是说的就是两件事，一是去过老姑娘家，话根本就听不懂，喝粥居然是鱼粥，还有就是说大爷和我父亲，他的一兄一弟，都在村里做过干部。“不简单的事情！”他常常感慨道。我后来明白，他这一辈子，从没有觉得活得快活过、随心所欲过，不能指派人，就连自己的女儿都跟他不亲，当他卖了她们似的。

二娘过世了，二爷吵骂都没了对手。他开始打上了牌，纸牌麻将扑克什么都来，就是差不多回回输。据说二爷摸到大牌手就抖，听牌时就会情不自禁地蜷起双脚，蹲到凳子上。一来二去，被牌友摸到了脾气，自然就不能赢了。输急了的二爷据说赖账。人家就不叫他玩了，最后连看“斜头”都不带。闲极了的二爷就看路上人来人往，就想学骑自行车，不知摔了多少跤，在车后横绑了根扁担，以防跌倒。见人老远就打铃，还大喊让路。可是直到最后，他还是没有能骑上车。

二爷活得极其简单明白。他就是想过一种人人向往的体面的好日子。但是他不行，他一辈子都没过得成。我知道他就是再活个十年八载的，还是过不成。没过成好日子的二爷就这么被岁月潦草地击倒，被随随便便地带到万劫不复的黑暗之中了。就像我家乡满野的庄稼，荣衰一季，生不尚荣，死亦不哀。

我的小精明、大糊涂的二爷，一辈子盼子不得，和满怀凄怅的二娘，相隔着先后离去。关系时好时坏的他们，不知道在地下会不会遇到，会不会重叙亲情，再续前缘？

姑　妈

姑妈是高个子，在乡下人中难得一见。大眼睛、白皮肤，嘴角带笑，做事很麻利。

姑妈是我二爹爹的独养女儿，家境败落后，和农妇一样，什么农活都干。

一次天不亮，姑妈上河西苇滩剐芦柴，被一根尖利的芦苇从脚心穿到了腿肚。当时没有条件做手术根治，从此，她的腿肚就常常流出脓来。走路时腿脚因为护疼，就不自觉地瘸了。爱干净、爱整洁的姑妈从此就在行走的不平中，在时时渗出的脓血中度过了不长的几年。临死前，一直是做赤脚医生的母亲在身边护理导尿，答应她所有的条件，照顾我的表妹，直到她撒手西归。她当年只有三十八岁。

不几年，沉默寡言的姑夫也追随而去，出生只比我晚两天的表妹二度撕心裂肺的哭声在少不更事的我听来有点太过，但是现在想起来，满是绝望孤苦的凄怆和无依无助的恐惧。

每年清明回老家祭祖成了这些年必需的功课。乃源大哥领着去了祖坟，要跨过一条近乎无水的水渠，纵身全力一跳成了每年祭祖的一个前奏。臂腰腿脚一起发力，冬天冻酥了的泥土总是恰到好处地接纳我。

说起来的祖坟，其实已经全无标志。据乃源大哥说，这里埋葬的是爷爷奶奶和他们的两位长兄长嫂，而之前的先人葬的地方在西南方向的前进生产队（现在的前庄组）。祖坟很大，有很粗的梓树。

麦苗青青，菜花灿金。纸钱杳杳，心思渺渺。甜甜腥腥的空气，有着黏稠的质感。运河大堤下的高湾，和周边的小村一样，死水微澜。

我的长辈，我的先人。我是你们曾经梦想过、爱护过、惦记着的人。此刻，我想念你们，我深深地思念着，你们就可以在另一个世界安好。逝去的人存在世界的唯一方式，就是靠着亲人的想念和回忆，一代代地传承下去。

生命没有偶然，有这样的科学诠释。量子力学的波动重合，使得世间的我们貌似“偶然”地邂逅，貌似“随意”地交流。

都是偶然，都是必然。

但是我宁愿相信我和你们的缘分，因为，我们根脉相系。

我想为我的先人们立块碑。物比人走得远。乔布斯东方修禅，最后明白，一味求心，其实无得。造一样器物，一种尽自己所能的完美器物，这是人生最大的价值凝练，这是生命的力量。

我特地从高湾带了几包土，培在太湖边的小院的地下，种上栀子花。雅白的栀子花，淡淡的馨香，温馨了初夏的夜晚，温柔了我的梦乡。

我的父母

父亲住在弟弟乃高家里，一楼的小房间，一床一桌一橱，墙上挂着电视，边上是卫生间。房间虽小，却也齐全，父亲很满意，他喜欢自在。平时他玩牌，天天到棋牌室，大概是因为脑子活络，打牌常赢。他说老年人小气，人家就不带他玩了。他就骑着车子，越骑越远，找新的牌搭子。

父亲今年八十三岁了，差不多算是高湾最老的老人了。在他身上有很多故事，高湾的历史离开他是不完整的。跟他见面先要让乃高头一天通知，否则他早起后到处转悠，找不到他。第二天在乃高家的客厅，泡了他喜欢的茶叶，跟他在一起聊天。从来没有这样说过话，他和我都感到亲切而陌生。

小时候父亲很苦。祖父在外面做事，难得回家。日本兵下乡抢劫，二祖父从各家征得鸡和蛋，迎到前庄，日本兵也就没有到高湾。二祖父回来讲日本鬼子烧杀抢掠，用刺刀专挑妇女和小孩肚皮，祖母那时候刚生下我父亲不久，这个恐怖的场景一直在她的脑子里日日夜夜萦回，害怕哪一天横祸飞来。

祖母终于疯了。疯了的祖母天天怀里揣着我父亲到处躲，钻草堆、睡牛棚，不敢回家。几年的不眠不休耗尽了她的生命。在我父亲五岁的时候，祖母走完了心力交瘁的一生，撒手西归。

祖母去世了，大爷十五岁，在外打烧饼。九岁的二爷和五岁的父亲相守度日。两个几岁大的孩子，兵荒马乱中的日子是怎么过来的，现在的人难以想象。吃不饱穿不暖，那是肯定的。多年后，他们还记得冬天缩在一床被子里，谁要饿得吃不消了，就穿上唯一的一条裤子，出门找吃的。

父亲脑筋好，反应快。结婚后跟母亲识字，不久就能读报纸，打算盘。在生产队做会计，一次队长派工不合理，他当即指出。当年被村支书看中，春天是红人，夏天是忙人，秋天是穷人，冬天是罪人。三级干部会内容大部分是关于政治挂帅、活学活用等内容的，只有小部分是关于生产、防虫、防灾、水利、收购的，好处是可

我的父亲

以借机吃几天好饭菜。回来就要在地头召开大会，口若悬河地传达上级精神。调门很高，绝不含糊。调门高的要占大部分，大家都不听，在下面说笑；调门低的倒是要竖起耳朵仔细听，因为都是关系到自己要做的事情，马虎不得。

父亲对我很宠。乡人至今还在传着一个故事，当年他不放心我一人在家，卖棉花时，总是一头放重一点，在轻的一头扒个窝，把我抱进去。一路挑到街上，我窝在暖和的棉花里，在阳光下晃晃悠悠中酣然入梦。一觉醒后，到了花花绿绿的街上，总能得到一碗好吃得要命的馄饨。还能在新华书店的玻璃橱窗里，挑一本好看的小人书。这一天就像过年一样高兴。

父母结婚后，先是和大爷家住在一幢祖上留下的房子里。三年后硬是在高湾最西边三面是坟的荒地里砌了房。大姨夫是瓦匠，带人砌墙。外公会做茅匠的活计，带人上房盖草，用当地罕见的青砖立起房子的四只角，叫“四角硬”，算是当地的好房子。我在这所房子里出生，度过了整个童年和少年，一直长到十六岁，一直到 1982 年，才搬到高湾东头新砌的瓦房里。

其实家里砌房子完全可以再早一些的。父母到镇上的砖瓦厂买了结实的红砖，母亲认真，一块块挑，两万块砖头码在老屋周边，像一个堡垒。一般人家可买不了。父亲决定砌窑烧砖让大家建房子。可砌窑的砖头哪里来？父亲就用上了家里的砖头。当时村民满脑子问号，自己砌窑，能烧出砖头吗？父亲说，第一窑我烧，烧好了砖头归我，算是补上砌窑的砖头。就这样，高湾平地砌了窑，用自制的土坯烧出了砖头，家家户户住上了砖瓦房。

20 世纪 80 年代，上头号召大办乡村工业。父亲借办厂名义，到镇上跑了好多趟，终于从镇上接回了电。家家抛弃了煤油灯，装上了电灯。后来又装上了电风扇、电视机，高湾进入了电气时代。那时我上大学，从此寒暑假放假回家，可以扛回大包的书，通宵看书，让我喜不自禁，如在乐园。

我工作后，父亲松了一口气，一下子就老了，也安于享受了，行为举止跟过去大不一样。这样，与耿直的母亲的矛盾也就日甚一日。终于过不下去，他们分开住，各自安稳，大家也都安神了。

父亲跟他的孙子是朋友，玩得一团热闹。我下班快回家了，还帮小子打扫战场，隐瞒实情，完全是个老顽童。小子对他很佩服，打弹子、拍洋片、叠纸炮，样样在行，最了不起的是还能放风筝，还能放那么高！后来，父亲住到乃高的楼下，把一楼的小车库改造成一间小屋，里面装上卫生设施，房间很小，他倒是十分满意，自得其乐。他喜欢打牌，纸牌、麻将、扑克，什么都会。当地的老人久了就不带他玩了，因为他老是赢钱。他就骑车往远处的社区去，越骑越远，平时都找不着，只有早晚能见到他的影子。

2008年，平时无痛无灾的父亲突然被一场大病击倒，肠胃穿孔，血象骤高。我抱着父亲，做检查，上厕所，擦身子，他竟然那么轻，那么软，出乎我的意料。我请了长假，天天晚上陪床，每天早上回家洗漱。一次开着车，车里放着佛乐，生命的脆弱和人生的无助让我悲从中来，泪流满面。父亲的那次死里逃生，让我开始重新思考人生，思考生命的意义，以至于做出了新的人生道路选择。

我的八零后好友冷淞跟我聊起过感情和婚姻，他感慨道，两人的婚姻就像是合作打怪，买房子、生孩子，就像突然冒出来一个怪，两人必得联手对付。打完了一个，再对付下一个。空下来了就不知道怎么办。

母亲和父亲不同，完全就不是一类人，为人做事也总不在一个辙道上。他们疙疙瘩瘩一辈子，相互抱怨着，冲突着，但是也联手打了不少怪。多少年磕磕碰碰，不知道怎么熬过来的，也真难为他们了。到了老年，无怪可打，多年的积怨沉渣泛起，各自的性格弱点也相继现了形。鸡毛蒜皮，故事变成事故，沟通成为吵架，纠缠不清。但是分开，偶尔聚齐，倒也相安无事，甚至相敬如宾。他们的人生实践在前，让我们心存戒惧，常怀惕惕。

母亲是外公外婆的心头肉。小时候身体不好，外公老是叹气，担心养不活。出嫁前，都是外婆焐热了被窝，才让心疼的老姑娘上床。也正因为是老小，外公舍不得她干农活，一直让她上学，从村里到镇上，全校只有她一个女生。

到县城上中专，还让舅舅专门去县城陪读。在老辈人中，母亲是全村唯一读过中专的女子。

我的母亲

20 世纪 50 年代，一场突如其来的疾病席卷与汜水一湖之隔的高邮新民滩。春夏之交的春荒中，村民们常常吃了上顿缺下顿。大家三五成群地涌上湖滩打粽箬，运到邻近的江都县露筋镇卖，一百斤干箬可换回一斗粮食。早发的桃花汛带来了数不清的寄生在螺体内的血吸虫尾蚴，无声无息地钻进了人们的皮肤。急性感染的村民感到皮肤发痒、出皮疹、发热、腹泻、解脓血便，成批病倒。一场始料未及、比春荒更为惨烈的灾难降临了。据《扬州大事记》记载，全乡五千二百五十七人，患急性感染的有四千零一十九人，死亡一千三百三十五人，死绝四十五户。新民滩成了“死人滩”。毛泽东在中南海发出了“华佗无奈小虫何”的感叹。

就在这样的背景下，各地纷纷成立血吸虫防治所。作为知识分子的母亲就被调到血吸虫站，学习医学，为人体检，查螺灭螺。母亲成家后从镇上回到村里，带上知识青年，办起了合作医疗，做了赤脚医生。

合作医疗所和村支部一样，就设在小学。我上学，母亲上班，我背书包，她背药箱。我们常常一路走，母亲扎两根辫子，一路上哼着歌曲。春天排河上的柳树开苞了，母亲踮起脚尖摘柳的印象一直留在我的记忆里，这是我童年最幸福的时光。

母亲性子急，但是为人打针包伤时却细心有加，很多人愿意到我家里来找她看病。遇到头疼脑热的，看病打针的，换药包扎的，不分早中晚，不分节假日，也不分农忙农闲，家里来人不断，母亲总是放下手中的活计，热情诊治，毫无怨言。遇到有老人生病的，想不开喝农药的，不管白天黑夜，刮风下雨，她背上药箱，立即随人就走，一路小跑。我倚着门框，无数次看着她在风雨中越跑越远，终至不见。生病打针开药会很快回来，但如果是妇女生产，那就说不准了。有时候要隔几天才能回来，回来时满脸疲惫，倒头就睡。我小学时班上的同学（他们的年龄普遍比我大二到三岁），差不多有一小半是她接生的。

母亲为人热诚正直，但是个性耿介倔强。母亲生气发火，那是全家的灾难。她自己和家人为此吃过不少苦头。同诊所有个医术不高、心术不正的同事，她不愿与之共事，毅然辞职，回家种田，过起脸朝黄土背朝天的农民生活。在高湾，妈妈不忍听到奶奶的哭泣，决定搬家。从高湾最西边搬到高湾东边，为此她吃尽辛苦，硬是把一个低洼的水塘填实夯平，砌成两幢联排大瓦房，非常醒目，老远就能看得见。白天忙生活，晚上在家搓草绳，打芦柴帘子，盖屋顶时用来垫瓦。煤油灯下，妈妈常常边打瞌睡边搓绳，一直搓到天亮。

母亲曾工作过的村卫生所

后来又节衣缩食，把砌房子拉的债一点点还上。那些年缺衣少食，以致于一家人多年后还谈债色变，心里满是阴影。

1993 年，我的儿子阚闻出生，那时我刚到电视台。电视台正在草创时期，我也处于创业时期。学习、工作、家庭、事业一团乱麻，母亲应允来扬州带孩子。对于她而言，第一次离开熟悉的故土，与人打交道，浑身不自在。

毕飞宇有篇小说《生活在天上》，写到一位随儿子从农村到城里生活的母亲，住在高楼公寓，偏偏在家养蚕，豪宅里结满了茧子。这个超现实的寓言其实在现实中满是注脚。母亲不会种花花草草，但是到哪儿都不忘种上葱和蒜。她曾和我一起在南京生活，她在窗外的瓦盆里栽了一盆葱。她和我先后离开南京，差不多十年了。寒暑易节，日晒雨淋，可盆里的葱却郁郁葱葱，始终不败。

此刻，我坐在一个休闲中心写这段文字。家在不远处的几条马路边上，可是我回不去。原因在于我和母亲几小时前的矛盾冲突，不能协调，只能回避。这么多年，时代如此变化，但是她的思维还停留在她成长的那个年代，一丁点不堪一提的些小琐细，便扩大成冲突，抱着死理，一次次地撞着南墙。人性的弱点以至于此！这是我感到痛苦乃至无奈的地方。

我唯一担心的是，她的余生不快乐。这一点不取决于别人，而是取决于她自己，她自己的内心。但不管怎样，我是他们的骨血，我以此祝二老身体健康，心态平和，长寿无疆。

我的兄弟姐妹

阚乃高

乃高是我的大弟弟，小时候缺奶，营养不良，长得瘦小，常常跌跟头。稍大一点，就显出不一般的机灵劲，走路总是小跑。有了自行车，人小骑不上去，就弯着腿抳着半边身子骑来骑去，速度飞快，常被父亲笑说，像朵小鬼火。

小时候一家人早饭喝稀饭，缺咸菜，乃高到菜垄瓜架上三转两绕，总能神奇地变出一只菜瓜或者黄瓜来。刨皮切片，拌上油盐，生脆爽口。

我十三岁出门上学，家里的事情基本交给他操持。我上大学，乃高转到汜水城镇中学上学，每个月寄钱的任务就交给他了。后来我才知道，他常常把家里给的早饭钱省下寄给我。每次在大学收到汇款单，看到他稚嫩的笔迹，心里都有难以言说的温暖和感动。一次放假回家，与父母冲突，临走看他在一边哭泣，回手打了他一巴掌，此事想起来就难受，至今后悔不已，自责不已。

初中毕业后，懂事的乃高开始自己谋生。村里在运河堤下办了一个机械加工厂，一台车床一台刨床，帮助外地做机械加工。为赶工期，工作夜以继日，可怜的乃高眼睛红肿，吃饭都打瞌睡。后来我请托一位热心人，帮他找到一个进城务工的机会，到大华棉织厂做工。厂子倒闭后，他先是帮助一个私营老板开大货车，到处送货。北到郑州，南到温州，晚上出发，两个司机轮流睡觉，早上到站下货。再接下来，我用自家的房子做了抵押贷款，帮乃高买了一辆出租车，靠着这辆出租车，乃高置家立业，日子一天天红火起来。

我让乃高写一点自己的故事，他答应我了。乃高果不食言，在他儿子阚昊的作业本上端端正正地写了他的笔记，兹录如下：

乃高的个人笔记

我永远铭记的日子，那是 1991 年 9 月 8 日。当时哥哥帮我在扬州找到了一份在一家国营的扬州大华棉织厂做临时工的工作。一个 19 岁的毛头小伙怀揣着从乃源大哥家借来的 500 元钱（当时进大华厂时要交的押金），登上了从老家汜水开往扬州的大巴车。

扬州大华棉织厂厂址位于通扬桥南首小码头 45 号。1948 年名为东台大华棉织厂，1949 年 5 月与淮阴大淮棉织厂合并为苏北大华棉织厂，厂址设在东台。1952 年 7 月 27 日迁至扬州市区，1953 年投产。该厂以纯棉产品为主，主要有毛浴巾和装饰品两大类。1979 年，被江苏省政府命名为“大庆式企业”，“大众”牌商标获省著名商标称号，也曾是全国著名商标。

大华棉织厂由原来的分散在苏北解放区的三十多个小型手工纺织厂组成，如东台毛巾厂等，为抗日战争和解放战争做出了巨大贡献。1952年定址扬州。20世纪80年代，大华成为江苏省毛浴巾出口重要生产基地，产品主要供给出口，远销50多个国家和地区，产品在国际市场上具有很好的口碑。

那时是计划经济，厂里生产出来的产品根本不愁销路，效益好得没话说。我被分配到漂染车间，做染色工。这是一门技术活，就是把棉纱加工成订单所需要的各种颜色的色纱。初来乍到的我也吃了不少苦头，当然也有不少帮助我的同事，诸如耿师傅、徐师傅等人，还有当时的梅班长。事至如今已二十多年了，我们相处得非常融洽，每逢春节期间聚会时一提起这些陈年往事，大伙儿都会情不自禁地端起酒杯畅饮一杯。

我记得当时的工资是比较低的，第一个月我只拿了46元钱，哥哥带我去国庆路上买裤子，在一家叫金三角裤行的店里花了38元，买了一条当时比较时髦的牛仔裤。说实话我是后悔了好多天，要是在老家那边至少可以买两条了。随着国家企业改革的不断深入，像大华厂这类国营老厂的优势渐渐消失，企业负担不断加重。到了1998年的时候，已经不能正常上班了，工资也不能按时发放了，有时两三个月才能领到工资，这对于上有老下有小的我来说简直是入不敷出。于是迅速去驾校考驾照，准备另谋生路。好在那时候考驾照也快，40天就拿到了，从此就开始了我的“车夫”生活。

回头想想，幸亏当时转行快。大华厂一直挣扎到2004年的元月份才“寿终正寝”，曾经欣欣向荣的一个国营大厂就这样在市场经济的冲击之下，在两三千工人的老泪纵横之下，默默地退出了历史舞台。最可悲的是那些上了岁数又没有其他技能的老工人，他们中有些人曾经响应号召上山下乡当过知青，年轻时吃了很多苦头，后来又回到了城市里当了工人，再后来又成了下岗、失业人员，真是生不逢时。我后来开出租车在市区大街小巷穿梭时经常遇到他们中的一些人；有的在做协警，有的在小区当保安，有的当起了环卫工人，还有的摆地摊做小买卖。这城市里形形色色的工作都有我们大华人的身影，大家都是为了生计而奔波着。曾经躺在国营厂的大树下，衣食无忧，甚至连住房、医疗，包括孩子们的学费厂里都会一股脑地全部买单，大家做梦也想不到落到这个地步。

在外开了近两年的大货车，辛苦自然只有同行才能体会到。走南闯北的，家里的事情顾及不到，上有老，下有小，惦记得很，从心底里就有点排斥在外面跑车了。碰巧也有朋友开出租车，于是先尝试了几天晚班出租车的经历，觉得只要有恒心、有耐心花时间在路上“扫马路”，还是能挣到钱的，至少比在外面开货车强。当时是 2001 年的 8 月份，扬州的出租车正处于换型提档的时期，以前的夏利、奥拓车型换成普桑的车型。公司的投资大约需要十五万的样子，个体的大约需要二十五万的样子。当时苦于手中只有不到三万元，只好厚着脸皮同哥嫂商量，想用他们康乐小区的房子做抵押向银行贷款（因我自己买的是农村的房子，做不了抵押）。正好哥哥也认识银行的人，两天后就把贷款搞定了，我手中握着 10 万现金开始打听车子了。也许是巧合，老家邻居朱德荣当时也在扬州公司开出租车，打听到一辆人家刚换过型的普桑出租车，跑了两个月，要价 12 万 8 千元。看车、砍价、过户，最终以 12 万 6 千元成交，就这样在 2001 年 8 月 20 日自己从此当起了一名“的哥”。

出租车纯粹是一种服务行业。面对形形色色的人群，千姿百态。所以自己必须要有一个好的心态，遇事要冷静，宗旨是“安全第一，和气生财”。开出租车不仅要具备安全驾驶的本领，还要注意观察路边人的眼神、动作，是否想打车。过一些巷口、小区门口都要两边看看，是否有人在示意你，在市区的没有上客点的路段还要注意避免停车被罚。

记得大约在2002年的时候，市区抓违停带客非常厉害，的哥的姐也被搞得丈二和尚摸不着头脑。那时的四望亭路东段是被当地的媒体和老百姓叫响的“美食一条街”，饭店一家挨着一家，在饭点的时候人来人往，热闹非凡。当然出租车在那路段上下客就更频繁了，而停车点又寥寥无几，以至于在那个繁忙的时间段，交警也异常繁忙地开着罚款单。当时的汶河南路连一个出租车停靠点都没有，一天大早刚出车，空驶到汶河幼儿园路段时，在路口见一个小伙子要坐车，便踩了刹车准备让小伙子上车。一名骑警从后面上来用摩托车挡在了我的车前，我连忙示意小伙子不能上车，说时迟那时快，交警已经站在车门前向我敬礼了。我心想，今天早上出师不利，就不情愿地把驾驶证慢慢从杂物箱里取出来递给了交警，连说：“我又没带客，客人也没上我的车呀，再说整个汶河南路没一个停靠点也不合理啊，你看这么早我刚刚出来，一笔生意还没开张呢。”交警一边听我唠叨，一边熟练地开着罚单，当他要我签名时，我不肯接他的笔和罚单。这时交警做了一个令我意想不到的动作，他居然把大盖帽从头上取下来戴到了我的头上，说道：“我也没办法，知道这路段没停靠点不合理，要是像现在大盖帽在你的头上，你也会处罚我的。按交规应该罚100元呢，你看我只罚了你50元，理解吧！”这时后面又上来一辆出租车想把那小伙子带走，同我讲着话的交警连忙跑过去又向他敬了一个礼。我心想，这老兄也挺大胆的，想趁乱捞鱼，没想到偷鸡不成蚀把米，陪我一同受罚吧。就这样，我俩生意没做成，反而被罚了50元。这种现象大约持续了半年之久，终于有一次市交警支队领导在电台做行风热线直播节目时，去了不少出租车，把广电中心堵了个水泄不通，司机们要交警支队领导就这种罚款现象给个说法。后来就改成了在不妨碍正常通行秩序的情况下，即停即走，上下客不给处罚。

开出租车有时还能遇上特别能谈得来的、志趣相投的，以至于后来成为好朋友的人。有一位就是我现在称他为徐哥的，他当时在土肥站工作，经常要去农田里取土样，回来用于化验分析土壤情况。记得那是一个初夏的周一，在史可法东路土肥站门口站着一位戴着草帽和墨镜，手中拎着袋子的中年男子，他一身时髦的衣服与他头顶上的那旧草帽形成了明显的反差，看着奇怪。刹车，减速，车子缓缓地在他面前停了下来。他开车门上车，我习惯性地问：“老板，去哪块儿？”他没有直接回答我的话：“噢，咱们老乡嘛，宝应哪块的呀？”“氾水。”“射阳。”一阵寒暄后，切入正题。“我打算包你的车，一天多少钱？要在附近乡镇转一天呢！”我略加思索说：“看你一天大约跑多少公里。”自己心里有杆秤，除油钱、过路过桥费外，加上个350元的样子就可以跑了。我便说：“既然是老乡，价钱好说好说。”他说：“这样行不行，今天就在市区周边乡镇转转，采一些土样，也不会有多少里程，给你500块怎样？”我爽快地答应了。于是开始了首次旅程，俩人边开边聊，聊老家的新鲜事，聊扬州最近发生的一些趣事。两人天南地北聊得非常投机、默契、愉快，后来我们成为好朋友。现在有时聚的时候，都会认为这是我俩的缘分。当天下午分手时，又约好了下次出去取土样时，要我去土肥站接他，后来他自己有什么事也经常用我的车，比如去外地开会、去老家办厂。直到他后来考了驾照买了私家车后才不用我的车了，可我们的朋友关系至今都一直很好地保持着。前段时间他去泰州汽车城买了一辆新车，还特意要我同他去验车，一道陪他把车从泰州开回来。

还有一位是方巷镇的李尤，当时是因我有一个朋友在他家做司机。当时他家的企业刚起步，事情比较多，他家的两辆车不够用，我那个朋友就经常叫我把车开过去。后来他家里人也非常相信我的为人，他父母到市区来都把我的出租车当成“专车”了，包括他孩子上幼儿园的接送。我曾开玩笑同他讲过：“我这辆出租车已是你家的保姆车了，你得给它年检、买保险了，并纳入你家的固定资产，我也就成为你家公司的一名员工了，你得给我缴纳社会保险了，哈哈。”

有人说，出租车是城市里一道流动的风景线，是一张城市的名片，是一扇向外地人展示的窗户。我自己认为那些说法都太高大上了。开出租车要的是凭良心做生意，量力而行就行。毕竟都是混口饭养家糊口的，谁也没有听说过有钱的人会出来开出租车谋生的。时间对于出租车司机来说就是金钱。记得当时我们公司成立了一个爱心车队，一名姓帅的师傅任车队队长，出名了，在本地媒体上也会经常露露脸，好风光啊！可好景不长，公司一位领导朋友家的小孩在南通路上的育才小学上学，需要物色一位责任心比较强的司机接送上学，车费照付。领导就毫不犹豫地安排了这位队长去接这份差事了。大概不到两个月的时间，这位队长就把车子转手了，到其他公司重新买了一辆。爱心车队队长的这个风光的头衔也荡然无存了，其中原因同行都知道。出租车的流动性比较大，而接送学生在时间上是不能怠慢的，到了那个时间其他生意都做不起来。虽说车费照付，可是付的是小孩上车之后的费用，那提前等候的时间只有自己认了，还有上放学那段时间学校临近的路上会堵得一塌糊涂。所以这位队长就玩了一把惹不起就躲的战术，换了一家公司。

谈做好事不留名，我想每个出租车司机都做过，那时候不会把钱放在首位，而是把他人的时间、他人的生命放在最前面。我记得有一年的夏天，下午三四点钟的样子，路上车子也很少。我空车“扫马路”到文昌西路右转进入百祥路时，看见前方有人踩着一辆三轮车在机动车道上，三轮车的旁边还有一个人拿着一件红色的衣服前顾后盼地边跑边挥舞着，我当时判断肯定有什么急事。说时迟那时快，当对方发现我的车时，他们两人不约而同地向我拼命挥手。脚底下的油门不由自主地猛踩一下，看看路上正好没车，迅速地在马路上违规调了车头，到了三轮车跟前。原来三轮车里躺着一个七八岁大的孩子，身上湿漉漉的。那男的带着哭腔说：“师傅帮帮忙，把我们送到西区市人医，小孩溺水。快快！”我边听边拉手刹，开车门，拉开后座边上的门。这时候哪还管他们身上潮不潮，脏不脏呢。时间紧迫，打开双闪，一路狂奔，嘴里还不停地安慰着他们夫妻俩。巧了，巧了，上天有眼，一路绿灯，一会儿工夫就到了西区医院的急诊室门口。忙下车，帮他们打开车门，他们抱着小孩一溜烟地进入急诊室，甚至连一声谢谢都没来得及同我讲。当时心里唯一的想法就是小孩平安无事就好了。还有一次惊险的事情发生在迎新桥附近，一辆大车同一辆小车发生交通事故，前面路上堵得厉害。当时是空车，好不容易瞅了一个机会准备调头离开，只见两个男的架着一个二十几岁的小伙急急忙忙地走过来。小伙子的手臂上有条毛巾扎着，好像还有血往下滴着，那小伙头上是汗如雨下。“快，师傅，去苏北医院！”这时候也来不及多想，以最快的速度到了苏北医院的急诊室门口。三个人匆忙下来，其中一个连声说了几句谢谢，“不好意思，把你的车弄脏了。”“没事，没事，你们赶紧看医生去吧！”对于做了这些救人的好事，心里是感到非常欣慰的。

还遇到过一些说来令人啼笑皆非的故事。记得一次在淮海路上的日日红火锅店门口路边，上来一个小伙子，样子看上去挺老实的那种。“师傅，去四季园小区东门的天宇休闲中心。去里面取个手机还到这儿来，刚才洗澡时把手机落在那里了，你打个往返。”一会儿到了休闲中心门口，“师傅你调个车头，我进去拿个手机就来。”我把车头调过来，大约又等了两分钟的样子。心想怎么还没来呀，又耐心等了两分钟。还不见小伙子出来，就去吧台一问。吧台小姐说，刚才是有一个小伙子进来，不过进来就转身出去了，好像从那个小门进到小区里去了，说着边抬手指了指旁边那个可以通往小区的小门。我连声摇着头笑着说：谢谢你了。我就觉得，这个小伙看上去挺老实的，为了几块钱还同我耍了个滑头，太不值得了。

见的人多了，我相信一点，做人要诚实，做事要凭良心。

互联网平台兴起，出租车生意越来越难做。乃高靠着他的杰出车技和百万公里无事故的纪录，进了公交公司开大客车。每周只休息一天。过了几年，大概是常常半边脸晒太阳的缘故，一侧的脸似乎显得更黝黑一些。

乃高的小家是我们大家的大后方，我和乃峰常年在外，从父母的赡养，到家里的大事小情，都是乃高张罗。乃高认真踏实，尽心尽责。父亲生病，他跟我抢着付款，让看惯了兄弟纷争的老家大哥感慨不已。我跟乃高、乃峰说，我们下辈子还做兄弟。

放假回扬州，我在扬州的住处和乃高的房子隔着西绕城公路。边上有个开放的小公园，里面人很多，荷花盛开，钓鱼的，打球的，还有人在桥头水畔吹拉弹唱。大妈们见缝插针，在空地上跳舞，动作奇怪而扭曲。我和乃高发个信息，各自走不到十分钟就可以碰面，散步谈心。高处的环城公路上，车辆开着大灯，呼啸来去。我和乃高就这么走着聊着，谈天说地，兴尽而返。——这是我一天的书斋生活后最美好的收官时光。

阚乃峰

乃峰小时候胆子就大。

应该是1987年的一个风雪弥天的下午，我上大三，正在宿舍的二层床上看书，突然听到门外有个很小的声音在敲门。我说请进，门“呀——”地开了，我一看没人，地下又有声音传来：“请问阚乃庆在吗？”我再探身一看，是乃峰！我不到十岁的小弟！他怎么来了？原来是我的同学杨骏生病，唐巨宗让他到扬州照料，就在运河堤上招手拦了一辆到扬州的长途车，塞了十块钱，让他找到了我这儿。乃峰当时浑身是水，布棉鞋都已经湿透了。我赶紧汇了几个热水瓶里的水给他洗脸，洗脚、把他的外衣扒了，把他抱上床，围上被子。立即下楼，食堂的包子刚刚出笼，我买了四个，看着他一个不落地吃完。吃完了，暖和了，小子倒头便睡。我立即写了封信，告诉家里，乃峰已经找到我，

乃峰一家

请他们放心。跑到校门口，投到邮筒里才放心。接下来的几天，他成了大学宿舍里的活宝，和我的舍友玩得极欢，晚上都不到我的床上睡觉了。而且就这么几天下来，居然能用普通话说话，让我惊奇。

中学毕业，我托人让他进了一家宾馆做水工。他很快就厌倦了一成不变的生活，跟我说要学厨师。我想也是好事，就拜托了扬州大酒店的总经理洪政，让他拜师学徒。此后便是他天南海北的日子。乃峰对这个大千世界怀着强烈的好奇，他到处走动，一边工作，一边感受不同地域的文化，苏州、天津、安徽、扬州……最后跑到了日本。

到了日本，先在九州，再后来到了横滨，在当地一家有名的“中华料理”店里做厨师。业余时间他拍照，写博，曾经有一篇博客访问量达到惊人的百万。

乃峰最不放心的是在扬州的妻儿。妻子想跟他到日本，儿子阚晟是个品学兼优的优等生，坚决不肯到日本去，这件事最让乃峰头疼。晚上我们会在微信里说话，我总说慢慢来，事缓则圆，急不得。相信时间会解决一切。

我在微信里跟他说，希望他能写一写自己。很快地，他发来了自己的文字，兹录如下：

日本随见

我是一个喜欢到处走走看看的人，总觉得路前方转弯处有豁然一新的美景。结婚前在国内利用工作流动性强的机会走了不少地方，很喜欢那种说走就走的自由生活方式。结婚后，在扬州安定地生活了几年。自从有了孩子后，感觉生活压力越来越大，为了改善家庭生活条件，利用一次机会走出了国门。记得离开家门时，老婆抱着咿呀学语的儿子，向我挥手，我坐上乃高的车后不由得泪流。这一幕永远忘不了。

2007 年 7 月 1 日开始，按照合同，将在国外工作三年。能够有机会亲身感受外国人的生活方式，领略异域风情，令我有些许期盼和激动。当飞机从热闹繁忙的上海浦东降落在九州岛的福冈，没有看到想象中的发达国家的高楼林立，没有看到高速路上的车水马龙。眼前只是各种冷清，国际线出口处除了一辆日本会社来接我们的车之外，没有人流也没有车流。上了车一路南下，到熊本县，走在只是双向单车道的 57 号国道上。马路边就是黑川大峡谷，峡谷中水位不高，但水流很是湍急，还看到了跨越峡谷的拱式阿苏大桥（2016 年 4 月份因 7 级地震垮塌）。车越向前开越偏僻，映入眼帘的都是一些矮小的建筑和简陋设施，似乎我到的不是发达的日本，而是去了非洲。恍恍惚惚中，在一条如同乡村公路的半山腰上到了即将度过海外生活的单位——阿苏ファームランド（阿苏大地牧场）。

原以为我们中国人和日本人相处起来会比较难，但实际情况恰恰相反。日语中有 1945 个汉字，大多数的意思也比较相近，口语不通的话可以写汉字交流。饮食习惯方面，日本人吃饭也用筷子，主食也是米饭。加上日本人对待外国人有一种莫名的热心，大事小事总给我们提供帮助。印象比较深的几个人，有三好さん（三好先生）、二宫さん（二宫先生）、井上さん（井上先生）、大場さん（大场先生）、佐竹さん（佐竹先生）、

岩田さん（岩田先生）、田蒲さん（田蒲先生）等。他们总是问我生活中还需要什么、有哪些困难，带我去他们家吃饭，开车带我出去买东西，休息日带我去泡温泉及到各风景地游玩，包括每次回国都是他们接送。日本人朋友间聚会都实行AA制，包括男女朋友之间。对待我却说不要，哈哈。当然我不能丢了咱中国人的脸面，同时为了适应他们的习惯，也是AA。但他们出于帮助的心却是真实的。每次回国我也会给他们带点小礼物小特产，但不要贵重的。日本人认为接受贵重礼物会给别人造成负担。小礼物，哪怕一两片饼干，那说明你一直惦记着他们，他们就会很感激。就如同我们常说的礼轻情意重。

日本同事还带我到过阿苏活火山山顶。这座火山2014年11月27日再一次喷发。由于原单位离火山口只有30分钟的车程，已经暂时停业。那时我已经离开熊本县，定居在神奈川县横滨市，担心以前的日本同事们的生活安全，和他们通电话时，他们说“大丈夫”（没有问题）。

从单位到最近的便利店抄近道，山坳之间，步行约需 30 分钟。春夏季节两侧的山坡上有很多牛。

阿苏ファームランド就处于这样的群山环绕中，天然氧吧，空气清新，是度假旅游的好去处。

在阿苏ファームランド这里生活了三年，感受着淳朴且热情的民风，似乎回到了我们儿时的农村一般。

2010 年 11 月份，我离开熊本县，坐着曾经代表日本高科技的新干线一路向北，经过福冈、北九州、大阪、名古屋，来到神奈川横滨市的中华街。

在横滨中华街，满眼的中国风格建筑，耳边听到的都是中国话，给我的感觉就如同置身于国内。中华街不是指一条街，里面最重要也最热闹的一条道是大通り（大街），与之平行的路，还有关帝庙通り、太平道、广东道。相交叉的几条路是上海路、市场通り、香港路、中山路、长安道、福建路等。几纵几横的路构成了一个大体呈方形的街区，就是中华街了。这里面有两处烧香求平安的地方，一个是关帝庙，另外一个是妈祖庙。拜关帝，是崇拜他对待兄弟的忠心义胆，华人身在异乡应该团结奋斗；拜妈祖，应该是福建、广州一带的风俗习惯，保佑在海外平安，祈福生意兴隆，丰衣足食。中华街里大约有 150 家大小饭店和几十家卖中国特色物产的商铺，茶叶、服饰、古董、食品、香料、干货等，琳琅满目，应有尽有。

说到饭店，就得谈谈在日本的“中华料理”。没有国内所说的川鲁粤扬四大菜系，在日本知名的是北京料理、上海料理、广东料理、四川料理。究其原因，说不清楚，也许是这些地方的人先漂洋过海来到日本的吧。加上早期很多台湾人在日本开饭店做台湾料理，后来很多福建人通过留学或者偷渡等各种方式来到日本，福建料理也比较受欢迎。最近几年东北人也越来越多地来到日本，街头也开了不少家东北菜馆。这样就形成了中国菜系在日本的大致格局。在日本的中国菜为了迎合当地人的口味大多有些许改变，不再保持原汁原味，和国内所说的江湖菜的形式有点像。这也和我的想法比较一致，什么叫正宗，什么叫拿手的特色菜，“适口者珍”，好吃才是硬道理，好吃客人才会再来，好吃才有商机。正宗，没有人吃那有啥用，拿手的特色菜，你烧得好还有人会烧得比你更好。你说拿手那只是你不知人上有人、天外有天而已。刚来日本就听说中国菜肴的几大名菜，青椒肉丝、干烧虾仁、麻婆豆腐、八宝菜等。这几道菜在国内几乎已经摆不上台面，但在日本人人都知道，几乎所有中华料理店都在做，这也是日本和国内的区别。国内饭店讲究的是菜肴翻新，半个月一个月不换新菜，客人会流失。而日本讲究的是菜肴的传统和继承，有的客人就冲着一两个菜肴，会连续好几年到同一家饭店来吃。一旦更新，客人吃到的味道不一样，或者某一次点不到，这样的老客人就会不再光顾。比如我现在店里的一个客人，每个月来都只吃一份水饺、一份炒黄豆芽、一份卤鸡爪，常年不换，据我所知他已经来吃了五年多了。有这样的老客人才是一个店的立身之本。

日本的地震，说三天一小震、十天一大震一点不为过。在这里早就习以为常，无人惊慌。地震时，所有人照常做着自己手头的工作，就像什么也没发生一样。这和日本平时接受的地震防灾教育有关系，也和日本的房屋质量有关系。日本已经能做到地震提前预报，这个预报虽然只是提前个大约十秒钟，但这关键的十秒钟也能够让人有所准备的。日本的地震监测和反应速度也是惊人得快。一个地方地震，不超过一分钟，电视屏幕上、手机软件上就能立马出现信息，显示地点、级别、有无海啸的可能。如果是级别比较大的地震发生，一分钟之内所有的手机都会发出警报声，锁屏状态也会。电视台会立马中断正常节目，主持人戴着安全帽，播报有关地震的信息。看着主持人背景都在晃动，所有人还坚持在工作岗位，确实挺感人的。

聊一下经历过的特大地震。2011 年 3 月 11 日下午近三点时，我正和大哥在网上聊天，突然人就处于失重状态，毫无征兆地就被整个地掀到一边。眼里所能见到的东西都在强烈晃动，听到整个楼房发出刺耳的咔嚓咔嚓的声音。我歪歪扭扭地走进卫生间（日本的卫生间是独立小空间，结构比较牢固，这是最安全的地方），想等房屋不晃时再继续和大哥说话。等了有一分钟，地震一直持续未停，和以往经历的只是震一两下完全不同，只好一手扶楼梯一手扶墙，踏着太空步从三楼艰难地走到马路边，抓住一棵树才算稳定下来。所有的楼房都在剧烈地摇摆，恐怖

的是有一家叫锦临门的饭店，直接晃动得和两边的楼发生碰撞。过了几分钟，看到那饭店里的人员跑出来，他们脸都吓白了。他们说厨房里六开门的大冰箱都发生了位移。那一天晚上，几乎家家饭店门口垃圾堆里都有很多摔破的盘碗。地震导致所有的电车停运，路边的公用电话旁排起长队，各个便利店的面包饼干、矿泉水、电池被抢购一空。后来听说那天很多人走路好几个小时才回到家。等地震稍停，我回到宿舍，发现连笔记本电脑都从桌子上摔到了床上，其他的物件更不用说了。由于强烈余震不断，当晚很多人背着干粮和水到政府提供的避难点住宿。体育馆、学校都向公众开放，这些地方有专门的仓库储存着防灾物品。后来看到报道，这是一场 9 级的强震，而且是浅层的 10km 垂直型地震。即使这样，都没有伤亡几个人，可见日本房屋的抗震性能的强大。日本的《建筑法》，每经历一次大地震就改进一次，对房屋抗震性的要求越来越高。关东大地震后的《建筑法》已经够严谨了，这次 311 地震后，又改进了一次。

…… ……

已经在日本十年有余，最大的遗憾是没有陪父母、陪兄弟、陪老婆，没有陪儿子成长。这种遗憾是一辈子无法弥补的。对于我来说，这是失去的十年。不多说，一切只有放在心里，多感恩吧！

在此总结一下日本的优缺点。

优点：环境超干净，没有扫马路这个职业。没有人乱丢垃圾，日本人出门游玩产生的垃圾都会带回家分类处理。马路边也没有垃圾桶，只有便利店门口会有分类很详细的垃圾收集箱。日本水质很好，河湖清澈见底，鱼儿自由自在地游，没人抓没人钓，日本人不吃淡水鱼和近海的海鲜。自来水可以直接喝，饮食店里也是自来水加点冰块直接给客人喝。天空很蓝，没有雾霾。日本曾经也污染很严重，北九州、东京湾晴天难见太阳，海湾的鱼都死绝。但是花了大力气治理后，又重新拥有了蓝天

白云。日本路不拾遗，夜不闭户。如果丢了东西，回去找就行，如果没有的话，绝大多数在警察局也能找得回来。电车上丢了东西，可以在电车站找得回来。日本人比较讲究秩序，什么事都会排队。据说插队是违法的，虽然我没有见到警察逮捕插队的人，但是被人白眼想想都不好受吧，哈哈。日本人很讲礼貌，你不用管是不是表面行为，起码会当面感觉舒服。他们很讲究论资排辈这一套，同事之间，不管岁数大小，只要他进单位比你早，那你就得尊重他。对待领导那更要鞠躬哈腰了，哈哈。

缺点：朋友之间互相帮助没有咱国人那么真诚。日本人聚会都是AA制，菜肴也没有国人那么丰盛和美味，没劲。日本房子虽然抗震，但是隔音效果比较差，也没国内大。日本道路很窄，建筑比较小气，没有咱中国那么宏观大气。日本男人会随地小便，特别是晚上。

总之，这么多年在日本也适应了。日本是发达国家，咱中国还是发展中国家，但国内这些年已经进步了很多，全世界都有目共睹。我相信以后会越来越好，我们的日子也会越过越美。

我的子侄

父亲节那天，儿子发来短信：“老爸，父亲节快乐！”我心花怒放，放下了对他的气。我回了句：“说实话，我最在意的人还是你。”儿子回了：“我也是，从小到大都是。”

儿子，你是我的锚碇，不管航行到哪儿，都是我快乐的羁绊。你有国际视野，受过很好的教育，有充沛的精力，在中国最大的城市，在最具成长性的央企，你没有不成功的理由。我相信，只要你不断学习，不断进步，你的内心有了定力，就会一往无前。不论何时，要相信时间的力量。

儿子出生、上学我都给他写了一篇文章，兹录如下，权作纪念。

小儿无赖

儿子是我和她苦苦等了一宿的礼物。那一夜是那么漫长，那么孤独，那么手足无措。晚上，她在产房叫唤着，我不止一次地冒着被斥骂的风险，在护士瞌睡的眼皮底下不顾一切地冲进去，潦草地给她擦擦汗，匆匆地安慰几句，又急急地退出来，在产房外面走来走去。产房外的墙面是白色的，从此我一见白的东西就觉得胀眼。

天亮了，医生史敏抱出儿子，软软的，红红的，丑得简直不敢相认。我的儿子就是这么个小怪物！

小怪物就这么一天天地长大了，而且一天天地成了全家生活的中心。会哭了，会笑了，会走了，长牙了，会叫爸爸了，每一点点成人世界不屑一顾的小小进步都是那么漫长，又好像那么短暂。我还是第一次如此切切实实地感受一个小生命的成长，这使我惊奇不已。而这个生命又与我有着如此密切的关联，是我生命的延伸，或者是我人生的再次来起。回想我的人生，应该算是鲜明的，少有浑浑噩噩的时候。有值得记取的辉煌，也有应该汲取的教训，这些都不应该原汤原汁地交到儿子手上！——望着儿子紧握小拳酣睡的踏实劲儿，我感到了责任重大。我原本天马行空的生活好像一下子凭空多了一层意义，就像一羽飘飘忽忽的风筝一下子生出一根线头，拴牢在地。

今天，儿子问我，什么时候过生日，说实在的，我差不多都忘了。1993 年 4 月 13 日，农历闰二月二十二日。我不记得父母亲的生日，而父母亲却记得我的。儿子的我自是记得，我的生日他长大后谅也记不得。现在儿子还小，大道理说不得，小道理可让他自己去悟。权先浮皮潦草地记下一点趣事，供他长大后自己玩味吧。

儿子一生下来就不停地生病、住院，大小便把屁股都浸烂了，只得捧在手上。做爸爸的心里成天难受。听得同事吴红的话，喂了西瓜汁，竟奇迹般的好了。儿子呼呼地长肉，急忙上街买秤，秤行看我胡子拉碴的，问做什么用的，是不是称西瓜，我连连说是的是的。儿子可爱得要命，圆滚滚的，不就是个西瓜？回来每周称一次，褪去衣裤、尿布物什，一次都能长个六七两，用长势喜人形容毫不为过也。

儿子大概一岁时，夏天，老家的堂屋，电扇在房梁上旋着。爷爷让光着屁股的小家伙拿扇子，他竟站起身子，晃晃悠悠地拿来了扇子。我倍觉惊奇，尺把长的小人，他怎么听懂的？后来学说话的时候，儿子每每歪着头跟人学舌，我就故意越说越快，小子跟不上，就磕巴了："我，我，我都学不会了！"这每成我一乐也。

儿子好听故事。故事快活他快活，故事伤心他伤心，害怕时就捂耳朵，钻被窝。一次讲到经典的大灰狼，羊妈妈不在家，大灰狼装成外婆，就快要吃可怜的小羊了，儿子大哭："不讲了，不讲了！"儿子，你可知道爸爸在一旁为之动容：童心多天真！如此美善的心怎能不脆弱，怎能不会在以后受伤？自此，我相信了人之初性本善，其来有自。

孩子都好吃，儿子尤甚。做西红柿汤，切着切着，儿子就在一旁嘀嘀咕咕："我都馋了，我都馋了。"见还没人睬，就刀下伸手，常惊得人出汗。儿子最馋的是葡萄，简直吃不厌，红的吃青的吃，熟的吃涩的吃，从开市吃到落市。没得吃了，见到识字卡片上的葡萄就嚷嚷着要，就哭一场。后来干脆把这张勾馋的卡片收了，才能挨过没有葡萄的季节。

儿子最喜欢上街看挖土机，由奶奶背着，到处找工地。好在小子有眼福，那几年邓小平视察南方谈话后，经济热启动。买菜下班的邻居常常带来消息，哪个地方又开工了，奶奶就找老家带来的大红背带，小家伙就雀跃，祖孙俩出门一看就是半天。一次小子看得兴起，竟学旁边一个跛子走路。有热心人看了大惊："怎么小小年纪就瘸了腿？"小子瘸得更凶了。奶奶急了："走路都没有个正形！"

妻子不随和，母亲生性也倔，我自当腹背受气。单位又忙，回家孩子熟睡，清晨孩子未起。离家回家，都要到儿子床前转转，嗅嗅儿子的呼吸，闻闻他脸上的奶腥气。母亲终于带着孙子回了老家。下班回家，灯火寥落，我常常枯坐在儿子的空床上，万籁俱寂，夜凉如水，不觉悲从中来，泪湿沾襟。

幼儿园是儿子最初的伤心地。那个哭啊！谁见了都不忍。是啊是啊，在家里呼风唤雨惯了的，出门多不易啊！冷了要哭，饿了要哭，内急了要哭，看人哭了要哭，玩具不能一人玩了要哭，被人欺了当然要哭，哭了还没人理睬，就更有理由再哭一场。哭得多了，哭也不好玩了，就安安心心地过起了幼儿园的生活，一来二去的，好玩好玩，竟然比家里还好玩得多！

后来就自在了。老师弹琴，弹完了问托班的孩子："刚才老师弹得好不好听啊？"孩子们默然。小子见无人作答，急了，振臂一呼："你们快说，好不好听啊？"

也有得意的时候。上中班的一天，班上的小女孩荡秋千，被大班的孩子推下来，哭了。小子路见不平，上前就拖住大孩子，几个大孩子围拢过来，小子溜到教室，找来“狐朋狗友”帮个忙，一人一脚，把一帮大孩子踢得落荒而逃。

一次带小子上街，迎面一个一般大的孩子劈头叫“老阚”。我一愣，原来是叫儿子的。他告诉我，在幼儿园的班上，他是老大，同学们都叫他老阚。我乐得不行。他见我快活，又告诉我一件趣事，那天他上学拿了我的墨镜，故意迟到，进班时架上大墨镜，昂首背手，自报家门：“大老板来了！”全班哗然。

放假前的一天，放学回家，儿子在费劲地糊一顶平头的大帽子。我帮他涂上墨汁。他说是做博士帽，明天幼儿园要拍毕业照。拿回了毕业照，儿子的“幼大”正式结束。快上小学了，之前我问在地板上横七竖八的儿子：“你能上学吧？课堂上坐得住吧？”小子正玩得高兴：“能呢能呢！怎么不能呢？”要知道，我这宝贝，曾经在幼儿园乘老师不备，从教室后排搂过一个狗友爬出教室玩过的！开学第一天，不惯起早的我特地陪到楼下，见到孩子揉着睡眼，背着与年龄不相称的大大的书包，爬到接送的小三轮车上，我心里有点酸楚：孩子，今天起你就算上路了！懵懵懂懂的你可知道前面横着多少沟沟坎坎！

儿子回家，楼下的小狗会叫。我很奇怪，后来才知道原来是狗见他小，就想找个可以吓唬的，见了他就汪汪。儿子也不示弱，见狗叫，他也蹲下来汪汪，小狗一看占不到什么便宜，就乖乖地夹尾巴走路。这下小子得意了，一到楼下就挑衅，汪汪，汪汪，汪汪汪，汪汪汪汪，一条声。

学校放假，带儿子去黄山。我脖子上吊着个相机，儿子手上悬着个“小傻瓜”。见到好看的山水松瀑，小家伙旋转帽檐，瞄准就咔嚓。咔嚓咔嚓，后来洗出来，居然还有不错的。最让我惊奇的是他的体力，那么高的山，那么陡的崖，他居然靠一双小脚量了下来。从山脚到白鹅岭，又一路到天都峰，回头还有劲，又一路走下山。裹着一件雨衣，扶柄小手杖，迈动小腿，就这么上去了，就这么下来了。云雾忽散忽收，飞瀑映带左右，儿子在前面时隐时现，腰酸背痛的我开始对他刮目相看：小子好样的！日后就要永远走在老爸前头！

又开学了。我跟儿子说，咱们前几年光玩，从今年起可就要认真了。儿子似懂非懂地点点头，可看他玩起来的疯样儿，看他丢三落四的傻劲儿，看他睡觉时死缠活拖要人陪的赖形儿，我这宝贝儿子离长大还远着呢！

给儿子的话

今天，你的录取成了定局。这也是你人生的重要一步，达到了既定目标，完成了一个人生的必选动作，该好好庆贺。

今年你 18 岁。18 年，我目睹了一个生命的奇迹。你从一团混沌的血肉成长成一个男子汉。作为父亲，我发自内心地感到高兴。看到你健壮的体魄、敏锐的头脑、做事的激情、不达目的誓不甘休的劲头，我由衷地感到欣慰，也感到骄傲，这才是我的儿子！有这样素质的人，绝不会甘于平庸，不会拒绝责任，一定会取得事业的成功和人生的辉煌。

儿子，现在在你面前，铺开了一条路。这条路上，有光明有黑暗，有平坦也有坎坷。所以在这个节点上，作为过来人，作为父亲，我想跟你好好谈几句话，也作为你 18 岁的迟到的礼物。

我要说的第一点是感恩。

你出生的时候，是我人生压力最大，也是遭受最大痛苦的时候。那时候我刚到新单位，因为是作为招聘第一名进去的，所以上面期待很高，而同行相嫉，我的心气是不允许自己甘居末流的，所以我在工作上拼了命。结果开始大把掉发。另一个积极的结果你是看到的，我成了无可置疑的骨干，开创了很多第一，从基层做起直至总监。那几年难熬啊，我早出晚归，每天回来就着微光，看看你熟睡的小脸，贴近了嗅嗅你的奶腥气，心里充满了温暖和热情，发誓要打出一个天下来，让你过上好的生活。

结果我做到了。但我听说你梦游，听说你受人欺负不敢打架。我在北京度日如年，整夜失眠。我相信我们父子的心是相通的，你不接受北京，不接受我们不在一起的生活，那就该我做出决断。我放弃了一个男人梦寐以求的一切，毅然决然地回到了你的身边。

我说这些不是为了别的，是想告诉你，为了你，爸爸可以争取一切，也可以放弃一切。尽管这几年我们沟通出现问题，但是那也是不忍心看你的不好前途，才为你着急上火，相信你会理解爸爸的苦心。

你老妈也一样。她对你是尽了心力的。所以你要感恩。你说让我开宝马，让她住别墅，那是好的心愿，其实我们希望的只是你的孝敬态度。要学会尊重长辈，不可粗暴，不可蛮横，这是克己的功课，也是人生的修为。很难想象，一个对父母不孝的人会被生活认同，会成就大业。

你即将开始的学业，每年好几万的学费，加上生活费，还有要准备的出国费用，对于工薪家庭来说，是一笔不小的负担。尽管你不必担心经济问题，但你要明白这其中的艰难不易。我还知道，你所在的大学有很多富豪家庭的子弟，我们不可攀比，不可炫富，也决不能浪费。请你切记，这也是你应尽的责任。

我要说的第二点是自律。

你的个性很强，有激情，有主见，这跟我年轻的时候非常像。但是儿子，我要告诉你，男人在这个世间，要做的事情很多，不可不自强，不可不自信，不可不自立，更不可不自律。生活无小事，在小事上失分的人，注定要吃大亏。我长期不在你身边，你的很多心理和生活习惯没有在我的身边养成，这是我常自责的地方。比如，你的情绪不稳定，常常内心愤怒，冲动易发火。比如生活习惯，少有条理，等等。但是我相信，你可以通过自律改正，达成新的平衡。曾有句话："养天地正气，法古今完人。”当然，人无完人，但是可以通过不断反省，不断调整，不断自律，在追求完美的过程中，变得更好、更美、更和谐。这于人于己都是好事。

我要说的第三点是静心。

你成长在20世纪末21世纪初。这十几年，是中国历史上发生巨变的时代，也是世界历史上少有的多元杂糅的时代。越是在这个时代能够静心的人，越能获得别人得不到的能量。我让你看的《功夫熊猫2》，里面有一个经典设计，静心修炼能让一滴水珠变成掌中雷，能让一个笨拙夯愣的熊猫变成拯救同类的神龙大侠，这里说的就是静的力量。

你是聪明的，是有学习能力的。中考15天的努力，令你考上了重点高中；高考40天的努力，令你考上了自己希望上的大学。我在为你高兴的同时，也为你担心。摆在你面前的道路曲折漫长，切切不可再心存侥幸。希望你能静下来，沉下去，认真学习，做好平时功课。英国大学是世界近代大学制度的滥觞，也是样板。他们不重最终考试，而重平时学习；不重结果，但看过程。其实这才是学习的本质。你要规划好人生，设计好目标，然后一步步努力前行，相信一定会有个好的结果。

我要说的第四点是读写。

人不可没有情趣。你喜欢网游，喜欢运动，这都不错。但是儿子，世界上还有很多乐趣和妙处，要接地气，要学会在大地上行走，在书海里畅游，感受文明，表达自我，让自己的生活丰盈起来，美妙起来。特别要养成读书和写作的习惯，与人类最杰出的智慧对话。这样的话，你会不断进步，在内心的和谐中感受生活的乐趣和人生的美好。

写到这里，已是凌晨，天光大亮，太阳照常升起，但是每天的太阳都是不同的。我心中充满了温暖和激动，我知道，正如你似我但不是我一样，爸爸希望阳光照亮你的前程。请你记住，任何时候，你都走在爸爸的视线里，爸爸都是你的坚定靠山，为你骄傲，为你喝彩。因为你是我人生的延续，是我生命的一部分。

阚闻从英国学成归国，在上海工作。临行前，我本想写几句话给他，但是越想越多，总共拟了12句，用小楷书写了两张纸，送给了他——

阚闻学成，立业在即，特立此训，以资镜鉴：

1. 择高处立，就平地坐，向宽里行。

2. 顺着天赋做事，逆着个性做人。人生须从事上磨，做事即为人，即修炼。

3. 做一个堂堂正正的人、一个踏踏实实的人、一个坦坦荡荡的人、一个磊磊落落的人，短时吃亏，长期受益。

4. 养家活口、传宗接代是底线；专业精进、出人头地是境界；自我成就、有益社会是目标。

5. 与肝胆相照者合作共事，从社会肯綮处反思人生，从习以为常中格物致知，看一个人，不要听其言，而要观其行，对待世事，须从大处着眼，小处着手。

6. 一分耕耘，一分收获。种田如此，习艺如此，做学问如此，做其他事也莫不如此。

7. 不要陷溺情感漩涡，不可纠缠人事纠葛。自我拯救，事业第一。

8. 读书可以增广视野，增强才干，增加能量，增长气力。读书是学习，是娱乐，也是生活。

9. 学好语言，至少精通一门外语，学会温和而有力的表达。

10. 成家与立业均是人生大事，不可偏废，不能马虎，不可将就，不得急躁，找到自我，即可找到另一半。

11. 不可放纵身体，不可放任情绪，不可放逐出行，不可有损害身心的习惯，不可有浪费生命的行为，不可存投机取巧的心思。

12. 智慧、勇敢、通达是人生的三大法宝，敢试敢闯，从容生活，圆融豁达，凡是须向内心求，相信自己内心的力量。

乃峰出国之前，还带着刚刚会走路的小阚晟回到了老家的房子，大门、砖道、码头上的小桥、进宅的万年青、我用红土写在山墙上的“安全用电”几个大字，都还在。小家伙还想推门进去，没推动，就在门槛上坐下了。三十多年前，我从镇中学放学回来，也在这个门槛坐过，边看书边等大人回家。十多年前，阚闻也在这个门槛坐着，滴滴答答地啃着西红柿，见人便笑，开裆裤下晃荡着小铃铛。小阚晟在门槛上靠着门，我在一旁默默地想：孩子们，老家的大门其实已经关闭了，走出老家之后，我们是再也回不来了。

闻、昊、晟，三个小兄弟，一个读研回国，已经在中国商飞集团工作；一个大学毕业，马上进上海铁路局工作；一个负笈东瀛，在日本横滨的港中学校求学。你们被我们带到了城市，在钢筋水泥的森林中长大。你们喜欢游戏，网上的虚拟世界是你们的家园。不论你们是否从内心认同高湾的老家，但我希望你们知道，这是你们的故乡，是你们祖先生息的地方。

从前往后：阚晟、阚昊、阚闻

故乡是点，人生如线。没有永恒，只有存在。明暗之间的高湾沉默如谜，她会告诉你自己曾经从哪里来，但永远不会告诉你应该到哪里去。我们在空间上寻找过去，更要在时间上寻找未来。唯其如此，我们才能不辜负在那块土地下长眠的先人。

阚家子民

每年春节，乃源大哥都到扬州。我的父母、乃源大哥、我、乃高、乃峰，加上文玲、小琴、文龙姐弟，八个家庭，浩浩荡荡，坐满两桌人。这是老辈人最高兴的时候。

微信如星群，刹生倏灭。但是我有一个置顶的微信群，是我的兄弟姐妹和子侄们。大家在里面交换信息，交流情感，相互酬答，其乐融融。我给这个群起了一个名字“从高湾到扬州”。这是我们家族的生命之光。

阚乃源

2017年暑假，我回扬州度夏。我的堂兄阚乃源特地从高湾赶过来。高温暑热，但室内凉爽宜人。他盘腿而坐，隔着双层玻璃窗，蝉鸣声不很真切，但丝丝缕缕仍然可辨。

他说我听，偶尔提问，说高湾的人事，说对时事的看法，说多年来的心结，说子女的教育，说做人的道理。尽管只念了几年书，但我这位长兄显然不同于一般农民，也不是浑浑噩噩之徒。他有自己的价值观、人生观、生活观，有自己的行为逻辑和言语方式。尤为难得的是，他的言语穿越时空，是一次穿越之旅。世事沧桑，生活艰难，他带我进入家族幽暗的隧道，感受血脉的传递，解读神秘的密码。每个人都是在人生的隅隙中艰难求生，一步步挣扎，一步步挪移，最终走上了衢路。

阚乃源生于1952年，小学在海河大队的朱庄小学上学。上四年级时，“文革”开始，他转到汜水镇上学。每天带着一个饭盒，中午蒸熟饭后就着咸菜下饭，吃饱了喊口号，闹革命，斗老师，没有上正经学，两年后小学毕业。

乃源念念不忘的是，当年的成绩那么好，但是不能再升学。因为上中学要贫下中农推荐，而那时，他的父亲正在被揪斗，机会怎么会落到他头上？乃源就想学一门手艺维生，但是生产队正缺男劳力，不许出去学。那时候出门要饭都要打证明盖公章的。队长不同意，根本出不了门。大姐二姐出门嫁人，一个在南边的新民大队，一个更远，南边的子婴河公社，都是家境一般的农民家。父母亲的身体都不是很好，做不了重活，家庭的重担就落到了长子乃源身上。乃源下面还有乃林和乃兰一弟一妹，家里很苦。1977 年大队办柳厂，乃源被调过去，割柳刮柳，编成柳筐。后来大队看他头脑灵活，让他跑供销，把成批的柳筐运到县城，供给工厂，贴上标签，作为电器产品的盛器。

河岸上的柳剪了再长，长了再剪。成捆成扎挑到柳厂，又编成了成摞成山的柳筐，用车拉到城里。当地的农人第一次从庄稼地外挣到了钱。

改革开放了，但是上面还是形势不明，田还是不敢分。但是生产队好歹有了积蓄。到了 1979 年，我父亲数数生产队的存款，从外地买回全大队第一台拖拉机，让乃源回队里开拖拉机。农忙时耕田，脱粒，拖麦把、稻把，农闲时运粮、运货。早上天不亮出门，晚上天黑归家，两头见星。突突突的声音始终在响，大家都知道，是乃源在忙。

报纸每天由邮递员骑着绿色的自行车，叮叮当当送到生产队，第一个读的总是乃源。每天早上上工，父亲敲钟喊人上工，乃源就站在场头的土墩上用铁皮喇叭给刚从梦乡中醒过来的农人讲时事。他讲的是从报纸上读来的内容，经过他的理解，以大家能懂的语言说给这些大字不识的农民听，让大家的思想与“上面”的精神保持一致。

在我小时候的印象中，乃源闲下来就看书，跟生产队的知青玩得最好。他从知青那里借书看，学乐器，学武术，听他们讲城市里的各种人事，各种历史和传说故事。不知道他从哪里弄来的绣像小说，都是竖版，要立起来看，很费劲。他会跟我们讲《三国演义》《水浒传》《封神演义》《隋唐演义》《三侠五义》，向往那种大块吃肉、大碗喝酒、大秤分金银的绿林生活。

一个人所读的书就是一个人的人生，在乃源身上是大致不虚的。乃源豪爽大度，身上有一种天生的正气、胆气，也有豪气、侠气。他也确实是好汉，他练过武术，房梁上扣一副吊环，双腕一翻，就能撑直身体，他能毫不费力

乃源大哥一家

地把一对石锁扔出花来。遇到不平不公的事情，总是他站出来打抱不平。一次遇到恶人，他笑眯眯地上前跟人握手，使劲一攥，对方立即蹲下来求饶。开着拖拉机风里来雨里去，来回奔驰在运河大堤和乡村小路上，乃源每天回来都是一身汗，都要洗一把澡，大冬天也不例外。在寒风刺骨中脱了外衣，用肥皂打出一头泡沫，再用压出来的井水哗地冲净，浑身热气后套着硬邦邦的塑料凉鞋回去，成为高湾的一景。

窗外，骄阳似火。一棵朴树枝干婆娑，高高挺立，孤独地刺向蓝而高的天空。我们的回忆断断续续。对于我们，也是从未有过的体验。有很多事情已经榫对不上卯，一再说要是早些年，大爷在世，老人会记得更多的事情。

乃源每次见到我，都说家里的三个孩子都到了扬州，特别是儿子退伍后在政府工作，现在没什么烦神的事情了。他平时就在扬州和高湾两个地方来回跑，来回转。孩子上学忙，儿子要他看孙子。看到小孙子成天玩游戏，他气不打一处来，有时候急了会动手。孩子怕他，叫他“坏爷爷”。“坏爷爷”在城里闲不住，住不了几天就要回去，在自家的田里路上走一走，还是更舒服，更踏实，况且还有老朋友可以打牌。

懂事的儿子小龙看他闷，周末就抽出空来，带他到扬州的园林里散心。一次在公园，一个小孩贪玩落水，不会水的家长在边上大呼小叫，边上围了一圈人。乃源二话不说，立即拨开人群，纵身下水。孩子救了，他湿漉漉地上岸，发现手机进水了。孩子父母千恩万谢，说一定送他一部手机，并要下

高湾西头

高湾东头

了联系方式。结果再也没有了消息，让乃源纳闷了很久。

乃源跟我说，现在每天还坚持压腿。“骨头老，人就老了。”说着说着，他离开沙发，直着双腿，弯腰把双掌贴到地面上，身体曲成紧凑的倒 U 形。在我面前，66 岁的乃源还是年轻时的模样。

年轻人都出门打工了，高湾只剩下不多的几位老人家，身子有个病痛，家里有了矛盾，平时遇到大事小情，都找阚乃源。身为村民组长，他热心仗义，公道公正，大家都服他。当年朱德荣在外打工，家人就常得到他的照顾，戴桂珍就当我的面称他是“高湾的大家长”。

2017 年国庆节，我和陈俨将军和晓刚去高湾拍摄采访。正是雨天，乃源大哥备好雨靴，让头天晚上到家的小龙送到大路边。他一早杀了那只雄壮无匹的大公鸡，召集了几个人在忙午餐。乃源挨家挨户地上门，带我们进内拍摄。我熟悉的稻田、瓦房、猪圈、草堆、杂树、渠道、满地游窜的狗猫、爬墙上屋的野藤、倾颓已久的土墙、随地散落的锈了的铁农具，这些物什对于陈将军和晓刚来说，都是新鲜而有意味的，被一一摄入他们的镜头。到了高湾的最东头，走过戚启明家已经衰颓的门前，他走向最东边与翻身组的交接处，那里有一棵树，孤独地站在一片青梗金穗间，乃源打着伞在田埂上稳稳地走着。在我的眼里，他就是一棵树，稳稳地长在高湾的地里，经风历雨，自由自在，粗粝而踏实地生息。

阚乃林

乃林比乃源小四岁。从人的一生来看，四年算不得什么，但是要是搁在一个家里，四岁的岁序可是一道越不过去的年坎。乃林总在乃源的身影之下：小时候，跟着哥哥；大了，依着长兄；家里有个长短，也是乃源摆平。乃林跟乃源相比，总是矮一截，低半声。

乃林的儿时正是大干快上、高歌猛进的时代。晚上大人们在挑灯夜战，乃林半夜饿醒了，家里没吃的，碗筷都收到了队里，五岁的乃林出于本能，

阚乃林、杨玉凤夫妇

迷迷瞪瞪地从案头拿了一只小香炉，摇摇晃晃地往亮灯的食堂走。结果摔倒在食堂门口，在香炉上磕破了头，血糊了一脸，留下了终身未消的疤痕。

妹妹乃兰出生，他帮大人带孩子，做家务。等到乃兰能走路，他才开始上学，年龄自然要比同学大，个子也高。小时候我上学就是跟着他，他帮我扛板凳。跟在他后面，觉得踏实而温暖。乃林走路很特别，膝盖收回后，小腿往前甩，走得极快，被戏称为“二摺子”。晚上邻村放电影，他穿着白背心，肩扛大板凳，风一样地走。我们要连追带跑，才能勉强跟上永远在前面的“白背心”。

乃林勤劳能干，憨厚纯朴，难得的好脾气。我只见过他发过一次火。一次队里量猪圈的粪，尺子打低了，一帮人不听。他父亲急了，跟在后面说，不讲理，是国民党反动派啊？乃林在一旁急得掉泪，骂了父亲：“你不想过，我们还要过呢！”他受家庭和父亲经历的牵连，上不成学，当不成兵，着实不想听这些话。乃林难得的一次发作，让少时的我怵然心惊。

成家后，乃林成了杨家的壮劳力。后来生了个女儿，宝贝得不行。女儿成家，生了孩子，又遭婚变，乃林的眉头锁得更紧了。我心疼乃林，一次把他的宝贝女儿训了一通，她从此再也没有跟我联系。

乃林什么活都干。现在在一家果园做事，每天早出晚归，施肥剪枝摘果，全年无休，可以落个万把块钱。老人都过世了，不要让女儿养活，不给孩子增加负担，就是他最大的心愿。

阚乃兰

去年的一天晚上，我突然接到电话，乃兰在电话里嗓门很大："恭喜你，你做舅爹爹了！"我还没回过神来，她就噼里啪啦地告诉我，她的儿子杨杰生了个女儿，要我起名：要有女方的姓，关键是，要响亮！姓名三个字，两个字都定好了，实际上就只有一个字好斟酌了。我正绞尽脑汁，电话又来了："想好了没？"我说，想了个"铭"字，她连说好，把电话撂了，马上发来几张照片。我微信转过去红包，她发了一个笑嘻嘻的表情，接了。

高湾西头的五户人家，家家有亲，男孩女孩十九个，年龄按序排列，在一起长大。乃兰长我两岁，是我的同学。从一年级到初中毕业，我们都是同学，都在一个班。我们扛着板凳一路来一路去。她夏天赤脚，其他时候总是穿大两码的解放鞋，鞋子后跟用针线缝牢，挤脚了，就拆开针线放一点。直到鞋帮破了，鞋底穿了，才舍得扔掉。每天上学路上，我拿出每天一只的鸡蛋，分给她蛋黄或者蛋白，一路小心地吃。

乃兰上学认真，人也聪明。到了八岁，大哥家的第一个孩子文玲出生，她就忙着带孩子。每天早早地起床，到田埂上斩草，一头露水挑回来，才吃早饭背书包上学，晚上放学回来要剐草喂猪。夏天带着长长的竹竿去树上打知了壳，冬天挎上筐到路上拾鸡粪。算是顶半个劳力。一天忙下来，晚上回家做作业犯困，成绩渐渐跟不上趟了。

乃兰嫁了同庄的杨登荣，杨是家里人看着长大的，心里踏实。结婚那天，乃兰脸上无喜无忧，但我看见灯影暗处的乃源大哥，脸色有点疲惫乃至伤神。婚后，他们很快生了儿子杨杰，这是个漂亮调皮的小男孩。农忙时没人管，孩子光着身子到处疯，谁家吃饭他就爬上桌，混饱肚子。大了也是仗着个好身体和好脑筋，满世界刨食。

我上大学，乃兰买了毛线，要帮我织线衣。在我跟前，她说平针、上下针、元宝针、螺纹针、阿尔巴尼亚针，跟我比画了半天，我都没弄懂。寒假回来，

阚乃兰一家

毛衣上身，时髦而温暖，让我感动。

乃兰很能干，还做过高湾的小队长。做了没几年，她就到了高邮消防大队，负责官兵的食堂。做饭，种菜，还开了一个小卖部。“铁打的营盘流水的兵”，官兵一茬茬地换，乃兰成为“铁打的营盘”的一部分，是官兵们喜欢的“兵妈妈”。这几年，乃兰常在微信里唱歌，歌有点过时。很多都是军营歌曲，起调有点高，但是情真意切，能一贯到底，得到不少喝彩。儿子走了段不长不短的弯路，找了个好人家，在苏州置业，一点点上路了。

她很满足。

阚乃兄

我有六个堂姐，大爷家的乃英、乃珍嫁在离家不远的南边，乃兰嫁在本庄的杨家。二爷家的乃珠招了邻村海东华家的小伙做女婿，乃凤嫁到了邻乡芦村，乃娣嫁到了南边邻村的吴家。

乃兄最小，是我唯一的堂妹。她也走得最远，到了苏州的张家港。2015

年我到张家港电视台检查新闻，晚上有空，乃兄很快就赶过来了，来的是一家人。除了和我从没见过面的妹夫之外，还带来了刚结婚不久的女儿、女婿。规规矩矩的南方人模样，让人心安。我送到楼下，一家人上车，路灯温暖而明亮。

2017 年端午节前一天，我找到离张家港市区不远的金港镇一个小区，乃兄出来迎接我，她告诉我已经离婚了，重新买了房子，简单装修后搬了进去。

在宽敞的客厅，乃兄跟我说起了她的遭遇。

十九岁那年，嫁到张家港的同村人让乃兄去栽了一趟秧，她不以为意。哪知道这是一次她不知道的相亲，对方看中了她，塞给家人五百元。这一笔混账钱就让她嫁到了张家港，直到对方过来接亲她才明白就里。结婚时二爷带着我父亲一路过来，最后都哭了，说最小的姑娘竟然嫁了这么远。

乃兄嫁的人家住在长江一个沙洲上。她恨死了收钱的家人，赌气不回去。我母亲给她写了一封长信，嘱咐她好好过日子，好好养家，争取活出一个样子来，她接信后号啕大哭。自此，乃兄开始安安心心地过日子。后来我母亲问她，假如过不好怎么办？乃兄说，那就跑。老母亲听后难受了好久，一提起来眼睛就红。

乃兄有着老家人身上的好强、上进，加上聪明、能干，她三个月就学会了吴方言，能与当地人讲话，也很快融入了当地人的生活。乃兄进了镇上的珍珠加工厂，穿珍珠项链。她开动脑筋，很快就能穿珍珠塔，成了工头，带领一帮人为集体挣得了利润。晚上睡觉，成天想怎么挣钱。只要能挣钱，什么苦都吃，甚至冬天下河摸螺蛳，晚上用针挑出来卖钱。

苏南经济发达，很多人家砌房造屋，装修装饰，乃兄就做漆匠，油漆气味大，常常熏得眼睛都睁不开。她带了八九个人，没日没夜地做，承包工程，挣到了钱，开了个油漆店，买了房，买了车，女儿大了，模样俊俏，成家立业。

就在顺风顺水的时候，憨厚老实的丈夫开始对他不满意，嫌她是男人婆，没有女人味，在外有了人。离婚后的乃兄十分苦闷，更让她不能接受的是，女儿遇人不淑，也离了婚。她一时想不开，甚至一度想跳楼轻生。但看到小鸟依人的女儿，还是心软了。

现在乃兄找了个比她小六岁的小刘在一起过日子。小伙子憨厚，只管埋头做活，不一会就备好了一桌菜。在同一个小区的侄子小亮也来了。小亮是乃凤的独子，被乃兄带到张家港做漆匠。他已经结婚，带着一个说了一口宝应话的昭通媳妇。儿子小熊模样酷似其父，吃喝饱了，就到一边盯着手机玩游戏。

客厅面前的高速路上，大货车不时呼啸而过。乃兄跟我说，在路边住，刚开始一点都不习惯，现在无所谓了，天天睡得着。

乃兄跟我谈起过去时，还是感慨不已：人怎么会变成这样的，不知道为的什么？我在一旁想到，世事无常，无常的人生，无常的人性，只为磨平世界的棱角。

晚上回去，我在空空荡荡的操场上散步。明月直入，无心可猜。我作了一首《端午赴张家港访乃兄，仿仲则诗一首，有感而发》：

敢问经年事，凄望欲断魂。
草木随土意，掌心无新纹。
艾刀复蒲剑，屈子今何存。
伤屡瘿初长，茶淡乡音醇。

阚文龙

阚文龙是乃源大哥的儿子，上有两个姐姐，他的出生在计划生育政策收紧的情况下，是个美好的意外。小龙出生后，家庭经济条件开始改善，一大家的紧张关系也开始改善，他的奶奶因为有了宝贝孙子，发作多年的精神分裂症竟然也神奇地好了。

小龙生下来时体质很差，稍大点就很调皮，什么样的混事他都敢做。夏天一丝不挂，满村乱跑。打狗撵鸡、翻墙揭瓦自不必说。上学了家人好不容易松了一口气，好歹有老师管了。可结果却更不省心，不好好上学倒也罢了，到处调皮捣蛋，打架惹事更是常事。一个体重二百多斤的胖同学常常欺负人，被小龙打服了，下课了，小龙唤一声“沙发过来”，胖子就乖乖地躺在地上，做沙发状，让小龙躺在身上晒太阳。一次迟到，老师问你为什么老迟到，他说刚才看到河里有鱼，摸鱼了。老师说，那好，你有本事中午回去给我摸一百条鱼来。这小子居然说干就干，下河堵了一条地龙，用脸盆刮干了水，捉了鱼，用柳条穿了一百条活鱼，随着一串苍蝇扔到老师的办公桌上，腥臭无比，把老师弄得哭笑不得。

可乃源大哥一点都不惯养这个小儿子，小龙挨揍也就成为常事。有一次，屁股被打肿了，只好跪着写作业。

中学毕业后，小龙入伍当了兵。

小龙进的是武警扬州消防支队。进了军营的小龙全变了。以下是他跟我在一起的谈话：

才到部队的时候，新兵连里面有几个小胖子，我也是其中一个。第一次体能测试，前面几个胖子吊单杠，引体向上一个都拉不上去。轮到我了，旁边有人嘀咕，又来个胖子！我不管了，呼呼呼地一口气硬拉了11个。咦？这个小胖子还可以啊！其实，我在家里还可以拉得更多。从7岁开始，我爸就开始督促我锻炼，最开始是翻跟头倒立，后来就是跑步，天天压腿，下腰，跑步，然后翻跟头。小时候农村来马戏团，第一次看到马戏团。玩马戏的用两个手在地上走路，倒立走，我一个人在场地上翻，翻一个下午就学会了，然后开始倒立行走，我可以用手倒立绕场一圈。

新兵连就48个人，我的体能在里面是数一数二的，好多单项是整个新兵连第一。我们最基本的训练就是着装登车。火警大于天，警铃一响，哪怕你是在吃饭，在洗澡、洗衣服，上厕所的话可能屁股都来不及擦，洗澡肥皂都打好了，抓起脏衣服就套起来，一身的肥皂就下去了。说时迟那时快，就是一提一跳一登，从警铃开始响然后到车子驶出车库门，只能一分钟。一分钟，你跟不上车，你这次就违反了战斗纪律。

当兵十多年，都是睡得不安稳，对铃声的警惕可以说是根深蒂固的。我现在走到学校附近的时候，听到这个声音，心里还叮的一下，一个激灵，真是条件反射。

阚文龙在部队进过多少次火场，参加过多少次救援，已经记不清了。农药厂爆炸，他在现场，火场指挥让他和一名战士每人持一柄水枪，往大火中的化学药罐喷水。看到大火中被烧得通红、随时可能爆炸的药罐，那个小战士吓得丢了水枪溜之大吉。阚文龙捡起掉在地上的水枪，一手抱一个，冲上前去，压灭了大火。那时正是冬天，他抱着两只水枪，直到冻僵在现场，被抬出火场。他最难忘的是一次在井底救人的经历：

2006年我被调到高邮消防大队。一次，卸甲镇报警，一个老人不慎掉到井底，上不来。我那时候是消防车驾驶员。车停在村口，半天救援队员都没上来。我就跑过去，一看，井口太小，救援的人下不去，井水慢慢渗上来，已经渗到了老人的胸部，老人呼吸困难，在里面已经处于半昏迷状态。情况危急。我们研究了一下，需要一个人头朝下爬到井底，在老人身上系根绳子，就可以把他拽上来。但是人要是倒过来，脑门就充血了，就不行了，几个消防战士刚下去就喊，不行不行，拉我上去！我小时候练过倒立，我就说我来吧。下去时我还戴着氧气面罩，哪知道井壁一蹭，氧气面罩上的管子就掉了。只好憋着气下去了，把绳套从老人胳肢窝穿过来，扣好了，先拉我上来，再拉他上来。胳膊肘受伤了，腿也受伤了，皮破了，因为拉的时候晃动得不好控制。在井下倒着十几分钟，上来的时候头有点昏，有点站不住。后来人救上来的时候，大家都鼓掌，医生就把他抬到救护车上去了。记者说要采访什么的，我说让我先坐下，回头在那边缓了二十几分钟。我还是开车回来的，但是腿没劲，油门老踩不下去，原来是血倒流了。

这个事情后来省里面也知道了，又报到公安部去。中央电视台评选“中国骄傲”，也组织过来采访，然后央视二套、七套、十套都过来采访，把我作为“中国骄傲”候选人，专门给我授牌，发奖杯。

2008年5月12日，汶川发生了地震。这是中华人民共和国成立以来破坏力最大的地震，也是唐山大地震后伤亡最严重的一次地震。那天我去北京出差，在火车上已经感受到一种肃然的气氛。而就在此时，阚文龙已经做好了去灾区救援的准备。那几天，我大哥一家，包括我本人都捏着一把汗，揪心了好几天。

第二天凌晨就出发了，到了禄口机场，飞机已经准备好了，都是专机。飞机只能落在绵阳。下机后每个人守着一摊设备，把旗子一插，就在那块等命令。好不容易，等了几个小时，好多车来接了，各种车型，有小巴，有大巴，还有农用车，各种志愿者组成的车队，二十几个人的队伍就被冲散了。到了北川县的外围之后车子就不通了，前面全是军车。我们就肩扛手提徒步过去，每个人带有三天的干粮和水。个人的行军背囊负重大概是二十公斤，还有切割机、链锯、破拆器、压缩气瓶、汽车发动机，还有撬棍、铁锹，我们还随手抓了一顶帐篷带着。这些东西就是我们四个人肩扛手提拖进去的，现在就是让我走两百米我都走不动，太重了。走几步就要歇一会，我们要走六公里山路，才到震区，完全就是靠我头上的头灯。本来是盘山路，地震后完全废掉了，有的滑坡，整段的路都掉到山谷里面去了，就是在山崖边上扒着走。那天晚上进去后，身上早就湿透了，人完全就跟散了架一样，倒地就睡了。

天亮了，我们就打着旗子进去了。进去的时候，北川汽车站门前路边一个挨着一个全是尸体。前期赶过去的当地的驻军、当地的政府民兵组织，包括死者的家人都行动起来开始清理。我们就一直往里面走，县城几乎全部平掉了，大多数楼房的一层全部没有了，二层压倒了一层。到处都是碎石瓦砾，大街上全是遗弃的车子，什么车都有，自行车、电瓶车、三轮摩托车、小汽车、小货车、中巴车，什么车都有。现场除了救援人员还有神情麻木的群众。

那天真巧了，我们刚走到一个扭得和麻花一样的吊桥处，一个志愿者摇摇晃晃地跑过来说："快点，这边好像有个人。"我们被他带到了曲山镇卫生院，那是三四层的一个楼，都碎成了一片片砖头，全部就地扑下来。医护人员正在上班，所有人全压在里面。只有一个人活着，有声音的。我们就打个巷道进去，左听右听，然后就开始试探。找到她了。

这个人怎么会活着呢？据她后来的回忆，她当时去二楼给病人换药，地震来了。她正好在扶梯的位置，被剧烈的一晃，甩到楼梯转角，从二楼直接摔到了一楼，正好在楼角的三角地带，没有被压到，也没有被砸到。她那个地方还靠着卫生间，水管子压爆了，但还有一点水。她手上还有一个挂水的瓶子，加上喝自己的体液，硬是坚持了九十多个小时，可以算是创造了生命的奇迹。

几个方位都试探，找第一个位置不对，然后到了第二个位置。江苏救援队的救援专家也过来了，给我们提供技术上的支持。我们打一个斜向管道，一个人猫着腰慢慢进去做支撑面，再用钢筋来支撑。余震来了，先是上下抖，然后左右晃，整个作业面掉下去一米多。我在那个巷道的最下面，顺势推了一把，把最外面两个战友推出去了。我就把肘部打开，抱头半蹲在那个地方。当时只有一个念头，假如自己被埋进去了，能有个空间让人把我挖出来。余震结束了，想都没想，继续扒挖，碎石头、碎砖头就用手扒，手套早就磨破了，手上全是血。大家流水作业6个小时，一刻不停，快接近她位置的时候，发现她的头顶上有一块楼板。先用凿子，把楼板凿出个洞，凿到里面的钢筋，又调钢筋剪断器过来，我一个人在里面，把钢筋剪断后，看到她了。灯光一照，虽然人很虚弱，但是是有意识的。“啊，啊，快救我出去！”有种歇斯底里的感觉。我让她不要激动，保持体力。我先把绳子做了一个三套腰结，递过去告诉她先套两条腿，把头套过去的时候，再套到胳膊肘的下面，把绳套做成一个椅子，人坐在上面就可以拎上来了，相当于在楼板上打个窟窿把人拎出来。我再一看，钢筋剪断的那个地方很锋利，我赶紧扒了衣服，把洞口全部护住。我让她别激动，缓一缓，用瓶子吊下去生理盐水。等她喝完之后，我就把绳结给她弄好，往上拽。外面绳子往上拉，我手不断提，到了口子这边的时候，我抓着她手腕，一只手就把她提起来了。三天三夜了，我估计她顶多有七十多斤。出来之后我就把救援服放在地上，让她躺在衣服上面，用毛巾把她眼睛挡住，抓着衣服一起往外拖，慢慢把她拖上了担架。

这个小护士后来说，真是叫劫后余生。对生的一种渴望，那个时候是有生以来感受最强烈的一次。那时她才二十三岁，现在有两个小孩了，工作还在曲山镇卫生院，跟我还有联系，过年过节的时候都要问候我。

这次救援，我们的体力消耗太大。后来救援队就开始分片，北川县城分成八个区，江苏十三个救援队明确各自的区域。根据当地的向导进行搜索，遇到遗体了，就把它们清理出来。北川中学的学生几乎都在教室里面，我们到救援现场的时候，楼板打开一层就是一层小孩，打开一层就是一层小孩。北川县职业中学的宿舍楼，是建在江边的，全部滑到江里面去了。只看到床单连成的一个救援通道，孤零零地漂到楼道上面。又经过两天的搜索，区域内没有发现新的生命迹象。这时，唐家山堰塞湖出现决堤险情，通知救援队伍大撤退。因为对讲机都是公用频道，每个人都能听得到的。“决堤了，决堤了，快撤快撤。”现场失控了，大家都撤了回来。

我是14号进去，22号返回，一共八天。回来后在南京板桥休息两天，把身上的衣服全部扔了烧了。站着还好，往床上一躺，感觉人躺在一块浮冰上，下面是浪，躺下来就晃。因为当时在震区，不分白天黑夜，天天时时刻刻都在余震。当时叫心理辅导，其实没人就自己想事情。很痛苦，一下子想了很多事情，好像一下子什么都能放得开。从那以后，我就开始不争不抢。真的，我这辈子把死亡的事情都看透了。

阚文龙救灾回来后不久，儿子出生了。他给儿子起名小川，纪念这次不平凡的救援经历。因为这次救援经历，阚文龙再次荣获二等功，并被公安部表彰为抗震救灾先进个人。退伍时按照积分进行安置，他进了市发改委。退伍后的小龙在 QQ 上的签名是：终于可以睡个安稳觉了。

在部队待了十八年，对部队生活已经非常适应了，每天跟战士到火场上抢险就觉得很好。哪个地方有人出事了，有交通事故了，有人被困了，把人救出来心里面的成就感还是满满的。但是面临着将来要走入社会，要照顾这个家庭，继续为家庭承担责任的时候，心里面就开始忐忑，不知道自己该怎么做。

阚文龙在单位，什么事都抢着干。每次见面都要向我讨教一些业务上的问题，怎么写材料，怎么做事。他勤奋学习，做人踏实，待人实诚，最满意的是遇到了一位与部队有缘、有见识也赏识他的领导，他又信心十足地在新的岗位冲锋陷阵了。

我跟乃源大哥说，小龙是我们阚家的英雄，我们没有遂愿的军旅梦在他身上得到了实现。在我家附近的休闲体育公园，小龙为阚小川报了个足球训练班，乘他练球的工夫，小龙跟我说了上面这些话。

话刚说完，小伙子踢球回来了。小川看起来块头不大，但是动作敏捷，虎虎生风，有乃父风范。

第四节　留守高湾

一抬眼，柳绿了，桃花红了，一树一树的花开，例行其事而又惊心动魄。

孩子们总是欢天喜地，骑着自行车到镇上上学了。几个老人在门口眯缝着眼睛晒太阳，人暖和了，瞌睡也上来了。昏昏沉沉中，往事如电光火石偶尔闪亮，好笑的，有趣的，该死的，尴尬的，心里便会动一下。嘴里也随之叨咕两句，骂人或者骂自己，意思大概也只有自己能懂。

三十七户人家中，现在住在高湾的，只有朱德华、戚殿文、韦成明、高明阳、高金财、阚乃源、阚乃林、杨登玉、季庆元、阚乃珠等，总共十户人家，

季庆元

高金财

还有失偶的杨凤朝、杨凤志，戚宝龙的哑巴遗孀。

年轻人散在各地打工，逢年过节才能回家。

戚殿文的儿子戚启明在汜水砌了房子，孙子、孙媳妇在镇中学做老师，也成了家。

高明阳的儿子高立兵在扬州买了房子，一家人在扬州生活。

高金财两个女儿，一个儿子。大女儿招女婿在家，前些年带着一家人到外地打工，很少回来。二女儿先嫁到邻村，后来离婚后再嫁到扬州。唯一的儿子小时候得了小儿麻痹症，现在自学成才在镇上修电脑，四十岁成家，刚刚喜滋滋地抱上大胖小子。

阚乃源一家三个孩子都在扬州：大女儿文玲在一家家具厂做会计，二女儿在电视台广告部做编辑，三儿子从部队退伍，安排在市政府工作。孩子们都成了家，都有了自己的孩子。

阚乃林的女儿一家在宝应，前些年闹离婚，分分合合，从扬州转了一圈，又回到了宝应。

杨凤朝老伴去世，只有他一人在高湾生活。两个儿子都在汜水镇砌了房子，大儿子杨登荣开车。儿媳阚乃兰在邻县的部队负责食堂，被称为“兵妈妈”。孙子杨杰在苏州安家落户。

韦成明遗孀

戚宝龙的哑巴遗孀

韦成明的儿子在扬州开车，在汜水砌了房子。去年韦成明还在家，看到妻子跟自己母亲的矛盾，非常作难，老实人发急，说出来的话也是老实的：你们在家好好的，我就是在外苦死了也不要紧！随后出门去镇上的建筑工地打工，从二楼的脚手架上摔下来，气绝身亡。只剩下仍不对付的婆媳俩在家度日。

杨登玉的大儿子在上海工作，二儿子在扬州做电工，老两口在家生活，偶尔上城看看孩子。

戚宝龙得了癌症去世，只剩了哑巴一人生活。戚宝龙的两个女儿已经远嫁他乡，唯一的儿子得病夭亡。老奶奶前些年忍受不了病痛上吊死了。以前见人还笑着叽叽哇哇，尽管也不明白她在说些什么，但是能感受到她的热情和善意，现在也听不到她的声音了。

为了搭上收入的“马车”，高湾的年轻人大多离开了故乡，天南海北地打工谋生。家里剩下的只有由老人、妇女和孩子组成的“993861 部队”。孩子们大了，一个个各找门路离开家乡。几乎家家都有人在城市打工、生活，有的做小买卖，有的在城市里开车、做工，有的搬了家，有的出了国。国内如上海、北京、南京、苏州、无锡、常州、扬州，国外如日本，都有辛劳的高湾后生。除了在城市安家立户的之外，大多数人家在汜水镇上买了房子。镇上人群聚集，设施齐全，生活毕竟方便一些。

没有离开故乡的老人，他们在高湾出生、成长、养老，也习惯了这里的环境，换了地方会很不自在。老的没有技术、没有文化的，在浴室擦背，帮人打短工，种树，铲草，趁着还能动弹做事，尽量不给在城市里千辛万苦的孩子们增加负担。

摩罗在《我是农民的儿子》中感叹道：“所有的农民都本能地希望通过儿子进城改变家族的命运，可是所有这些努力都不过是复制电影上流行的‘你撤退，我掩护’的故事模式，留下来作为后盾的不堪一击，固然难免一死，逃脱者面对亲人的沦陷更加无能为力，也只能痛不欲生地仰天长嚎。”

据2014年12月3日《西夏资讯》发布的消息称：我国零到十七岁农村留守儿童和城乡流动儿童共有九千六百八十三万，已接近一个亿的规模，还在逐年扩大。2013年9月20日中新网电：国务院印发的《关于加快发展养老服务业的若干意见》中，民政部有关负责人表示，目前农村留守老人数量已近五千万，农村养老服务存在着缺乏生活照料和精神慰藉、失能无靠等突出问题。2014年5月13日《北京日报》报道：我国有近五千万留守妇女，繁重的农活大多由她们自己承担。

杨登玉

杨登玉住在高湾北边的排河边上，房子多少年没变。别人从门口走过，他看到人总是笑眯眯地打招呼。但这么多年来，我还是第一次上门。

太阳还没落山，他就炒了盆鸡蛋，炸了花生米，端上盆腌瓜，开始“咪酒”，边吃边等还没从田里劳作回来的家属小凤英。在廉价的白酒气味中，他回忆起他的家事。

我的祖父是保长，相当于今天的村主任。小时候家里规矩大，来个人，妈妈和兄弟在水缸板上吃饭，要我上桌，哪里是吃饭，是受罪。看到好吃的菜不能伸筷子，只能吃眼前的菜，在菜碗下面刨个塘，顶上的都不能搛。要帮客人舀汤、装饭、打手巾把子。吃过了还要给人家装袋旱烟，擦火柴，走了送到大门口外。父亲原来是私塾先生，祖父过世后，还是让他做保长。他写得一手好字，跟帖一样，板扎得很。妈妈很漂亮，女红做得很好，针线活

杨登玉

呱呱叫。

“土改”了，家里当时有七八十亩田，还雇了个把伙计在家里种田，被定为富农。父亲因做过保长，后来被当成“反革命”抓起来。先到金湖劳改，后来到新疆，最后发配到北大荒垦荒，死在五大连池。四十八岁就死了，骨头都没回家。

“土改”来得很快，来得很硬，一人两亩半田。量过了，多的搿下来，少的贴给你。不管大人小孩，按人口分田，从分的头一天算。杨玉凤大姐12点前生的，就有田；陆朝红半夜后点把钟生的，就没有。稻长得好好的，也不管，立即就分。

杨登玉坐在门口的条凳上，门牙掉了一颗。抽烟的时候，过滤嘴正好嵌在中间，合适得有点古怪。话就从他的牙缝里一句句流出来，有条有理。

我读过私塾，百家姓都念得下来，也背得下来，还学过打算盘。后来上学堂，跟你妈妈是同学。从观音阁到大朱庄，要砌学校，哪来的砖头呢？就要学生带，去拆土地庙，每个人20块砖头，带过去，才有学上。后来知青来了，借了书看，《林海雪原》《红岩》，晚上用墨水瓶插上棉绳，点柴油，挂在墙上看书。被老婆吵，看什么书？说得对的，穷得万难了，第二天吃的都还没着落，还看什么书？

那个时候家里穷，连门板都没有。两扇门到哪了呢？母亲、兄弟饿死了，一个人拆了一块门板，打了棺材。那个时候，死人了请木匠，连打棺材带抬带葬，就到大队领一斤米。一共领了两斤米，加了两扇门，从此家里就没人了。

没的吃，我那时候就动歪脑筋了。不能抢不能偷，怎么办呢？我就用胡萝卜刻了个章“海河大队高湾食堂”，看似一模一样的。但是那个章是个活的，早上刻了就要盖，到了中午就萎掉了，随用随弄，不能错模子。那时候就跟打饭的说，俩馒头，你一个我一个。人家也给我了。后来食堂办得歇掉了，就查，我的花样被发现了，让我饿了三天，不给我吃的。后来公社干部曾中礼说，让他薅草去吧。我连忙说，好的好的。这才放出来。差点饿死。

我年龄挺大了都没能成家。后来有人撮合我和小凤英，她还没有嫁人，拿现在的话说就叫凑合。家里什么都没有，怎么成亲呢？就找人到供销社，央求人买了几尺布，做了两件格子褂子。过了门，算是新娘子了。

结婚了，生伢子了。两个儿子讨债鬼，一先一后。每年暑假，全家掼坯烧窑，没有人家烧，我来烧，烧了砖头卖钱交学费。热啊，窑中心千把度，烧窑进去一下子就要出来，在水里端一下，再去。1988 年吧，大的考上大学了，欢喜。二子也考上高中了，就愁了，怎么办呢？只能牺牲一个，让二子停学。现在想想对不起二子。他也恨我呢。

我至今记得，放假回家，常听到庄上有吹唢呐的声音，农村人叫“呜嘀嗒”，那是杨登玉的二儿子在练习。杨登玉供不起两个孩子读书，就让不上学的二儿子学吹“呜嘀嗒”，婚丧喜事能赶场子挣钱。隔着好远，常听得呜的一声冲天而起，很快就一头栽下来，半天后再起一声。但只是一声接着一声，并不成调。

后来大儿子杨献忠大学毕业到了上海，二儿子也自学成才，在扬州一家宾馆做电工。两个孙女也上了大学，一个在上海，一个在南京。

我不打牌，腰肌劳损，坐不了太长，怕把人家的场子弄崩了。就小骰子跳地玩玩，闲下来没事就在桥边上扯闲话。老了胡大咧说，图个好玩。每天喝点小酒，四五块钱一瓶。天天要抽点烟喝点酒。人家请吃饭，我就打招呼，我的酒还就馋，但是拼起来不能玩。青年人喝酒咕嘟咕嘟，喝开水一样的，我不行，不能拼。

前两年，儿子回来，夏天天热，晚上热得睡不着。我习惯跑到门前排河的码头上，到水里端一下，人蹲在水下，就露个头，跟牛打汪一样。一晚上端几趟，天就亮了。儿子不声不响，买了一台空调装上了。这下凉快了，半夜我就不用跑河堤了。

他的妻子凤英是个小个子，也是快七十岁的人了，到现在还在苦，什么事都做。大概是为了弥补内心的不安，逢人念叨对不起二儿子，要帮孩子挣点钱。

我还是十几年前去的上海，他妈妈年年去。我不习惯，在那边无形中会有规矩。早上一阵忙，上班的上班，上学的上学。我实在无聊，抽点烟，小孙女回来就嘟囔，爷爷又抽烟了。现在前列腺不好，出门坐车又不方便。我儿子跟我说，等孙女结婚，开车来带我，路上想撒尿随便停，想撒就撒。

我跟他要他大儿子杨献忠的电话，他一口报出来，毫不含糊。他呵呵笑着，这是要钱的电话，一打电话就有钱，拼了命也要记住呢。

高明阳

高明阳是个典型的庄稼人，憨厚，实诚，勤快，能吃苦，会做事。他原来姓谭，招女婿到了高湾，就改了姓。高家几代都是女孩，一代代招婿。我的堂姨妈高启英生了三个姑娘，大女儿红梅在家招婿，就是高明阳。

明阳七十岁了，显得要比这个年纪的乡下人年轻，成天闲不住，手不停脚不住。他坐在我的面前，就显得不大自在。

我家成分不好，爷爷帮助保长问事，定成“反革命”，60年代就病死了。

家境也不好，妈妈饿死的，留下我们弟兄两个，我 12 岁，弟弟 4 岁。父亲在钢桥挑河，家里没的吃，我就带着弟弟，用毛竹板挖慈姑，挖胡萝卜，回家烧了吃。春天摘豌豆头子，没有油，跟一点盐炒了，送到父亲工地上。他每顿饭都省下一个饭团，让我带回来跟弟弟两个人吃。

堂屋里挂着高启英的黑白遗像。老太生前是个远近闻名的能干角色，也是我母亲的堂姐。里里外外一把手，说一不二有杀劲，是名副其实的大家长。晚辈都怕他，背地里叫他“蛇老太”（《百岁挂帅》里的佘老太君）。老太性格倔强，遇到她不依不饶的事情，小辈们只有下跪求情。

我和明阳正聊着，他的妻子高红梅进来招呼。他们两口子，结婚这么多年几乎都没红过脸，现在的心思就全放在扬州的儿孙身上。我听说，早些年明阳在地里浑身汗泥回来，都不上床，直接睡在床下的踏板上。

我来高湾大概是 1969 年，因为过了一年多春上下大雨的，我记得那就是 1971 年，麦子焐在田里，都被雨下坏了。

高湾那时候种双季稻。5 月 1 号就开始栽秧，7 月 20 号就割头茬稻。稻才收上来，立即要赶着栽秧。到了 8 月 8 号立秋过后，又要收第二茬。忙得整个不睡觉。产量也不高。

高明阳

高明阳个子不高，但是做事肯吃苦，不惜力气，特别耐劳。更难得的是成天笑嘻嘻的，天生好脾气，一口顺口溜，常常把人逗得前仰后合。

在生产队那会儿，每天早上 5 点

不到就起来。我就说："铛铛铛，叫上场，问队长，做哪行？"大家都笑。队长那时候是戚宝喜，他也不晓得分配劳力。大呼隆，有人就在里面瞎混。你父亲那时做会计，脑筋活络，也分得清。我就提出来，把工分开来，包给我们，反而快。我们那时候挑粪，就抓阄，一个人包一个粪坑，个人挑完就收工回家。我挑得快，回家最早，给自己家的猪圈打草积肥。

回家路上看到一滩草，像看到金子一样的。那时候草是宝贝，所有地上都像剃头一样的，草长了一点点长就被锄掉做肥了。把草剐了，扔到猪圈里，猪吃一半，踩一半，沤成了肥料。我们只要田里不忙，就成天剐草做肥。那时候生产队上每家每户的猪圈收粪。每个月的二十一二号把肥做好，月底生产队到猪圈里量方，按体积算钱。大猪圈的粪 2 角钱一担，小猪圈的粪 1 角 7。因为大猪能吃能拉，粪也更肥一些。量方就量猪圈四周，看积粪的深度。为了多算方，就把靠墙的四沿做得高一些。有个顺口溜，猪圈里是"中间洼四边高，挑到田里又起漂，擦根火柴又能烧"。

明阳说话都带着笑。他的两只肩膀高低不平，手背上筋络沟壑般纵横，每一片指甲的指甲沟都裂得很宽，像是被剧烈地挤压过，弄得每个榫头有些错位似的。农民的劳作，几近身体忍受的极限，每天都是一场体罚。几十年农活的劳苦，全部写在他们的身体上。

那时候成天往河西（大运河西）跑，要剐蒿草给牛吃，还要剐芦柴回家烧火。人家哪里肯白给你剐？就要帮人家在苇滩上开漕河，要挖一米五的沟，供人家在滩上走船。要挑个把月，漕河挑好了，才换给我们一块草滩。

那个时候，天天过摆渡，早出晚归，两头见星。湖西的人常笑我们：你们湖东的人哪天不来湖西？你们离开湖西就过不下去哦。是啊，他们住在高邮湖边，有鱼有虾，有柴有菱，人家靠山吃山靠水吃水。到湖西，生产队的人都要跟我走，重活都是我做的，撑水泥船，用长的大弯刀剐草，靠的全是腰劲，他们只要帮我做点饭就行了。做饭怎么做呢？中午架几块砖头烧火，带点米，煮点饭，嚼生咸菜，河里有的是鱼，弄几条上来，放点盐煮了吃。

一次看到一条大鳗鱼被水闸夹断了，半截扔上船，煮了，比什么都好吃。

不割芦柴还得去湖西。头上顶着家里的大澡桶，从运河划过去。过了河再顶着走十里八里的，放到水里摘菱角。摘满了，一头挑菱角一头挑澡桶回来。第二天凌晨四点钟起来，换三肩挑到宝应县城，从家里到宝应四十里地，正好天亮。接下来卖菱角。平时也就能卖个六到七块钱，中秋节就贵了，可以卖十一二块钱。差不多十点钟卖完菱角，揣好钱，空了筐往回走，赶到家吃中饭。哪里舍得坐车坐船？坐车要四角五分，轮船还要两角五分呢！

明阳提到剐芦柴、摘菱角的地方，是在退水闸西边的大汕子、太平河、张尖子，现在都被围垦成陆。仅有的零星水面也密布围网和箱笼，用于养殖，也有的做成农家乐，供城里人散心取乐。

高明阳现在走路一瘸一拐的，这是早年挑担子留下的印记。多年重压下，膝盖里的骨头磨碎了，一动就疼，开刀费用巨大，又不知道能不能持久，只好维持现状。

在高湾我算能挑的，一担能挑二三百斤。我和乃林倒肩，一块稻田4亩要40担，半天就挑完了。200斤走个几十里路是常事。

挑担子不怕，好多人肩膀都糊了，都有担肩，两个肩膀上长肉瘤，怎么压都不怕。怕的是衣裳老是坏，肩膀这块打补丁都来不及，补丁摞补丁。挑担子有讲究，要用桑树扁担，桑树扁担有弹性，可以悠起来，走起路来省劲。到乡里送粮，一不注意桑树扁担就被人偷走。一条好扁担要用好几年，我用坏了四五条。上次抬水泥管子，被他们一使夯劲，咔嚓断了，心疼呢，那么好的扁担。

明阳能做肯做，是个天生的好庄稼人。他到了高家，日夜不休，家里工分猛涨，没几年就翻了身。

我们家拿的工分最多，我每天在生产队都拿最高的10分工，值5毛钱。扣除口粮，一斤稻子8分钱，年终分配，我家里能拿300多块钱。全大队都在宣传。

我们家老太太对我不错，炒油炒饭给我吃。家里来人就去生产队会计那里拿钱，买点肉回来。每人去要写个条，年底扣账，每家到会计那里拿钱。

土地庙

明阳的儿子、孙子都在扬州，早些年刚到城市，生活条件有限，吃的米油都靠老家地里的出产。老两口的生活简单到极致，不愿给子孙们增添任何负担。

说着说着，高红梅到地上摘了番瓜（高湾人把南瓜叫作番瓜），一个圆的，一个长的，要我拿上。明阳说，都是自己家种的，吃了降血压。每次回家，他们都早早地备好地里的土产，让我捎上。

明阳身上具有农民的最好品质，勤劳、质朴、善良、宽容。有一句话对他是最恰当的："天地生人，有一人当有一人之业；人生在世，活一日当尽一日之勤。"

往事浓稠，写着写着，就寡淡起来。

在写这些留守高湾的农人当中，我感到正能量的同时，也深感悲哀。子女大了，都离开了高湾，只剩下老人苦守。前几年见到邵学富，近视了一辈子，但是没有戴眼镜，眼前的东西都看不清。我跟他说了好几句话，他才听出是我，跟我聊了一阵。我第二年回去，他已经过世。高启英老了，耳朵听不到声音，我当时看见她一个人在厢房，背对着房门抽烟，不曾想是我见到的最后一面。

他们是乡村最后的留守者，他们依照内心的秩序，遵循自以为是的习惯，在没有陌生感的熟人社会，在祖祖辈辈生息的土地上终老。

2004年，杨登玉、邵学富、戚宝喜，几个老人感觉流年不顺，看到邻庄都盖了土地庙，就张罗砌个土地庙。每家每户筹款，多少不限。除了一个犟倔倔的老党员之外，每户人家都捐了款。动工的那天，每家都来了人，不用招呼，砌庙缺什么，看中谁家有直接就拿，乃源家的水泥板就直接铺在了庙前面。热火朝天干了半天，小庙就砌好了。钱没有用完，大家吃了一顿饭。好多年没有打平伙了，大锅大盆，大鱼大肉，这顿饭吃得酣畅淋漓，荡气回肠。

第五节　出高湾记

三弟乃峰差不多每年都要从日本回来一次，聚会喝酒，脸红了，说话总是感慨：孩子们又长高了，父母也更老了。家庭聚会从几个人变成两桌人，我和乃高、乃峰兄弟三家，文玲、文琴、文龙三家，一共六个家庭，再加上两对老人，聚齐了是二十二个人。一年一度的家族聚会，老少同堂，欢声笑语，这也是父母亲和乃源大哥最高兴的时候。

苦难、孤寂、贫穷、猜忌、暴力，过去的农村生活像荒无人烟的孤岛。有人像家雀，到死不愿挪窝；有人像候鸟一样，永远在路上。这也许是本能，也许是天性。更多的人在二十岁或三十岁似乎就完成了一辈子。一过这个年龄，结婚成家有了孩子，他们就变成了老一辈人的影子。以后的生命不过是用来模仿自己的，把以前年轻时代曾经说过的、曾经做过的、曾经想过的、曾经喜欢的一天天重复，而且重复的方式越来越机械，越来越荒腔走板。

在大多数高湾人眼里，城市才是“流淌着奶和蜜”的地方。大家都不由分说，尽量、尽力、尽快地脱离故乡，脱离没有尽头的劳作，脱离难以忍受的家庭关系和社会关系。

从出来读大学到工作，我在高湾是第一个来到城市的。不忍他们在底层挣扎的命运，我把差不多整个家族，逐步带到了扬州。我的兄弟和侄子、侄女们也相继拔离了故土，在城市里渐渐生了根。

高湾的年轻人差不多都离开了土地，星散四方，四海为家。汜水、宝应、扬州、镇江、常州、无锡、苏州、北京、上海，都留下了他们胼手胝足、挣扎求生的人生印迹。在故乡的田地里刨食，充其量也只是一个盆栽，而他们离开高湾后在城市里一次次换盆，在换盆中觅食生存，逐步找到容纳生命的空间。

吴金祥

送儿子去上海，从镇江乘高铁。顺便给吴金祥打了电话，他早早站在了镇江城东的马路边，带我到边上的一个小区里。

吴金祥是我的小学同学，兄弟三个，家境贫寒。上学路上，不论夏天还是冬天，都是光着脚。到了冬天，穿一件大棉袄，外面系条绳，跟在高年级的同学后面走，簌簌发抖，嘴唇乌青，见风两泡泪。老师照顾他，让他坐在前庄小学的门口，留着门缝，让他晒太阳。

小区还没建好，脚手架到处都是，这是他的新家。坐在布沙发上，吴金祥跟我断断续续地回忆起他的经历。

初中毕业后，我回高湾务农。那个时候，你父亲做队长，他对我好，看我实诚，就有意培养我接他的班。但是我家老头子死活不同意，他觉得这种事会恼人，不让我做。在农村难出头，我跟他们去挑过河，那么重的担子，要爬上爬下，腰压得直不起来。我就觉得做不起来。怎么办呢？就托在扬州开车的朱德荣介绍，到扬州汽车公司做卸货工。

我带我三兄弟在古运河边上的出租房里租了临时房。白天在出租房睡觉，晚上，天南海北的零担班车回来了，我们就候在停车场，到一辆卸一辆。货有轻有重，有大有小；有的用手提，有的用肩抬，有的要几人拼尽力气一起扛。出大力流大汗，到天亮筋疲力尽，回去睡觉。

一次我兄弟看到有工友偷窃，也怕有人诬陷我们，我就向领导举报。没有想到，这个手脚不干净的工友是被车站黑势力雇用的。第二天我们刚睡着，出租屋被踹开，我三兄弟刚到门口，被一拳打到脸上，全是血。我们觉得不安全，人身安全得不到保障，只好离开扬州。

回老家，在布厂认识了现在的老婆。成家了，老婆的亲戚在镇江开了个饭店，就跟他家说，能不能去帮忙。三十岁我就到了镇江，在饭店里打荷（调配菜），做菜。后来又到了上海。

这就跟我的印象叠印在了一起：前几年我去上海出差，车行在高架路上，隔着车窗，看到前面的一辆皮卡的露天车厢里，站着一个熟悉的身影，是吴金祥！他的头发翻飞如蓬，迎风流泪。车流滚滚，还没来得及招呼，皮卡一扭身，变线不见了。

在上海干了没几年，还是回了镇江。这几年也很不顺。到镇江才上七天班，楼下打架，我穿着拖鞋上去拉架，人家把我当成打人的。我无辜被打，趴到地上起不来。送到医院一看，骨折！虽说有人赔钱，但是躺在家里，耽误工夫，不能赚钱。后来又查出来肝炎，又花钱看病。接下来肠胃老是不好，查出来直肠癌，又做了手术。好不容易能做事了，不晓得是站得久了还是用了力，得了疝气，又做手术。尽倒霉。老婆在亲戚的饭店帮厨。日子将就过吧。

说话间，吴金祥的儿子过来坐在一边。孩子个子很高，但是脸上的气色不好。提到儿子，吴金祥一脸的担心。

儿子上的中专，2009年实习体检身体有问题。知青孙金荣对我家不错，带我们到南京鼓楼医院，查出来脊椎S形侧弯，动手术花了十几万。那个时候，吃不好睡不着，天天愁，这个十几万哪块来？没办法，只好借。东拼西凑，愁死了。现在他不能干重活，个子高，一米九，腰又不能弯。就每天早上跟着我卖饭团。每天天不亮，3点钟起来淘米蒸饭，推着小车在小区门口卖蒸饭。每个蒸饭卖4块钱，加上个咸蛋就是5块5，卖得好的时候每天能卖个200块钱，这阵子城市创建只能卖100多块钱。我们两年前花了四十几万买了这个房子，装修的钱都是借的。幸亏那时候买了，换到现在我买不起。

吴金祥说自己不顺，老倒霉，但是说遇到不少好人，总念叨别人待他的好。不知不觉天时晚了，吴金祥特地请我去他亲戚开的饭店里吃饭，死活不让我付账。在饭桌上，他跟我说起了他的父亲。

我父亲老了，拄个拐棍坐在门口晒太阳。人家给他烟，他没接住，歪身去够，倒下来跌断了骨头，又不能手术，躺倒在家。那时候我回去看他，他骂我："我养你们有什么用？你们都不孝顺！"我就问他，我把兄弟几个团结得好好的，不让别人看笑话，你还要我们怎么孝顺？他说："你们要孝顺，就带农药给我喝。"我跟他开玩笑，我把钱给你，你自己买去。老头吵我："我哪里还起得来，你们都没用，不跟你们谈。"

父亲躺了两个月，去世了。吴金祥把老家砌的房子卖给了姐姐家。没有了土地，也没有了房子，每年清明，他都挤车回家，给父母亲上个坟，到老家看看。故乡对于他来说，就是安葬他的父辈和年轻时代记忆的地方。

高立兵

高立兵是高湾最出名的惯宝宝。从小到大都胖乎乎的，不着急不发脾气，老的小的都喊他小兵。小兵惯是有理由的，原因起自家里的六代单传。一直招女婿，这下生了这么个宝贝疙瘩。不惯，怎么可能？

在高湾的高、阚、杨、戚、朱几个姓氏中，阚家和高家名声大一些。阚家是读书人家，在我的祖父一辈，兄弟三个都做过私塾先生，都有文化。高家最有钱，人丁也旺。通航的大河到这儿要歇息掉头，这个湾口就被叫作“高家湾子”，成了现在的名称。

小兵现在还记起奶奶当年跟他讲的家世。

我奶奶的父亲，也就是曾祖父，家里有驴子拉磨，他们兄弟两个，是当地的大户，家里备有两支枪，还组织过刀会，土匪不敢下来抢粮。二太爷家里的二奶奶（小老婆）一次有事想不开，在家上吊死了，吃了官司，把家产田产赔给人家，划成分的时候就划成了中农，不然就是地主。即使这样，二太爷后来还是死了。

小兵的外婆高启英是独养女，招了东边翻身队的华姓后生入赘，女婿改名高元华，生了三个女儿。大女儿高红梅招了南边海东队的谭姓后生做女婿，被改名高明阳。小兵和姐姐跟外婆长大，一直叫她奶奶。这个了不起的奶奶为人正直，待人公道，是名副其实的一把手，有名的脾气大，一家人必须顺着她的性子。每天早上，她自己先起来，炒一碗油炒饭，让要干重活的女婿高明阳吃了出门，然后喂鸡、喂猪、熬稀饭，让老伴起来放牛，叫醒三个女儿和两个孙辈，全家在她的安排下，开始一天井然有序的生活。

爹爹（爷爷）十几岁就到我家了。爹爹不问事，家里的事情奶奶做主，后来有事奶奶也会跟父母亲商量，但是从来不跟爹爹商量，我也不知道为什么。

爹爹上过私塾，读过私塾，会写毛笔字，还会说书，小时候听他说

《岳飞传》《隋唐演义》，头头是道。他一直用牛，懂得牛的脾气。整个大队买牛都找他，他会把手伸进牛嘴里摸牙口，几个用牛的都跟着他。他买的那头牛，大盘角，力气大，被他调教得好，耕田一溜烟，一头牛干的活差不多要抵两头牛。冬天他就住在场上的牛屋里面，牛吃它的草，他睡他的觉。

我爹爹70岁去世，是胃癌。估计跟他喝酒有关系。他帮人耕田，带牛帮人家踩庄房地基，我跟着做"饭老爷"（吃客）。他一次酒后跟人拼吃饭，拼了三四大碗。我哭着把他拖回来，他跟我回来，把牛放到牛汪里，说，多亏了孙子，不然今天就要吃伤了。那个时候我大概五六岁，到现在还记得。

小兵是奶奶的心头肉，眼前眼后离不得。别人家的孩子在河里洗澡、摸鱼，玩得快活，小兵只能在岸上看着，帮人拾鱼。实在想下水，奶奶就打一桶水，在自家澡盆里用肥皂盒舀着玩，被过来过往的小伙伴当成笑话。

小兵家劳力多，又肯做，每年高家的工分都是全高湾最高的。她奶奶被高湾人看作是《百岁挂帅》里的佘老太君，不同的是一个是杨府，一个是高家，一个调兵抗辽，一个调配一大家人三百六十五天的生活。三年前，八十八岁的老太去世，大家都手足无措，失去了中心。因为在此之前，家里的大小事情，大到砌房造屋、男婚女嫁，小到置办家私、衣食住行，都由她一手把握，一手操控，是说一不二的一家之长。

我奶奶大小姐脾气，家里都是她说了算，一家人顺着她。小时候我和姐姐被打得下跪，门口一人跪一边，要孩子承认错误才行。我小时候，爸爸、妈妈、爹爹都不管，都是奶奶管。搞得后来胆子小。她前几年查出来食道癌，也没敢告诉她。临死前几天，晚上我在她床下打地铺。一天晚上她疼得直哼，也没敢打杜冷丁，是夜里走的。

她到我的房子里来过几趟，看到我们一家，还是很高兴的。说，城里的房子多好啊。

职业中专毕业后，小兵离开家庭，从奶奶照拂下的温柔天空，一下子被抛到社会的漫天风雨中。

我是1994年毕业的，经人介绍，到县城一家私人诊所跟人学医，学的是眼科。高难精准的手术不能做，但外眼的小病还能看。毕业前突然通知拿不到医师证书，卡死了，要正规院校的学生才能把证书办下来，学了两年就结束了。1997年经老乡介绍，到扬州一个厂里做保安，感觉没前途，又回家跑大客车。几个人合起来承包了663大客，从柳堡跑扬州。车子老了，经常修，几个月下来跑亏了。还做过修脚师，什么挣钱就做什么。

跟小兵正聊得开心，阚文玲进门了，一直趴着不动的小泰迪立即欢呼着迎了上去。

文玲跟他同学，大他两岁，两人在镇上上学，一路来，一路回，算是青梅竹马，他们1999年结了婚。文玲是我看着长大的侄女，小兵也就成了我的侄女婿。

文玲小时候很野，也很倔，性格直爽，做事麻利。乃源大哥家几个孩子身体都好得出奇。上小学参加长跑比赛，文玲看到后面很长一段距离都没人，以为还有一圈没跑，就多跑了一圈，看到前面有人喊加油冲刺，她又追上去，跑了个第二名。文玲胆子很大，小时候养的羊，被父亲找人杀了，她不干了，要放火烧房子，被制止后离家出走，被追了很远才追上。

中专毕业后，乃源帮她在镇上办了户口，找人安排去镇上的布厂上班，她上了两年就不想干了。父亲坚决不同意，她干脆来了个不辞而别。乃源大哥急疯了，找到小兵，拿着文玲留下的信到上海的人海里去捞人。七拐八绕找到文玲，乃源再不敢勉强她去布厂接那种永远接不完的线头了，托我找人让她到扬州一家宾馆上了班。与小兵结婚后，他们一起返回了老家县城。

2000 年 10 月，孩子五个月大的时候，玩玩具，不慎吞食了一只弹簧。县医院的庸医按程序办事，让孩子吃钡餐，照影像。弹簧在喉管里掉得越来越深。家人想想不对，把孩子连夜送到扬州，扬州的医院不行，又立即送到南京。我一路陪同，请出经验丰富的儿童医院的医生连夜手术，一分钟不到，就用器械从喉管里把弹簧搛了出来。可能是受这件事的影响，至此他们坚定了到大城市生活的想法，把孩子一直带在身边。

两年后再到扬州，我们两个开烟酒店，开饭店。租了一家门面房，做菜在一楼，包厢在二楼，三楼住人，一年房租一万五。开饭店，忙就忙死了，火急火燎；没有生意吧，又着急。先是雇了一个厨师，用了半年，人家烧菜，我自己看着，然后自己烧，雇人雇不起。

酒店生意不好做，那几年特别倒霉，做什么亏什么。我就跟人去了一个县电视台，承包了电视台的房产栏目，实际工作是跑广告，最多一年可以拉上个百把万，也拿提成，慢慢把家里的欠债还了。

小兵在辛苦打工，文玲带着孩子，零零星星地打着工，艰难度日。好就好在老家提供足够的支持，粮油都从老家带过来，生活的负担也减轻了不少。

这两年电视广告量直线下降，台长也被抓起来了，应该是经济问题。现在那边每个月的钱只能糊口，我就不去了。现在我准备做网上生意，自己创业，政策也有扶持。

最大的收获就是孩子。不管多困难，我们都把孩子带在身边。我们在外头忙，他自己写作业，我们不让他在农村上一天学。这一点我们的态度高度一致。孩子不浪费，也懂事，稍微有点骄傲，成绩也还不错的。

文玲发奋学习，考到了会计资格证，取得了初级会计师的资质，应聘到一家家具厂做总账会计。正直、认真、负责，为一个私企老板把牢财务管理，一旦为财务较起真来，老板都让她三分。小兵准备在阿里巴巴做网店，准备注册公司，大干一场。儿子在扬州中学读高三，也在厉兵秣马，准备高考冲刺。

小兵、文玲从2006年开始，先后换了三套房子，都是以小换大，换成了现在的一百多平方米的房子，尽管还有点贷款，总算在城里落了根。

这些年没混个什么名堂出来，最怕的是绝望。别的不怕，只要有希望，哪怕一线希望，就不怕。总会奔到光明。

文玲是个运动健将，周末常去别的城市跑马拉松。平时晚上在外跑步，每天至少十公里，小兵只能骑着车气喘吁吁地跟在后面。

我由衷地希望他们前面的路越来越平坦，越来越宽广。

我的老东家江苏台有个开全国“民生新闻”先河的著名栏目《南京零距离》，报道过南京建筑工地农民工爬塔吊的新闻。新闻播出后，产生了示范效应，爬塔吊的越来越多。这个全国首档民生新闻栏目就此推出连续报道《农民兄弟，你怎么了？》，由爬塔吊追踪到民工欠薪，再延伸到农民工的生活问题。一句“农民兄弟”温暖了多少城市边缘的农民工。下班后，在南京的鼓楼广场，总能看到涂脂抹粉的女人神神秘秘地在阴影里游荡，物色闲逛的农民工，搜罗他们的腰包。现在的农民工很多已经不再搭披子住，而是住在特制的集装箱里，闷声不响，成为“柜族”。

王安忆在散文《遍地民工》中这样写道：“城市四处都是民工。空气中裹挟着他们的汗气、异乡的口音；他们在劳作中练成的着地扎实的步态；穿行在车流之间，肆无忌惮又惊恐的身形；还有大街小巷墙根下小便的背影，改变了城市布尔乔亚的风韵，变得粗粝起来。每日中午，不知哪幢楼上，会响起金属的敲击声。是某个人家乡的小调：快书，或是大鼓。”

高湾的年轻人差不多都在外做工，在城市生活。我只能记录这几个人的故事，料想其他人的故事也大同小异。几个故事，不同的人生，他们的故事之间也没有交集。有一点是共同的：他们来到城市，没有选择，没有根底，只要哪里有饭碗，就在哪里生根。而对故土的依恋，对城市文明的隔膜也是共同的感受。正如爱德华·萨义德说的那样：“流亡想来有一种奇怪的吸引力，但体验起来却是可怕的。它是强行在人类与其原居地、在自我与其真正的家园之间割开的一道难以弥合的裂缝：其根本性的悲哀是永远不能克服的。”

此刻，我在“爽爽的贵阳”。通了高速后，这里楼价翻番，成为财富竞逐的战场。城市成为一个大工地，楼下工地上拉着一道横幅：“亲爱的工友们，打工安全，为了自己。一旦发生事故，父母无人赡养，老婆无人照顾，孩子无人教育。”直截了当，直指人心，道出了这些背井离乡的人的心结。

李安的《比利·林恩的中场战事》中有句话：“一个人只有离开故土，才能茁壮成长。”

其实，我最想对这些民工兄弟说：家乡就在我们站立的地方，而不是远方。

第六节　高湾的人物

所有的悲伤都可以忍受，如果你把它们放在故事里，或是诉说一个关于它们的故事。

——丁尼生

两只大眼紧盯着嘴上的香烟，深吸了两口，憋不住了，又喷出来。

面前的盒饭被吃得一粒不剩，鸡腿的骨头居然嚼碎了，碎渣难得一见，是红色的。这是我给眼前这位曾经的家乡"父母官"争取来的"待遇"。在看守所的所长室里，所长跟我打招呼：监房可以出，手铐不能摘。所以手铐还戴在腕上，锃光瓦亮。

这是我的一次采访。回想不久前的一次见面，他还是众人簇拥下的县领导。酒会迟迟不开，等他出场。每桌都在他的气场笼罩下，大家围着他敬酒。那时候，他豪气干云，颐指气使。他的神气似乎是有理由的：一个平原大县在他的掌控下，GDP高歌猛进，还兼着一个上市公司的老总。权势和财富成为他的左右手，左牵云，右引雨，长袖善舞，纵横捭阖。一个曾经担任过县委书记的广电局的老领导跟我说，县委书记的权力最大，跟国家相比，除了没有国防和外交，什么部委办局都是齐全的。

每天报纸有字，电视有影。很多单位的门面都是他的题字，仿毛体，多诡笔。作为全县八十万人每天都见的大众熟人，所到之处都是笑脸相迎。组织部门对他的评价是：敢想敢干，作风硬朗，有气魄，敢负责。大好前程还在不远处等着他。但是结果很狗血，也很俗套：一个开小店的小女子让他翻了船。他的气魄成为蛮干的代名词，身陷囹圄，也没有谁为他负责了。

看到姿态不同的各式“落马”，有人总结出这样的规律：大凡这种“能吏”犯罪，不惜身，搏出位。能力出色，贡献巨大。一旦做成官，就成为奥林匹斯山上正邪参半的小神，坏人好人集于一身，高尚邪恶转瞬变身，一念成佛，一念成魔。唯一的目标就是面子，就是人五人六的好胜。我的姨兄张在元在县里做审计局长，曾是这位领导的大学同学，不止一次提醒过他：麻雀过去还有个影子，你老兄要注意些个。他回说，你就是胆小，畏首畏尾做不成大事的！——旁人话，一阵风，听不进去的。

小时候，一次放学路上我“顺”了一把蚕豆，揣到兜里。父亲看到后，立即拎着我的耳朵到了作案现场指认，把罪证带到蚕豆的主人二爷家。那是我印象中唯一的一次挨打，把二娘心疼得不行。至今乡音难改的母亲还在跟我说，钱多了多用，钱少了少用，都是一样的。董鹤松老师一直对我偏爱有加，但是说我容易骄傲，教育我把姿态放得低一点，别人才会把你看得高一点。低头的是稻穗，昂头的是稗子。地低成海，人低成王。这些粗浅简单的道理让我一直铭记。

我有三个曾经神气活现的中学同学被判刑坐牢，一个在省粮食厅里掌握实权，一个是镇党委书记，一个是中学校长。位置不同，情况不一，但是基本上都基于同样的心态：拿着贫穷和不幸挥舞。我穷过，所以我贪婪有理；我被伤害过，所以可以耍赖。任何恶行在此心态下可以合理化。物欲的扩张，导致人性的偏执和扭曲。拿了不该拿的财物，结交了不该结交的人，做了不该做的事，结果声名狼藉、身陷囹圄，把自己送进了不想进的去处。我曾去其中的一个同学处探监，他隔着铁窗在话机里连说，真像是在做梦。

高湾有多少户？多少人口？我八十三岁的父亲想都不想，一口报：三十七户，一百三十七口人！现在的队长是我的堂兄阚乃源，问他这个问题，他还真答不上来，遭父亲奚落。其实这个并不怪他，现在平时家家闭户，老的小的在家，有时上城住一阵。从镇上迁走了户口也不吭气，平时又不开会又不集中，谁家有个事，只有响器响了，才会有人知道。

乃源在家里的橱柜里翻出了高湾的账本“氾水镇苏律村前进高湾组 2017 年农民承担费用和劳务归户汇总表”，2017 年登记在册的有名有姓的高湾人有二十九户，七十二口人，其中二十五户住在高湾，从事农业劳动的劳力三十口人。

这是一群跟我血肉相连的人的命运，他们有血有肉，有情感，有爱恨，有梦想，也有内心的冲突和挣扎。王安忆这样写过她见过的宝应人：“人有一种豁辣的态度，有一股豪气。这里的男女老幼，生得有些像张飞：黑，粗粝，义胆忠肠。”——黑，是太阳下劳作的结果，粗粝是远比身体粗粝的生活的打磨所致，而义胆忠肠说的是品行和人格。这也印证了英国学者巴克尔的论点：种族差异，不是因为先天的特质不同，而是由于气候、食物、土质等因素的差异。

人性总在事上磨。在年复一年、日复一日的粗糙农活中，与植物一般成长的农人自然呈现出一种自然的本性，一种由憨直朴实的本能衍生出的本性。憨厚与精明、刚直与阿谀、勇猛与怯弱、忠义与自私、守规与犯禁、粗鲁与细谨、大方与算计……常常纠缠在一起，一体两面，难以分割。

高湾的人家只有五个大姓——阚、戚、朱、高、杨，还有单姓的韦、季、邵、姜，三十多户人家差不多都有亲戚关系。阚家和高家是姻亲，母亲和姨姓高，分别嫁给了我的父亲和大爷。杨凤祥家招了阚乃林做女婿，阚乃兰嫁到了杨凤朝家，高琴嫁到了韦成明家，朱德琴嫁到了杨凤志家……我试图理过这其中的关系，结果像是陷进了泥沼里，错综复杂。就像他们之间几代人、不知道多少年的矛盾纠纷一样，恩恩怨怨，打打闹闹，牵牵绊绊，缠杂不清。

“哪是墒沟？墒沟在哪块？”两人脖子筋暴出，比嗓门，头也一梗一梗往前蹿，像是两只羽翼大张的斗鸡。一旁的人有看热闹的，也有看不下去，扔掉锄头上前拉架的。

两块田种在一处，中间要在庄稼地里挖沟排水。一般都在中线挖墒，但不知是有意还是无意，相邻的乡亲们为了一锹宽的墒沟，就会像畜生一样争斗——他们都不会知道，古代的“墒沟”就是公田中间的排水沟，之所以叫“墒沟”，就是要让双方商量、协调的意思。

邻家悍妇，为田头屋角的一点小事常常冲到我家，大叫大骂大打出手，我家人躲开，她还登堂入室大撒其泼，弄得污秽不堪才罢手走人。村人吵架的理由各式各样，但是归结起来无非就是：自己的房子盖得高人一头，在路边栽了一棵树，在田埂上多种了一垄菜，借了的东西不还，孩子之间打仗一方吃了亏，自己被人说了闲话……说穿了，都是钱和权、权和地、地和人，一些鸡毛蒜皮的小事，把朝夕相处的邻里弄得鸡犬不宁。

好莱坞的动画电影《疯狂动物城》中，兔警官经过侦查最后发现，造成事端的不是貌似凶恶的虎狼狮豹，也不是心思多多的狐狸，其实是温顺可怜的羊副市长。而她正是源于自己内心的紧张不安，才造成了秩序上的大麻烦，形成了动物世界的大动荡、大崩溃，也给自己带来灭顶之灾。弱者思维往往是万恶之源。马斯洛对此的解释是：如果一个人手里只有一把锤子，那么看什么问题就都是钉子。

乡亲们穷惯了，也穷怕了。穷会成为一种思维。人性中的弱点大概最易在贫瘠生活的土壤中生长：好色、多疑、固执、偏僻、自恋。在高湾，大家几乎都有一种由种瓜得瓜种豆得豆、一分耕耘一分收获的生活经验而来的思维方式：直截了当，不绕弯子；耳听为虚，眼见为实；耐心耐劳，刻苦踏实；一条道走到黑，不到黄河不死心；一根筋，只认死理，不会转圜；要面子，爱虚荣；待人没有尺度和分寸，没有节制，不易平衡。而环境的贫瘠、落后、破败，人性的野蛮、愚昧、自私，常常致使人际交往中充满自以为是的狡诈和智商不高的小小算计，互为因果，生生不息。特别是因为生存状态的不安全，言行极具侵略性。一旦遇事，便穷争恶斗，冤冤相报，两败俱伤，没完没了。

鸡生蛋，还是蛋生鸡，这是一个古老的话题。我们早就被告知，性格决定命运。而性格是由什么决定的呢？基因？教育？家庭？其实，决定性格最重要的因素是命运。在一种命运里辗转久了，性格中必然有其留下的烙印。西方有句谚语，面具戴久了，会成为表情。对深渊凝视过久，自身会成为深渊。

我小时候天天见到的高湾人，其实回过头来看，他们是我熟悉的陌生人。我相信，任何一个人的成长都带有或隐或现的地方印迹，我自不例外。

只有理解了的生活才是有意义的生活，而一切有意义的生活都是要证明的。这是西方哲学的出发点。但丁的《神曲》以三十五岁作为人生的中途，是一个人生命之旅的折返点。三十五岁，出于一种深刻的自我怀疑、自我印证的目的，正想把所有的事情都激烈地摇动一下，我抛弃了一个中等城市所有的一切优质资源和大好机会，只身一人来到北京。

风险和机遇并存，只是上帝和恺撒轮番登场而已。做自己该做的，承担自己该承担的。

等到我再一次转身，是在我厌倦了曾经引以为傲的媒体之后。在以吸引眼球作为媒体营销手段的当下，有的媒体不惜以人性中的贪婪、好色、妒忌等弱点为噱头和手段，极尽利诱、声色之能事，虚头巴脑。等到我厌倦了，其实内心的一切也不需要说服。一切顺从自己内心的愿望，都是求“放心”而已。

人生就是一场自作自受。

不是算计，但是每个人必须要做一则四则运算，做一次加减乘除。

加，不断正向积累，为自己增重，像一头骆驼，吃得饱饱的，积累起两只驼峰，以挨过漫长的无食的旱季。所有的经历都会成为人生的财富。用前半生的阳光雨露滋养后半生枯寂寥落的花枝。“加”还有一层含义，即负起家庭和家族的责任，做一只蛴螬。还有余力，就得扛起黑暗的闸门，放更多的人到宽阔的地方去。

减，世界无极，人生有限。好奇害死猫，只爱一点点。要充分认识到人生的局限性，不以占有为荣。减掉多余的细节，减无可减，做足做透。把自己磨成一把锐刀，像钉子一样地使劲，成功庶几可期。贪婪是万恶之源。“减”还意味着要做欲望的减法。试金子须火，试女人须金子，试男人须女人。如何对待金钱，对待金钱几乎可以买来的一切，这是一个人必须完成的课业。

乘，要与时俱进，找准方向，抓住机会，促进飞跃。人生苦短，大礼不辞小让，遇到重要机遇，胆气须豪，扔掉辎重，勇往直前。

除，自己的内心解决了，一切皆有呼应。经历千山万水，最终回归自己的内心。

人生在世，如此丰满而俭省、勇猛而怯弱、谦狂交加、删繁就简地过一生，堂堂正正为人处世，可能是唯一正确的选择。

不过这也是基于生活经验和本能的认识和判断，也是本性中的局限性，而人生的阶梯和陷阱也尽在其中。

其实，世界是一叠厚厚的化石层。历史就是一个个页面，千万的生命在无声地诉说时代的局限和自身的缺陷。但愿无论折叠在生活的哪一层，都如稻盛和夫先生所说，在死的时候，灵魂比生的时候更纯洁一点。

每年清明和临近秋收时节，我都尽可能抽空去老家。一为祭奠先人，二为感受我最喜欢的收获季节。伫立高湾，运河大堤一望无际、蜿蜒北去。水稻正在疯狂抽穗，眼前丰收在望，眼前荒凉万古。

这是我的故乡，我虽然已经回不去，但在心里永驻的故乡。

第四章

情：梦里唱的四季歌

第一节　四季不居

法国人列维·施特劳斯笔下的“忧郁的热带”，四季不清，风物不变。地处亚热带的高湾则完全不同，寒暑易节，四季分明，而暮春和初秋则是最富诗意的季节。

我出生在初秋。对于我来说，秋天是最让我心仪的。漫野的稻子收了，空气中都是成熟馥郁的香气。鸡鸭鹅在庄稼收割后的矮茬间欢歌觅食，蚂蚱小虫恐慌地进行最后的蹦跶。偶见水蛇在田埂河渠间四处流窜，有的被孩子们捉住尾巴，抖散了骨架，扔到了弯曲向水的柳树上。大人们忙着收割，打场。对于我来说，最让人高兴的是漫长单调的暑假结束了，新学期开始了，又要发新书了。而那么多不认识的字，那么多新奇有趣的故事，那么多符号公式，又是多么迷人呢！

“秋”，甲骨文为蟋蟀形，虫以鸣秋。吵闹了一夏天的蛙和蝉开始恐慌着入蛰。秋天的晚上，自然是秋虫的天下。月亮爬得很高，天地一片白亮，树屋庄稼，和它们的影子一一对应，成团成簇。小虫在渐渐衰黄的草丛中各怀心思，磨牙剔翅，鼓腹而鸣，声音响亮，唧唧唧，吱吱吱，嘘嘘嘘，汇成杂沓的交响。白日的热气散去，夜半开始降露，雾气浓淡不一，东游西荡，万物似乎都在等待。露水像几小时后出现的阳光一样，无远弗届，无微不至，把外露的一切蒙上了一层水的薄纱。

几场凉雨，几场朔风，过后便是白露成霜。晚上喧闹的虫鸣也消停了不少，偶尔的一两声，便显得突兀而粗率。

冬天总是如约而至。

“冬”字象形，像枝条垂冰之形。大雪覆压一切，掩盖了所有的坎坷，也掩盖了所有的丑陋。天地一片宁静，和谐，一致，仿佛传说中的大同世界。但这是行路最难的时候，稍不留心，就会掉进已经湮灭无迹的沟渠里，撑出一手烂泥，让窗后看热闹不怕事大的孩子们笑翻。

冬天是寂静的，是肃穆的。最热闹的是麻雀们，从早到晚，天上地下，叽叽喳喳，吵成一团。等夕阳收拾完最后的光芒，它们就纷纷归巢，每家茅草屋檐是它们最好的安居房。其实它们也不讲究，只是用爪和喙胡乱扒拉出一个窟窿，钻进身子，就算完事。我和我的兄长们就用两只竹篙撑起一个盛化肥的袋子，手电“唰——”地一亮，麻雀们还在好奇不解，就莫名其妙地被另外一只伸进来的竹篙捅到了身子，掉进早已张好的口袋里。就这样，高湾的几十家屋子转下来，麻雀就能装满一大蛇皮袋。我心惊胆战地抓牢袋口，袋子里面悄无声息，麻雀们估计是吓傻了。有一次忙了一夜，兄弟们把蛇皮袋放我家里，我倒头便睡，天亮时我被不同寻常的异动惊醒了，一屋子的麻雀在翻飞扑腾，窗户被密密匝匝的麻雀挤得密不容间。

“春”字摹小草萌生之形。草发了，花开了。春风其实一点都不温柔，气势汹汹，来得很猛，吹得脑袋生疼。但是对植物而言却是一种鼓舞和鞭策。先是没苞的花，接着是含在苞里的花，它们挨个儿地醒过来，像炮仗似的瞬开刹灭，不留余地。高湾多的是梨树，梨花开了，像是下雪，白得耀眼。麦苗挺拔了身子，使劲向上生长；最耀眼的是油菜花，明晃晃的，响当当的，像唢呐在田野里吹个不息。一夜起来，田埂上来了放蜂的人。蜂箱都放好了，蜂群们忙碌得很，进进出出，一团团雾似的，飞满一天。偶有失群的蜂，它

野花

们离开大队伍，专门钻泥墙的缝，我便跟妈妈要来用完的土霉素、扑尔敏之类的药瓶，拧开口对准墙缝，再用麦秸往里捅，蜜蜂就会不情愿地掉进透明的玻璃陷阱里。蜜蜂在瓶子里嗡嗡碰壁，细腰长身，头大溜圆，扇着筋脉分明的透明翅膀，美丽而性感。

最爽快的是夏天。

“夏”字为巫者祈雨之舞。夏天的雨是最尽兴的。雨后，雨水冲刷过的田野清新、干净，空气湿漉漉的，庄稼和树都喝饱了水，伸出来的叶子都是乌油油的，有着惊人的光泽。天空依旧是铅灰色，灰得发亮，地平线底端还滚着雷，闷闷地在天际作响。耳边到处是哗哗的水的声响。大河小河都满满的是水，表面含糊不清，但是一律升腾着雾气，似幻似真，如同梦境。

庄边上有个叫大肚子的池塘，其圆如镜。岸边有一株桑树，向水而立。桑葚透紫的时候，孩童攀缘其上，如猴之影，吃得满嘴乌紫。孩子们爬多了，这棵可怜的桑树便枝弯干曲，树枝末端总有遗落的果实，偶有鸟啄果落，叮咚有声。河道水塘边最宜种垂柳，春天解冻的时候，随便折下一段柳枝，插

捕长鱼的桠子

到酥软的土里。几年下来，就是一蓬柳烟，临水而照，如女子的满头辫发，秋风过处，落叶萧萧，筛落一池寒水。

家门口的一段树，半浮半沉地正好做了码头。人蹲在上面淘米洗菜，每次把米箩浸下去，白色的米水一漾开，就有无数的小鱼兴致勃勃地游来。猛地往上一兜，这一下就轮到小鱼们翻着肚皮在米粒间跳跃了，馋得蹲在树上的猫们一声声叫唤，显出急切和无奈。最奇的是做码头的那截树，常年泡在水里，沤出中空的大洞。每次总有一条胳膊粗的黄鳝在里面，被钓走或者抓走，接着肯定还有一条同样粗的黄鳝接着做这个危险的租客。前赴后继的黄鳝们无人时伸直身子，惬意地把头伸出水面，像一截紧致的麻绳。见到人则慢慢下沉，钻回他的安居屋。

萤火虫亮着屁股，一闪一闪如同呼吸，在柔韧如剑的草丛间形成一道道触目的闪电。抓萤火虫是小屁孩做的事，我们是不屑的。晚上最乐意做的是点了火把，到田埂地头抓长鱼，也就是黄鳝。这些懒家伙们从洞里游出来透气，沟渠边上，稻田边上，一条一条的。有一次乃源大哥高拎一盏煤油灯，同时照亮两个田埂，每条埂上都有人一路巡着，一个晚上能抓近百斤的长鱼。长鱼扭着粗细不均的身子，在大桶里纠缠翻滚，让人兴奋。

夏夜，两张长凳，一副从门轴上卸下来的门板，搁成一张板床。躺在上面，看满天繁星，我跟弟弟们指着讲，哪个是启明星，哪个是北斗七星，哪个是织女座，哪个是猎户座。我还讲，每个星星离我们有不可思议的远，在宇宙面前，在永恒的时间面前，人是多么地渺小，又是多么地短暂。弟弟们小，听不明白，可是我越来越觉得融进了这片如沸的星海之中，好像生命回到了当初的起点，眼前的一切都是那么陌生，白日里那些纠缠的琐碎都不在话下了。

高湾的风是有形状的。村口池塘的涟漪、翻滚如沸的麦浪、一树枝叶的紧散都是它的形，烟囱里炊烟更是或直或斜，或聚或散，但每个蹒跚学步的孩子从中都能认得自家的烟囱，那是一只只“手”，会牵着你，一直到家。一丝丝的风，一阵阵的风，一片片的风，流窜不定的风，胁下生爽的风，砭人肌骨的风，会钻墙缝窗隙的鬼鬼祟祟的风，像惊雷滚过平野的浩浩荡荡的风，顺风奔跑的快意，逆风挪步的艰难，都让这片土地上的人印象深刻。

风改变了一切的走向，多少年过去了，物是人非，而高湾的风一直没停。

高湾四季分明，风物轮转。多年后，我在欧洲的博物馆流连。突然觉得高湾的风景就是一幅幅色彩浓烈的油画——在烈辣的阳光下弯着腰拾麦穗和稻穗的老人孩子，不就是米勒《拾穗者》的景象？悠悠水草，野菱曼荇，与莫奈的《睡莲》何其相像？而满田漫野的油麦、油菜花，则和梵·高的《向日葵》一样的生机盎然，一样的激情四射。

第二节　这把泥土

一臀坐定，打开电视，费玉清以一成不变的款款深情，一字一句地唱道：

听说你将远渡重洋
到国外开创锦绣前途
送你一把故乡的泥土
它代表我的叮咛和祝福
…… ……
这把泥土这把泥土
春雷打过野火烧过
杜鹃花层层飘落过
这把泥土这把泥土
祖先耕过敌人踏过
你我曾经牵手走过

我在腾格里沙漠里看见一种蓬草，没有水的时候根部会缩起，整个草丛会团成一个球，被风推着走。一旦遇到水，就立即扎根生长，勃发成一蓬绿色。戈壁滩上的胡杨树根部会在地下游走几公里，吸取水分，所以才一千年不死，死了一千年不倒，倒了一千年不烂。江南的竹子，刚种下时一年只长三四厘米，等到几年之后，以每天三四十厘米的速度拔节，一年成林。原因就是前几年的功夫全花在根上，厚积薄发，根系的力量以至于此。

植物，靠泥土扎根。人，往往也一样，离不开脚下的泥土。

农耕文明的基础不是植物和动物，而是人人脚下的土地，靠的是土地上种植的植物和驯养的动物供给生活。费孝通在《乡土中国》中提出：大河的流域已经全是农业区。从农村老家里迁到城里的人，忠实地守着向土里去讨生活的传统。

走西口到内蒙古的中原人，到了最适宜放牧的草原，一家家也习惯划出一块块小地方，锄地播种，自得其乐。据说在西伯利亚，中国人住下了，不管天气如何，都要下些种子，试试看能不能长出幼苗。靠农业谋生的人是黏着在土地上的。安土重迁成为内心保守的秘密。一位语言学家做张北一带方言调查，谈及中原北部的语言中受蒙古语影响的问题，结果发现，不但语言上看不出什么影响，其他方面也很少。很多闭塞的老村子，几百年来老是这几个姓，从墓碑上去重构每家的家谱，清清楚楚的，一直到现在还是那些家族。乡村里的人口似乎是附着在土上的，一代一代下去，不太有变动。

学兄毕飞宇写过一篇小说《生活在天上》，老家的老母亲住在城市的房子里，只看到天，接不到地，最后养了蚕，蚕丝把家门都封住了。电影《一曲难忘》中，流浪的波兰人都要怀揣一把故乡的泥土，得了病，会仔细抠出一点泥土吃。——土地，是农耕社会的共同情结。

南京大学的胡阿祥总结道，在早期人类的四种文明形态中，采集文明看天吃饭，靠培育植物、采集植物的果实为生。游牧文明驯养了动物，逐水草而居。狩猎文明则游荡于天地间，不育种，不养动物，一切靠打猎维持生计。而农耕文明却不同，长在土里的庄稼行动不得，种地的人也搬不动地，靠种地谋生的人才明白泥土的可贵。城里人可以用土气来藐视乡下人，但是“土”才是他们的命根子。

史铁生的《我与地坛》在我眼里是新时期最好的散文，没有之一。从陕北回来，他的脚再也不能踏上土地了。他在文中写道：

“一个下午，我摇着轮椅进入园中，它为一个失魂落魄的人把一切都准备好了。那时，太阳循着亘古不变的路途正越来越大，也越红。在满园弥漫的沉静光芒中，一个人更容易看到时间，并看见自己的身影。”

人生灾难不期而至，他觉得生活在一个深沉的梦里。

“梦对应四季呢？春天是树尖上的呼喊，夏天是呼喊中的细雨，秋天是细雨中的土地，冬天是干净的土地上的一只孤零的烟斗。”

从苍茫寂寥的景象中，他明白了人生的至理：

“太阳，他每时每刻都是夕阳也都是旭日。当他熄灭着走下山去收尽苍凉残照之际，正是他在另一面燃烧着爬上山巅布散烈烈朝晖之时。那一天，我也将沉静着走下山去，扶着我的拐杖。”

灾难遽降，一颗敏感的心灵的告白真切动人，直抵人心。史铁生以向死而生的姿态，向世人提供了关于土地与生命思考的深刻文本。

高湾人的争执大多起源于土地，甚至为了一小块土地大打出手，可谓寸土不让。平时种田，男男女女叫苦不迭，高湾的组长阚乃源好心好意把无人肯种的田包给了种田大户，但是大家反而对他有意见。他特别不能理解：祖祖辈辈在这块土地上耕种，整整五代，养活了整整五代人，经过了多少次易手，多少次潮汐般的变化，但是靠天吃饭，靠地收成，养生活命这一点一直没变，为什么还要再吃那种苦头，为什么给现成的钱不拿，偏偏还要再吃那种日晒雨淋，脸朝黄土背朝天的苦头？

这几年，从不信鬼神的高湾人，也集资建起了土地庙。“土地老爷”是最近人性、最接地气的小神仙，唠唠叨叨、白首偕老的一对老夫老妻，他们象征着可贵的泥土，也管着乡间一切的闲事。对土地的信仰使得大家对这个小庙敬若神明，香火不断。

曾任西沙水警区政委的陈俨将军专程带我去西沙，西沙的官兵至今对这位人品高尚、胸襟开阔、才能卓越的老政委心怀敬仰，感情深厚，让人感动。陈俨告诉我，西沙戍守边防的士兵每次回去探亲，他都让他们用帆布包背回一包家乡的泥土。就这样，战士们用一包包从祖国的四面八方带来的泥土，硬是在南海的礁盘上铺展了三十七亩可以垦殖的土地。只要战士乘船，总是背着泥土上岛，乘务员明白这是西沙的士兵，都自觉放行。我看到在永兴岛上，在土地上长成的一排排椰子树，在海风中摇曳生姿，成为碧海蓝天间的一道道屏障。

2017 年清明节，我回老家，在高湾的地里带回了两大袋泥土。在我位于苏南的小院里，栀子花开，茄椒垂果，老家的泥土以一种背井离乡的方式滋养了我的生活。

身居车水马龙的闹市，在水泥盒子的房间里，我常常在想：我该有一块在大自然中属于我的土地。有这么一块地，我可以从心底自然地、实实在在、时时地惦念着它，侍奉着它，不再惦记那些虚头巴脑的东西。而它也不会辜负我，春华秋实，会供养我所需不多的一生。从此，在这个世界上，我将和一个实实在在的东西血肉相连、枯荣相关。

第三节　声色世界

高湾的色彩来自土地，是土地赋予的色彩。

高湾人不种花，不种任何与生计无关的东西。但是自然流转，庄稼轮作，荣枯四季，在高湾的乡亲们眼里，这是世间最美的风景，不是随便哪个涂鸦的画家能画出来的。

春天运河大堤上是水杉，高湾南边的灌河和北边的排河则是杨树和柳树，或如绿装的军阵，或如绿色的屏障，挺立在河岸，护佑着纵横的河道。一次同学孙国强从高邮赶来，说是在万绿树丛中找到了我的家。

森严的河岸下，麦苗、油菜、蚕豆、秧苗，一茬茬接力，在鼓足劲生长，空气中弥漫着泥土的味道。小学时写作文，“绿油油”是个滥词。有一次作文，写春游，几乎每个同学都写了“绿油油”这三个字。董鹤松老师读作文，读着读着自己在讲台上都发笑。可也难怪，绿色到了这季节，麦苗呈现的就是油性的绿，绿得透彻，绿得发亮，可不就是“绿油油”？除了“绿油油”之外，还有一个滥词是“金灿灿”，“金灿灿”的是什么呢？当然就是油菜花了。“绿油油”的麦苗，“金灿灿”的油菜，绿的和黄的都是大面积的铺展，大色块的拼接。但不管怎么拼，怎么接，都是那么天衣无缝，完美无瑕。

那是可接到天边的色彩，那是一年一度的壮美。小时候就觉得“青黄不接”这个词不对劲，青黄不但可接，而且分明是可以任接，怎么接都好，都美。后来才明白，青黄不接指的是庄稼跟不上趟，出了粮食供应问题，倒也不是个妄词。

初春的嫩绿，夏天的深绿，秋天的金黄，冬天的黑白灰。土地上的植物感知着冷暖，应着季节，色彩参差，像丹青妙手笔下的调色盘，轮转有序，变幻有常。

读法国作家纪德《田园交响曲》时，新奇的感觉至今还在。牧师带盲女吉特吕德听音乐会，让混沌未开的她感受色彩：“红和橙色调类似圆号和长号的音色，黄和绿色调类似小提琴、大提琴和低音提琴的音色，而紫和蓝色调则类似长笛、单簧管和双簧管。”盲女的听觉被打开了，人性也焕发了光彩，在大自然中，一无所见的她感受到：“我们脚下的山坡就像斜面桌上摊开的一本书、山坡展现一大片花花绿绿的牧场，忽而在云影下变得蓝幽幽的，忽而由阳光辉映得金灿灿的，书上醒目的文字便是花朵，有龙胆花、银莲花、毛茛花，还有所罗门的美丽百合花，那些奶牛用铃声拼读这些文字，既然您说人的眼睛闭着，那就由天使来看这部书吧。”神奇的想象、动人的语言，让年轻的我心仪不已。

夜里的高湾则是另外一副模样。

高湾没有路灯，晚上的光亮来自窗口透出来的微光。只要不是阴天，野外则是无边的星月。月明星稀的时候，我曾在月亮下面看过报纸，大字总能看得清楚。如果是下了雪，天地光亮，看书是一种梦幻般的体验。我也曾专门捉过萤火虫，放到玻璃瓶里，想取代灯火夜读，结果是可想而知的不行。由此我明白了，古人读书，映雪是可以的，囊萤纯属想象。月明星稀、天地清澈是一种况味，而月弯如钩、星星如沸的夜空更让人想入非非。2008 年我在阿姆斯特丹的梵・高纪念馆，看梵・高笔下的星空，痉挛的笔触下，矿蓝色的星空是热闹的。万星旋舞，如火光四溅，如万蜂归巢，如激水奔流，如长风浩荡。星星们像一个个音符，遵从无声的命令，加入一个多声部的大合唱。近处的教堂黑着面孔，兀自耸立，像一个绝望的影子，是疯狂星空中的中流砥柱。

与阳光下的明媚不同，夜晚更多的则是黑暗。星沉月降的夜晚，或者逢到阴天，黑云铺天盖地。你就会明白“黑夜”的真切含义。

诗人吴以强在《我看见了黑》中这样写道：

黑像一把镰刀
我们在稻田里排列得整整齐齐
等待收割
黑
像一把铁锤
我们在炉膛里烧得里外通红
等待锤炼

黑暗中走路，感觉像走在另外一个世界里。睁大眼睛，竖着耳朵，在一团漆黑中，其实什么也看不到，什么也听不到。走在微微泛白的路上，疑神疑鬼，左盼右顾，脚下加速，神经绷得要爆。黑暗与安静结伴而行，浑融一体，不分彼此。它们无边无际，无始无终，一层层似乎远退，但又似一层层涌来。飘忽的磷火，飘忽的脚步声，让人感觉很不真实。一旦到了地头，一种类似生还的幸福感油然而生。

夜，是属于黑色的。黑暗是沉默的，有质感的。黑只是暗，不是空，就像“0”不是“无”，是实在的存在，是潜伏的万有。

南通籍的油画家袁运生在给学生上课时说，色彩是可变的，色彩是一个“谎言”。它来自你内心，是由你来决定的。——而高湾，在我的眼里，色彩就是这样流转，形成璀璨的四季。

水稻抽穗

和色彩一样，高湾所有的声音都来自大地。

泥土开裂的声音，麦子抽穗的声音，稻子拔节的声音，土地在吃水的声音，风过树梢的声音。这些声音，像初恋情人间亲切的呢喃，像小学课堂上不守规矩的交头接耳，像传递小道消息的鬼鬼祟祟。最动人的不是动物的声音，而是来自植物，庄稼和树们的各种摩擦的声音，枝与叶的摩擦，秆与穗的摩擦，琐碎而壮阔。骄阳如火，一望无际的麦田里，麦芒根根直立，相互对仗。一阵风来，如一只巨掌凌空抚过，麦芒应激而动，如剑与剑的对撞，铿铿锵锵，细细屑屑，汇集成庞大的交响。这是植物之间的战争之舞，这场壮阔的舞蹈从脚下滚到天边，又从天边滚回脚下。响当当的太阳底下，大团大团的金色滚过来滚过去，浩浩荡荡，气势恢宏，无始无终，绵延不绝。这是高湾最有光辉的时候。

我写过一篇散文《倾听五月》，在江苏台拍成了电视散文：

时维五月，春风浩荡，鲜花着锦，麦苗抽穗，江河畅流。

五月是歌，蛙声如鼓，深深浅浅的鸣唱是她高高低低的音符；

五月是海，波涛连天，蓬蓬勃勃的日子是她层层叠叠的浪花；

五月是火，她的热度可以用一枝灌浆的青青麦穗来测量；

五月是雾，她的变幻可以用一首花季的朦胧诗歌来形容。

…… ……

五月花开如潮，五月诗情泉涌。

五月是温柔的，让每一朵花开，让每一缕风暖，一个个绽放的生命都是对自然造化的深情礼赞；

五月是乖戾的，它会刮风，下雹子，会起沙尘暴，大自然的神威让每一个生命惊悚、敬畏；

眼前的这个五月，是“五月天山雪，无花只有寒”的孤冷清寂的五月吗？这个五月，是“五月榴花照眼明，枝间时见子初成”的丰满明媚的五月吗？是“浣江五月平堤流，邑人相将浮彩舟”的热闹喜庆的五月吗？

五月里的一切，一切的一切，都是五月的声音，泥土是坚硬的声音，麦浪是柔软的声音，大树是长长的声音，小草是短短的声音，云是轻轻的声音，雨是重重的声音，闪电是洪亮的声音，夜色是黑暗的声音……

让我们倾听五月——五月，热烈而单纯的声音。

这是我调动了情感，采用了文学修辞得到的声音。这种声音来自想象，是文字的，也是抽象的。而在高湾，声音和色彩是搭配的，也是分明的：绿色是蝉蜕，鹅黄是蜂翅，蓝色是夏风长吟，枯黄是秋虫唧唧，白色则是麻雀啾啾，就是老人和孩子，闭上眼也能知道。

安静不是万籁俱寂，不是绝对的无声，而是做完减法后突然冒出来的大题目——春夜哪家屋脊上的一声猫叫，夏蝉离枝前的一串烈鸣，秋雁翅膀扇动空气的扑棱声，晒背的乌龟见人后跳到水里的扑通声，雪夜野地里远远的一阵狗吠……每一种突然的声音，都让你惊心动魄，那是一种存在的炫耀，是生命的宣示，它是在告诉你，世界上不光有你，还有它们的存在。

上高中时，老师讲到朱自清的《荷塘月色》，条分缕析下来，块块是“好肉”：叙述如何精当，文辞如何优美，老师领着大段背诵：“曲曲折折的荷塘上面，弥望的是田田的叶子……”稠密的语句，穷形极相的描写，背得烂熟的文章成了我精神上的挡箭牌，遇事紧张时就开始在心里下意识地默念。这样一来，《荷塘月色》就代替了我的呼吸。

多年后我去清华大学公干，特地去找那方神圣的荷塘，转过王国维的墓碑，但见一个长方形的水塘，水面枯浅，残荷茕枝，平淡无奇，了无生气。当时，我脑子里浮现的是老师敲黑板的情形：月光、荷花、流水，那么和谐，那么统一，那么美妙，“像梵婀玲上奏着的名曲”。老师大声问，这是什么？我们大声叫——通感！老师高兴了，对了，通感！大家笑了，感觉得其意趣，感觉心领神会。师生承欢，其乐融融。其实有生活经验的人都知道，哪种感觉不是相通的？

第四节　厚土之上

菜

高湾人的日子是跟着庄稼走的，春耕夏种秋收冬藏，一个轮回就是一年，一年又一年，从小到大，从大到老，一辈子就交代了。

除了种庄稼之外，每家每户的房前屋后，田埂上，树荫下，边边角角的零星土地上，总得见缝插针地种上点什么。韭菜、青菜、包菜、辣椒、茄子、菜瓜、黄瓜、冬瓜、南瓜、刀豆、扁豆、萝卜、大蒜、慈姑、芋头、黄花菜……这块土地种啥长啥，不舍得浪费的。

蚕豆花像蝴蝶，紫色的，边上还有两枚黑色的斑点，像是蝴蝶的眼睛。花谢了，蒂部慢慢结成一枚弯刀似的豆荚，里面卧着几枚蚕豆，嫩嫩的，绿绿的，不要等老，捏一捏，有点硬了，就该摘了。回去剥了荚，用针线穿成串，放到饭锅上，一团雾气升起，饭熟了蚕豆也熟了。等凉了，挂在脖子上，带着一股清香，甜甜的，面面的，得一粒粒数着吃，每吃一粒都要做一次下不为例的决心。老了的蚕豆既不好看，也不好吃。就拿来炒，炒得闻到焦煳味了，就浇一瓢水，腾起一阵烟，再慢慢煮，搞不好还硬，硌牙。

“青菜豆腐保平安”，青菜是一年中吃得最多的。宝应一带，种着一种叫黑头乌的青菜，矮趴趴、乌油油的一大棵，是青菜里的极品。咸肉烧黑菜，肉的咸香和菜的鲜甜恰到好处地打和一处，像久别重逢的好友，那种味道真是好极了。奇怪的是从高湾往南不到两公里，过了高邮，菜就很难成活，只能说这是这方乡人的口福。

慈姑团团的，小小的，熟了吃，面球球的，入口细腻，是红烧肉的绝配。但是冬天刳慈姑太受罪了，那小东西和烂泥、冰水冻在一起，硬邦邦的，像小铁球，一手捏着碎碗的瓷片，一手刳慈姑，那是人生的一劫。

藤，像是人的欲望，生长无极。南瓜则攥牢一根藤，慢慢长，慢慢结，个把月的工夫，从豆到拳到斗，直到最后的大倭瓜，瓜熟蒂落。

找南瓜是件有趣的事情，顺藤总能摸到瓜。

扁豆是急性子，紫色的扁豆花像风一样，来得快，去得快。花才落，小小的扁豆便冒出来，漫山遍野。要不及时摘，就被虫子吃得全是洞眼。

丝瓜

扁豆

还有好事者在田头种向日葵。向日葵的脸盘会跟着太阳转。最后割下来，搓出里面的瓜子，农闲时在锅里炒了吃。东北出生的同事娟子开玩笑说，东北人捂冬闲着，喜欢嗑瓜子。嗑瓜子嗑出了花样，手上一把瓜子，一粒粒扔进嘴里，唇接、牙嗑、舌勾，一套动作下来，瓜子转瞬下肚，嘴里立即还原出一具空壳。很多东北人都有牙豁，都是嗑的。——

是不是演绎，待考。

树

美国诗人乔伊斯·基尔默（Joyce Kilmer）在他的名作《树》中写道：

这树整日仰望上帝，
高举树叶茂密的手臂祷告。

房前垂杨柳，房后鬼拍手。杨柳依依在前，杨树磊磊在后。杨树叶被风一刮，像无数只小手在相互拍打，哗啦哗啦，一阵一阵，像逐风远去的浪涛。同学周风梅说，回老家，晨起散步就听到大叶柳树的叶与叶摩擦的声音，让人震撼。

高湾的树很多，桑树的叶子并不起眼，却是蚕唯一的口粮。蚕上了山，就要一刻不停地吃，一层绿叶铺上去，只听得"沙沙沙沙"的声音，一会儿就吃完出了头，白花花的一片。大人小孩都要满世界找桑叶，迟了蚕就僵了。夏天的桑树挂满桑葚，那是一种抵抗不了的大诱惑。《诗经》里都说了，"食我桑葚，怀我好音"。你看，桑葚有多好，鸟吃了它都能唱出乐音。见到桑葚，我们就顾不上嗷嗷待哺的蚕了，会蹬枝上枝。见来了人，啄食的鸟们就飞远了。我们骑坐在枝丫中，一手撸一手吃，直吃得香涎满口，嘴唇乌紫。不能上树的小孩子就在地下仰着头等。我们边吃边摘，吃得高兴了，就随手摘一串扔给他们，任他们像麻雀似的在地上哄抢争食。

当然，桑树最大的用场是做扁担。桑枝的韧劲大，挑起来不会折断，还可以悠劲，应和着嗨嗨吆吆的号子，形成充满弹力的节奏，走得又快又稳。

梨树开花像赶集，你赶我，我赶你。几天时间，每个枝条就缀满了白花，繁华一片，灿若云霞。到了夏天，结实极大，入口极甜，孩子的一只手掌握不周，只能捧着啃食。槐树的花有香气，跟着晚饭花一起，香得特别野。榆树会结

梨树

一串串的榆钱，像钱串子。柳树弯曲向水，像自恋的女孩。杨树皮上伤痕累累，可怪的是，伤痕圆溜溜的，像不知何故瞪大了的眼睛。楝树的果子招虫，也招鸟，是三蛮子（灰喜鹊）的最爱。但是且慢，暂时还轮不到三蛮子，楝树果早就被我们收到书包和口袋里，那是打弹弓的最好子弹。

我小时候的家门口种了五棵泡桐，一溜边立着，像一排兵。父亲指着树挨个告诉我们，你们兄弟三个，每人负责一棵树，看谁的长得粗长得高。这个责任可大了去了。我们天天惦记着自己的树，放学了赶紧往家跑，把小便憋回来，对着自己的树施肥。滋着尿，看着树叶中漏下的斑斑阳光，想象着泡桐树在我的“生物制剂”下的蓬勃生长，那个舒服，简直可以叫作幸福。

家后一棵大核桃树，雨后会长木耳。这个野生的大树因为被人觊觎，父亲就硬生生地伐了，裁了板。家里吃饭的长条桌中心板，经木匠的刨子刨平，硬实而光亮，光洁如石。竟然很难上漆，和边上杂树的板显出不一样的深浅颜色。夏天睡觉，独独这块板最凉快。在沸天的蝉声中，背后衬着这一块凉板，加上水一般流过的过堂风，乘凉之乐，莫过于此。

榖树都是伴生的，一棵树总能招来一群鸟。雀群吃了不同果实，排泄在树下，榖树就轰轰烈烈地长上来。榖树的叶子大小如掌，柔韧细密，上面蒙一层细绒，是最好的绿色手纸。

树，越是向往高处的阳光，它的根越要伸向黑暗的地底。

这些年，城市建设加快，农村的大树常常被移到城里。农村里的大树，是农人们的精神寄托，是多少辈人生生不息的象征，被移到城市，成为一种精神的掠夺，一种无视农村人生活和情感的赤裸裸的侵害。但是这件事情除了几个书生的激愤之外，没有人反对，没有人抗争，甚至，没有人记起。在现代社会，很多不值一提的小事被炒得沸反盈天，而很多触动万千人心灵情感的事情反而无声无息。

一切正在发生，一切将要发生，一切正当合理，一切荒诞不经。

2017 年夏天，烈日高悬，周而复始，又是一个百年未遇的连续高温天气。此刻，在我的窗下，从不知哪个乡村移来的大树被削去了树冠，用几根铁架支着，身上挂着吊瓶，孤独地在楼前洒下一点阴影。树是跟根部的泥土同生共长的。我更愿意看到不同的树苗，在不论哪块土地上生根，让我们见证它们的成长，感受时间的分量。

家 畜

之一 狗

狗命很大。几乎打不死，打死了放在地上，只要有一口悠悠气，就能活转过来。

穷人家生个孩子，往往叫个小狗子之类的名。狗命贱，好养活。

一条狗活到老，真是件不容易的事儿：见到生人要生猛，见到熟人要热情，要会看人兑汤，见机行事。外紧内松，张弛有度，心有猛虎，细嗅蔷薇。一句话，一切要有个度。稍有差池，就被人剥了炖肉。狗活了一辈子，帮人守家，其实就是为了守住自己的命。从这个意义上说，做狗还真是件悲催的事情。

在高湾，几乎家家养狗，每家每户的门，交给狗来把持。外人来了家里，先要与狗打交道，甚至要哄狗玩，让狗高兴。狗高兴了主人往往也会高兴，话就好说，事情也好办了。遇到灾年就是狗的死期，狗没有吃的就算了，在人的眼里，平时低眉顺眼的狗往往是一锅可以活命解馋的肉。

狗是主客关系的温度计。一条称职的好狗，是要会察言观色的。主人喜欢的客人，狗要兴高采烈；主人厌恶的，狗就得表示愤怒。这是原则，马虎不得，动摇不得，必须遵从。狗叫了，主人先不忙着出来，先从窗缝里看看。如果是不想见的人，不想开门，狗就得表明态度，要叫得起劲。相反，如果来了贵人，来了想见的人，主人一下子就会跑出来。如果狗不识相，还在叫，就会无辜挨上一脚，没趣地躲开，很伤自尊。但是狗还不能抱怨，还得若无其事，还要跟主人保持亲近，继续自己的不堪生涯：靠自己的肉体痛苦换来一次次教训，与人保持不即不离的距离，维系捉摸不透的平衡。

对于狗来说，处理自己的身体和情感也不能由着性子来。路遇钟爱的异性，多看几眼无妨，偶尔凑上去蹭一蹭，吃点豆腐也是可以的。但是不可留恋，更不可自行其是。如果需要交配，主人会跟对方的主人商量好，玉成其事。好过一下下就行了，不能恋恋风尘，弄出感情那就麻烦了。狗得把所有的爱和忠诚奉献给主人，而不应该给另外一条狗。总之，把任性当个性是危险的。——所以狗要活得好，必须是一个哲学家。

狗的狂欢是在无人的夜里。人们睡着后，村道上就全是狗的世界。它们大呼小叫，快乐无比。2004年初冬的一天，我住在北京香山附近，晚上摸黑进入香山公园。月暗星稀，山影憧憧。山的远处是华北平原，狗叫声远远近近，此起彼伏，层次分明，形成杂沓而错落的午夜交响，至今难忘。

高湾几乎家家养狗，目的是看家护院。上小学的时候，我在高湾养过一条小狗。每天上学送我到村口，放学回来时，蹲坐在村口等我，见我就扑上来，作势咬我，绕着我的裤管打转，是我最得意的好伙伴。有一天，我放学回来，不见了它的身影。问了大人，也是躲躲闪闪，后来我才知道，打狗队刚走不久。我顿感五内俱焚，欲哭无泪。我可爱的小狗，我的小伙伴，我的精神寄托，就此不在人世，一声告别都没有。不知道它被吊起棒杀的时候有没有想起过我？

我现在的大学校园里有一只三条腿的狗奶奶，每次打狗，它就消失不见。运动风头一过，“老人家”就神奇地出现了，并且带着另一群跟它毛色一样的小黄狗，在远离人的荒地和操场角落里撒欢。我常常看到在路边、小区披着各式各样毛皮的狗们，它们戴着链子、来来往往，巧妙地迎合着主人们的心思，或慢游或快跑，或矜持或欢快。人与狗是有情感的，而这种情感，是人所不能承受的生命之轻。

我至今捉摸不透，狗究竟是带着什么使命来到人世间的。是救赎，还是还愿？是奉献，还是偷生？

反正，我不养狗。——不敢，也不忍。

之二　猫

猫，与狗大不同。

狗是人的投影，什么样的人养什么样的狗，就像开车人所选的车型一样。而养猫和养狗是不同类型的人。

猫是人类最早驯养的动物，被埃及人奉若神明。在生活中，狗会忠诚护主，尽职守家。侄子阚文龙曾到汶川救灾，他看到有的农户家的狗，见到主人倒在里面，守着倒塌的废墟，不离不弃，饥渴而死。而猫呢？就不同了，猫不拿老鼠，无甚大用，对人的感情若即若离。谁家的鱼香，谁家的饭好，它就会闻香而至。我的老母亲都说，狗是忠臣，猫是奸臣。猫经常会离家出走，它的婚姻也是自由婚姻，春天的晚上叫得凌乱凄切，那是荷尔蒙的抒情诗。唱着唱着就没声了，那是诗人搭上了对象，躲到不知道哪个角落风流去了。猫的情感世界乱得很，会瞎掰。

高湾人常骂赖床的孩子叫“懒猫”。的确，猫平时就是一副懒洋洋的模样，但总能找到人够不到的地方，眯着眼睛打呼噜，肚皮一起一伏。冬天窝在锅屋不出来，搞得一头一脸的灰，还常被灰烬烫掉了毛，显得有一搭没一搭的，不管不顾地难看到底。但猫会讲究，比如拉屎不会乱拉，会找个没人的地方，拉完用后爪拨拉土灰盖上，俗称“猫盖屎”。猫会显摆，捉到了老鼠，它叼着老鼠，跑来跑去，这是它在用鼻孔做汇报，喵呜喵呜——看我多有用！

狗有自己的狗窝，寸土不让地守着。你打它都不走，猫一打准会跑了。猫可能是最懂得人性的：人是最靠不住的，人自己都不能对自己负责，还能对别的物事负责？

2002 年我在《光明日报》发过一篇文章《从猫频道想到的》，美国一家电视台开办了猫频道，美国的猫咪们真是有福了，好吃好睡还能看到可心的电视。我这样写道：“据统计，在美国饲养宠物猫咪的有八千多万人，其中超过 20% 的人在与猫独处的时候愿意选择猫咪爱看的电视节目。照此计算一下，只要养猫的主儿打开电视机，这个频道的收视人口就是一千六百万，综合收视率就是 6.2%。真是不算不知道，一算吓一跳。看来猫虽小，但仍然代表着特定的收视人群，媚猫的目的是讨好人，瞄准的还是猫主人的腰包。”

该出现的时候出现，该消失的时候消失。谁也不知道猫是怎么来，又是怎么走的。我有个要好的朋友，可能是经历的关系，对养猫的女人心存警惕：她们和养的猫一样，独立，聪明，不易被驯服，也不易对人依赖。

作为最早被人类驯养的动物，猫把自己和人之间的关系做了最好的厘清——不是主奴关系，也不是人身依附关系，只是一种情人关系，是朋友关系。——不要问我从哪里来，也不要管我到哪里去。各自珍重。如此，安好。

之三　牛

“牛是农家宝，耕田少不了。”这是我给生产队牛棚上写的春联。

生产队最值钱的就是场上养的牛了。场上两头牛，一头老牯牛，大概是年岁大了，总是慢腾腾地走；另一只就不同了，年轻力壮，角盘成一个大大的“椭圆”，走路一阵风，拉起犁来也是一溜烟。老牛由杨凤朝养着，杨是富农，平时不声不哈，胆子小，性子也慢；小的由高元华饲养，高是出名的脑筋活，说话快，做事利索。牛和人的性格如此般配，是巧合还是相互影响，不得而知。而在生产队的老一班的庄稼人宁愿慢一点，要老牛拉犁，耕得深，耘得齐，耙得匀，实诚到位，庄稼种下去，心里踏实。

生产队的场角上是一个牛棚，在我的印象中，一大一小两只牛始终不眠不休，成天磨着上下两片嘴唇吃个不休。一头成年的牛每天要吃一百来斤稻草。一个高高的稻草堆被它们越吃越小，直到来年再堆上一个新的草堆，开始新一轮的吃嚼。

骑牛是一件有趣但有一定危险的事情。踩着牛角，攀着牛头，才能上牛背。在牛背上夹着两腿，抱紧牛脖子。一步步结结实实地走。最刺激的是随牛下河，牛鼻子朝上，昂起在水面上，只有一只牛头——不，严格说起来是一只牛脸露在水面上，但是没有关碍，牛的水性很好，四个蹄子在水下划拉着，悠然自得，不紧不慢，总能把湿漉漉的小屁孩送到岸上。那时候大人关照的只有一件事，一定要把牛绳盘到牛头上，绳滑到水里是危险的，因为会缠住牛蹄。——这种事情曾经发生过，牛绳卡在了牛的偶蹄根，蹄子无法划动，牛沉了底。

牛虽任劳，却不任怨。牛很傲气，宁撅不弯。制服它的只有拴住牛鼻子的牛绳和手上的树枝。邻队的一只老牛，鼻子被绳子拽豁了，都不肯拐弯。有个姓朱的同学，很犟，打不怕，被叫作大拐牛。

农忙时，牛就累了，一大早被牵出去，劳作一天再牵回来，浑身全是汗渍，跟着一团团牛虻蝇虫。牛连尾巴都懒得甩一下，一脚踏进泥沼里，身上糊上一层烂泥，再也不怕蝇虫了，在牛汪的污泥里，牛闭着眼睛，一副舒服得很痛苦的样子。

一只牛要顶几个壮劳力。一次，放牛的人带着牛想跨过渠道的缺口，结果把牛腿摔断了。大队长朱耀明听到了，一路奔过来，边哭边骂：“狗日的，把我的牛腿摔断了！”农忙时，一头牛一天能耕几亩田，牛如果指望不上，那农时就赶不上了。

“倒牛”是村里的大事，牛耕作一辈子，走不动了，会躺下等死，这时候就得被宰剥皮。在一个大热天，生产队的一头老牛跌坐在地上，再也起不来了。甚至连赶牛虻蚊蝇的力气都没有了。人们不断用长柄水舀往牛头上泼水，我分明看到了牛的眼睛里流出了眼泪。有人不忍，把牛头用芦席盖上，让宰牛的放血。男人们在前前后后地忙着，妇女孩子在哭。

高湾有个年轻人刘万福，是母亲的表哥，倒了牛，跑到厨房偷半熟的牛肉吃，结果吃多了，胀破肠子死了。

我曾经住在扬州的西门街，边上有个老地名“牛大汪”，原来是一个大池塘，足有一二十亩大小，不知道是不是与放牛有关。听年纪大的人说，在牛大汪中心，五六米长的竹篙子都打不到底，百十年都没有干过。现在的牛大汪被柳湖路一裁为二，东边形成二道河的河道，西边是一个半圆形的池塘，被命名为半塘。边上一个透红亭，以纪念扬州师范学院中文系的国学大师任半塘先生。夏日里，荷叶田田，莲花摇曳，满池生辉。

到了20世纪80年代，一个姓孙的沭阳人在高湾卖粉丝，说有人在当地可以买到拖拉机。父亲看他实诚，就带了会计，带上生产队所有的钱去沭阳，买了全大队第一台拖拉机，又从涟水买了一只拖厢，让阚乃源开。

拖拉机不知疲倦，日夜作业，耕田、脱粒、运粮，人歇机不歇，只要有柴油就可以一直突突下去。

牛，就此从高湾的场间田头消失，成为一个历史名词。

之四　猪

人有房，猪有圈。房和圈一般相隔不远，甚至靠在一起。

猪圈的格局一般是长方形，前面闸上栏杆，里面分为两层，前面低的部分是猪排便和散步的地方，也是它的作业场，下来散步、拉撒，顺便就把脚下的草木泥灰猪粪踩匀踩实，沤成了庄稼急需的肥料。猪圈后面部分的高处是盖顶的，可以遮风避雨，扔进去两捆稻草，那就是猪的床铺了，卧室兼饭厅，供它休息和吞吃。边上有个猪食槽，几勺秕糠，加上泔水兑成一桶，搅和搅和，从墙边的窟窿倒进猪食槽。猪闻声而动，一跃而起，开饭了！不过猪还真不笨，它再饿，也不吃铺上的稻草，那是冬天取暖的必备品，吃了就得挨冻。

除了大人喂的猪食之外，我们放学路上捎带的树叶和青草大概就是猪的美食了。有那么一只小猪，看见我的影子过来了，就欢实十足地奔过来，凑近了叼我手上的草，一边吃，一边满意地哼哼。就这么日复一日，它长大了，成了一只被人垂涎的肥猪。一次放学回来，圈里没有了声音，猪居然被卖了！我立即丢下青草，满地打滚。父亲一看急了，赶快拿上还没焐热的钱，一直追到前进生产队，把已经走在屠宰场路上的猪又牵了回来。这是父亲宠我的证明，也被老辈的高湾人当成故事，一直讲到现在。

圈养的公猪要劁，否则会不安分，爬墙拱圈，意在越狱。但是母猪总得要生，全大队只有一头公猪，公猪远比一般的猪要大，雄壮得很，这是一位姓杨的同学家的摇钱树。可怜的杨同学放学后，就赶着这只公猪到处配种。有时候走不动，就骑在它背上。大概是嫌烦了，公猪会跑起来，把他颠到地上。他捡起树枝狠抽，那猪会像马一样飞跑，不过人猪分离后，猪总是先到家，也总能找到家。

猪和人一样，也习惯了一日三餐。每年青黄不接的时候，人就早早地上床睡觉——横躺着总比竖站着要耐饿，人吃得少，泔水就少，猪食也稀了，自然饿得难受，可是猪圈里的猪受不了。猪是圈养的，不像鸡鸭鹅，可以满世界刨食，它们饿了会叫，会喊。猪叫的声音不像鸡叫的喜庆，鸭叫的幽默，也不像猫叫的娇气，狗叫的让人心安。猪叫得很粗，很直，像号丧一样，叫得很难听。像是饿死鬼，叫得让人感觉全世界都欠它的。

在泰兴拍木偶戏班，晚上住在农民家的土炕上，床肚底下就卧着一只肥猪，夜里老是哼哼。那是饭足肚饱后满意的哼哼声，与小时候在高湾听到的猪叫完全不同。躺在东倒西歪的戏班子旁边，我想起了高湾当年的猪叫。

就在饿猪的叫声里，夜晚来临，村庄安宁下来了。晚上，天上没有了太阳，也常常没有月亮。

我很快就睡着了，猪的声音也听不到了——那时候年轻，只要躺平了，扁担上也能睡得着。

之五　家禽

鸡

小时候的鸡是一团线球，粉色的小爪在地上的薄灰里印下一枚枚浅浅的“丫”字。小鸡很脆弱，吃了大的虫子会被噎死，跌个跟头摔断腿不能刨食会饿死，被鸡婆有意或无意地踩了头会死，吃了带露水的草拉稀会死，被黄鼠狼或者哪只淘气的猫轰一下也会被吓死。总之，百般不易中，总有差不多一半的小毛球会在滚来滚去中长大成鸡。

大了的鸡就全然不同了，骨架一点点粗大起来，羽翼丰满了，俨然成了庞然大物，昂首阔步，声音雄壮。公鸡司晨，站到高处，酣畅淋漓，一唱天下白，一副指点江山、舍我其谁的骄傲样子。母鸡是全家的“屁股银行”，生了蛋会很高兴，“咯咯蛋，咯咯蛋”地叫上半天，像是掌握了最高真理，赤裸裸、筋暴暴地宣传自己，直到全世界都知道她的成果。——不过也真是，还有什么比传宗接代更理直气壮的事情？！

鸡的一家

最怕的是鸡抱窝。母鸡孵蛋，如果没有孵出，鸡就疯了，疯了的鸡红着冠，不管不顾地疯跑，敢跟一切做斗争，连一向自视甚高的狗和猫都怕了它，离得远远的。调皮的熊孩子会把这个“鸡怨妇”逮住，给它的尾巴上捆上一角红布，鸡眼见了红，更是不得了，会一直疯跑，直到跑不动，一头栽倒。

鸭

鸭子的世界是在水里，大半个身子坐在水面上，脚蹼让它在水里自由东西，分外灵活。上了岸的就叫旱鸭子，摇摇摆摆，笨拙难看。

鸭子

鸭子要放，一个鸭群浩荡而来，沿着河沟，一路淘的小鱼小虾，螺狮蚌蟹全部进了它们永远不饱的胃里。鸭群呼啸而过，总能在河水里摸到鸭蛋——它们大概总是边吃边拉的。

小鸭子最难放。对什么都好奇，不知天高地厚地到处乱跑。遇到下雨，那是最麻烦的，小东西好奇而兴奋，头仰着啄食天上的雨滴，满世界乱窜乱撞，都不听话了，都不长眼睛了，全然不管竹篙，也不顾竹篙上系的红布条了。那时候鸭倌就崩溃了，像个稻草人一样无助。

南京人爱吃鸭。盐水鸭都是瘦肉型鸭。据说最早还是里下河的鸭阵，沿着运河下长江，再到秦淮河，是小船赶着一路放过去的。水路要走半年，养得膘肥体壮的鸭子到了南京，也成了瘦鸭。皮薄肉鲜，既下酒又下饭，南京人一年吃到头，吃不厌。

鹅

养鹅的人不多，一是鹅食量大，养不起，放出去吧，又不安全，不知会被哪个人偷偷闷了。二是不实用，鸡蛋一般一天一个，鹅是爱生不生，不靠谱。但是长大了的鹅气派不凡，可旱可水，水里游得自在，在地上走着，“嘎哦嘎哦”地叫着，声音雄厚，似有回声。鹅骁勇得很，遇到生人，就把脖子低得像蛇一样，“啪嗒啪嗒”扇着翅膀飞扑过来，啄人的样子很凶。所以南方有养鹅看家护院的。

我曾经的同事老周是东方卫视美食节目的主持人，他在饭店点烧仔鹅。服务员上了半只，他要对方把这盘撤下，换另半只上来。大家不解，愿闻其详。老周滋了口茶，然后不紧不慢地开讲：鹅嘛，不同于鸡可以圈养，也不同于鸭，可以填鸭，鹅一定是散养的，走着觅食。走着走着，鹅就会直着一条腿，蜷起另一条腿休息，直立的往往是左腿，蜷起的往往是右腿。久而久之，左腿的肉紧实好吃，右腿的肉松肥，不好吃。刚才端上来的是右半边的，现在你看看，左半边上来了，哎，这就对了。

老周是个趣人，说得对不如说得好。说得好，自然就对了。

之六　其他

蜘蛛

蜘蛛是靠着屁眼生活的奇怪的小东西，也是以小博大的典范。高湾人把它叫作“喜喜蛛”，这是吉祥的。逢到雨后，喜喜蛛就从躲雨的檐下或者叶子背面爬出来，瞅准一个地块，然后从屁眼里拉出丝，盘盘结结，织成一张网，然后缩到角落里，坐收渔利。

不管是神气活现的大马蜂，立飞立停的蜻蜓，还是嘤嘤乱飞的蚊子、苍蝇，只要撞上了这个脸盘大小的网，基本上撕扯不开。触网的结果就是越缠越紧，越陷越深，最后轮到蜘蛛不慌不忙地过来收拾残局，大快朵颐。

蜜蜂

蜜蜂总是成群，成群的蜜蜂是跟着放蜂人走的，而放蜂人是跟着花走的。

迎春花、桃花、梨花、油菜花、紫云英，春天的田野上，花开成了竞赛。蜜蜂进入一年最忙碌的收获期，一团团雾似的来来去去。它们的目的就是孝敬待在蜜香里的蜂王。田野是它们的主战场，那是大部队，打的是阵地战。

我们寻常所见的是落单后的蜜蜂，它们是大部队的逃兵。脱离组织后成了野蜂。野蜂喜欢做窝，泥墙是他最好的归属。飞着飞着，在空中绕着线团，突然一头扎进泥墙的缝隙里，倏忽不见。小孩的眼睛尖，瞄准了墙缝，用麦秸掏，把它像耳屎一样掏出来，落到玻璃瓶子里，看它嗡嗡叫，直到没声。

我曾经在泥墙的缝隙里与一只蜜蜂对视，它很不解，歪着脑袋，斜着身子下意识地往里面缩，越缩越小，直到不见。

蝉

夏天蝉鸣，嘶嘶不休，从早至晚，吵死人了。

老师最擅长因势利导，用身边事教育我们。老师说，蝉成天叫“知了，知了”，其实它什么也不知道，“所以呢”，老师顿了顿，“谦虚使人进步，骄傲使人落后”。老师把结论升华了，无可置疑，让人信服。

高湾人把知了叫叽溜。就像昂刺鱼一样，都是根据它的叫声起的名。自呼其名的一般都是贱种，叽溜自然也不例外。但是叽溜壳除外，人家有学名，叫“蝉蜕”。蝉蜕是中药材，是可以换钱的。夏天一大清早，孩子们就带着竹竿，挎着篮子出门了，每到一棵树下，他们仰头向上，目标是挂在枝条上的叽溜壳。一竹篮的蝉蜕挎到镇上的药店，可以卖到五毛钱，一个暑假下来，学费差不多就够了。

我曾经半夜起来看叽溜脱壳。手电的微光下，先从树下找起，从新出的圆溜溜的小洞开始往上，一定会照到一只丑陋笨拙的叽溜婆，爬到一个妥当的位置，人家就稳住了，手电照着也不动。然后从背脊处裂开一道缝，一只几乎透明的蝉慢慢从里面出来，慢悠悠的，颤巍巍的，先是背，然后是膜翅，接下来是头、口器、足，等到腹部全部拔出，一只完整的蝉就出来了。不一会儿的工夫，蝉从半透明慢慢变成粉绿，像一块玲珑剔透的碧玉。而一旁带着泥土的蝉蜕，则显得粗陋而怪异，像一所人走茶凉的空房子。可是等不到几个小时，等到太阳起来，这只冰清玉洁的蝉就成了一只叽溜了，黑不溜秋，聒噪不休，万人嫌。

蜻蜓

提到蜻蜓，脑子里就会冒出一句诗来："小荷才露尖尖角，早有蜻蜓立上头。"才露角的小荷，上面能够停放的只能是蜻蜓，这是绝配，没有替代品。换谁都不行，不服你试。

为什么这样？答案在蜻蜓的身体。蜻蜓的构成就是四块，一个是眼睛，眼睛就是脑袋，脑袋就是眼睛。一个是翅膀，一边两对，一体四翼，透明得好像没有。一双纤细若线的脚。这个脚几乎以看不见的样貌，以一种难以觉察的姿态停在花叶间，做成了理想的画本。还有就是尾巴。

蜻蜓就是有仙气，不过可不像神仙一样地独来独往，它要来就是一大片。透明的红蜻蜓在半空中开会了，飞来飞去，像满天的小飞机。落日余晖下，每只蜻蜓都闪出斑斓的金属色泽，小飞机没有航道，遮天蔽日，但是从来不撞机，不坠毁。

蜻蜓的动作其实极快，都是迅雷不及掩耳。看过 BBC（英国广播公司）的纪录片，这帮世界上最早的电视人绞尽脑汁，把一只蜻蜓粘在木板上，木板装上螺旋桨，在空中飞行。同在板上的摄像机记录下一只雄蜻蜓飞扑下来，瞬间完成交配的过程。那可真叫蜻蜓点水，一触即发。高速摄像机的超慢回放和精心制作的电脑动画才能还原一个惊心动魄的过程：都是危险的空中动作，空中销魂，让人自叹不如。

美中不足的是蜻蜓的尾巴，早在恐龙时代就存活的这种美丽的昆虫留下了一个丑陋的尾巴，完全是进化潦草的败笔。蜻蜓聚会的时候，我们用大竹帚在天上挥舞，打落了蜻蜓就揪下尾巴，插上一截麦秸，看它摇摇晃晃地飞行。

可飞不多远，就像中了弹的飞机，一头栽落，没入尘埃。

萤火虫

萤火虫属于夏天的晚上，是夏夜的诗眼。

它用可爱的小屁股一闪一闪地发光，起起伏伏，一呼一吸，像一下一下的心跳。这个飞翔的心跳在远远近近地飞舞，像空中飘荡的宝石，这就有了意境，有了童话的感觉了。所以现在人造景区，也人工培育了萤火虫到处放，制造诗意。

老师总是嫌我们读书不够用功，凿壁偷光和囊萤夜读是常用来教育我们的典型事例，让我们自愧不如、惶恐无地。我总怀疑，凿壁偷光，凿了人家的壁，偷光的同时，人家就不担心还会偷点别的？至于囊萤夜读，我用我的亲身经历担保，那是个骗人的假话：我用洗的非常干净的玻璃瓶，装了满满一瓶萤火虫，那些挤在一起的亮屁股，不一会儿就暗淡下去了，看书是绝对不成的。那是好事者勉励孩子读书而制造出来的美丽的谎言。

当太阳升起的时候，疯舞了一夜的萤火虫累了，就躲在阳光照不到的暗处，或者阔叶的背面，静静沉睡，等到下一个夜晚的到来。

我大学的文学社就叫“流萤”，流萤不是流星，虽然微小微弱，但是却自我发光，流布四方。大家集齐了诗歌散文小说，连夜刻钢板，推油墨，第二天黑着眼圈在食堂敲着饭盆卖。这些人中，出了不少声名鼎盛的作家，活跃在各种场合，闪亮在全国的各种论坛、讲堂、会场、舆论场中间。你还别说，大家伙还真混成“流萤”了。

高湾的世界里，还有传说中不祥的蝙蝠，吸血的蚂蟥、总在不经意处出现的蛇、浩浩荡荡的蚂蚁、阴暗潮湿中留下印记的鼻涕虫。有人厌恶，有人忌惮，为了避免引起别人的生理不适，不说也罢。

第五节　“做生活”

躺在床上，默数着鸡叫，到了第三遍，门轴开始吱嘎响了。东天透白，霜露落地，村里人起床后的第一个动作是抓出一把稻，抽开鸡笼门，挤了一夜的鸡群一涌而出。鸡们见了天，透过气，抖擞翅膀，开始大吃大喝，边拉边叫，十分畅爽。拾粪的人挎着背筐，提着铁锹开始出门，这时候路上最丰富的，除了鸡粪之外，难得的是夜狗拉的野屎，迟了可捡不到。

高湾的一天是从歌声开始的，“五星红旗迎风飘扬，胜利歌声多么响亮，歌唱我们亲爱的祖国，从今走向繁荣富强……”嘹亮的歌声借助高音喇叭这个 360 度全方位扩散的强势媒介越阡过陌，传遍田间地头。多年之后，我和唐巨宗去无锡荡口游玩，才知道这首歌曲的作曲者是此地出生的王莘。他于 1938 年离乡投身延安鲁艺学习，新中国成立后任天津音乐家协会主席，由他创作的《歌唱祖国》在音乐界被称为“第二国歌”，获过联合国教科文组织首届“金唱片”最高奖。

在《歌唱祖国》的旋律过后，中央人民广播电台《新闻与报纸摘要》开始了正式播出：毛主席会见西哈努克亲王；鞍山钢铁厂产量双过半；四川水稻获得大丰收；小靳庄举办赛诗会；巴勒斯坦爆发反对美国走狗大游行；东德人民抓生产，西德工人大罢工；大西洋飓风席卷北美，美国损失惨重。接下来是确凿无疑的报时，“嘀”的一声，那是一个庄严的时刻，“北京时间七点整”。啊，北京时间，多么遥远，神圣，又多么亲切，接地气。它在明明白白地告诉高湾人，我们都和全国人民一起，遵循着统一的国家意志，在过着有意义、有计划、有纪律的生活。一早上从各式梦想中醒来的人们就知道了，高湾不是高湾人的高湾，是全国人民的高湾，伟大领袖毛主席和他的亲密战友和我们一样，都迎着太阳起来了，已经在北京中南海日理万机了。

鸡毛蒜皮鸡零狗碎一地鸡毛的时间到此结束。七点一过，高湾的另一面立即显现出来了，明白而光鲜。阳光斜斜地照射在被踩踏得板硬发白的路上，折射出柔和的反光。一切都是红彤彤的。不论是植物还是动物，从头到尾都是自己的气味。这时的高湾笼罩了一小段片刻的安宁，甚至是阒寂，似乎是必备的酝酿。然后，每家每户的门全部敞开了，在所有的大门一起打开的过程中，似乎有一种静悄悄的仪式感，带上懒散随意却又有一点肃穆庄严的气氛。到了这个时候，新的一天才算正式开始了。

“生活”在高湾人的口中，“活”不是第二声，而是第三声，读如“生伙”。“你这是去做什么？”“还能做什么？田里做生活！”“做生活”就是工作，就是营生，就是饭碗，是不想做但是不得不做的苦差事。种田，修地球，脸朝黄土背朝天，一年到头不得闲，这当然是“生活”。既然是“生活”，那就得“做”，这就得挨着受着，爱做得做，不爱做也得做，这是谁也没有办法的事情。福楼拜在《包法利夫人》中，借老包法利的口说，种田绝对是一个老天爷诅咒的职业。

春天是难熬的，人们睡得早，起得迟。这样的光景只能一天吃两顿。忙时吃干，闲时吃稀，不忙不闲，半干半稀。

花开了，花谢了。麦粒粒粒饱满，上立麦芒，笔直地刺天，麦穗灌满了浆，一嘟噜一嘟噜的，排列整齐，饱绽欲裂。小满过去就是芒种，这个时候的庄稼人头等的大事就是“双抢”。那是真正的大忙：先是“抢收”，割麦、脱粒、扬场、晒麦、进仓；接下来还得“抢种”，耕田、灌溉、平地、插秧。人误地一时，地误人一年。所有的事情必须在短短不到一个月时间都要完成，农民们都在和土地争夺时间。再慢性子的人也得风风火火起来。

此刻，黑黝黝的土地开始翻身，洋溢着肥沃的热情和茁壮的期望。它们在阳光下松软了自己，散发出醇厚的体味。它们渴望锋利的镰刀收割自己，再借助牛蹄的践踏和铁犁的爬梳搓揉一下，松弛一下，最后来一次大水漫灌，一次全方位的覆盖。直到每一个毛孔都被浸透灌足。满足了，也就安稳了。安稳了的土地平静如镜，它们开始迎接新的播种。

白居易诗里说，“田家少闲月，五月人倍忙……今我何功德，曾不事农桑”。农民们刚从麦场上收拾完麦子，浑身都是麦芒的断刺和新麦的香气。男男女女已经疲惫不堪，但是稻秧已经在等着了，只得强打精神，挽起袖管，

灌溉的河流

赤脚下到水田，把嫩绿的秧苗一棵一棵地插到该到位的地方。插秧时，一边插着一边倒退，分秧，插秧，回身，分秧，插秧，一组动作一棵秧苗。女人四组一趟，男人身高臂长，六组一趟。就这样，一趟二趟，一亩十亩，秧苗开始是斜的，软的，蔫头耷脑，不成样子，随波逐流地东一棵西一棵，等到这些东倒西歪的秧苗插满了田，农民们会伸直身子，捶捶腰背，松一口气。他们知道，这些不成样子的小东西用不了几天就会扎下根，然后开始蓬勃生长，稳扎稳打，毫无悬念。

男人赤着脚挑秧，扁担轻悠，两头青。田埂是窄的，两边是镜面似的水田。到了地头，他们弓着腰，把成捆的秧苗高高抛起，扔到女人们的身边。不知是有意还是无意，秧把会甩得很近，躲让不及，溅人家一身水。男人们秧挑完了，蹲在田埂上起哄，让女人唱秧歌，最后总是推到小凤英和我二娘身上，她们声音好，音调高。自谦了半天，最终《格冬代》还是响起来了，“鸡叫头遍离被窝，黑咕隆咚去插禾，四爪抠泥生活苦，不唱秧歌瞌睡多——”最后大家一起和：“格冬代——”一人领，众人和，音调迷离幽暗，先高后低，悠扬婉转，远处的布谷鸟声也应和着，如同伴奏。

“格冬代”是模仿稻田里的秧鸡的叫声“格冬格冬”，类似打鼓，里下河的农人就用腔调仿声为秧歌伴唱。虽属扬州民歌，但《格冬代》不同于南边高邮的《撒趟子撂在外》，也不同于更南边的江都的《拔根芦柴花》，没有那么明朗爽快，而是忧郁柔暗。加之“变宫为角”“变徵为角”“以商为宫”等多种调式的转换手法，更加变化多样。插秧是最机械、最累人、也是最苦的活，秧歌就是冗长农活间隙的一声长叹，在感慨生活之余，杂有感情的描绘，而在尺寸的操持上，细韧如游丝，缭绕不绝。

大学时学习古代诗歌史，不甚明白为什么把歌叫作“风”，为什么把民歌采集叫作“采风”。后来到西北高原采访，听了牧民的歌声；到西南民歌海选，听到西南民族的海菜腔，才感受到这种野旷的歌声的含义。用地道的方言唱这样的歌，就像湖水煮湖鱼，韵味十足，是最近自然的天籁之音。

秋天的稻田

此刻，被大水漫灌后的秧田平滑如镜面，映照出天上的云彩，只有黑尾雨燕偶尔掠过低空，在水面上闪过一道黑色的闪电。

躁动的土地彻底安静了，开始自自然然地生长，笃定地孕育稻穗。差不多三个月的时间，一天天变化，一天天向好，雷打不动地抽枝拔节，灌浆实穗，等着收割。

稻子要活棵，日头也毒了。男人女人都要半跪在稻田里，一个挨一个，一排连一排。膝盖前后跪在两趟秧苗之间，用十指抠松烂泥，双手轮换着在稻棵根部拔去杂草。稻田的水晒得烫人，蚯蚓、田螺、黄鳝、田鸡，来不及进洞的都热死了，它们的尸体被随手扔到一边，兴许还能肥田。

水稻田不能缺水。不下雨的日子，河沟里的水位下降。这时候闲置一年的水车就要派上用场啦，它们被抬出来，轮轴上了油。像大炮一样被架到河坎上，一排人上去，一溜边趴在杠子上踩，谁累了，边上的人上去。边上休息的人在说笑，边上带着两个筹子，一个筹子满满的绕着线绳。另外一个是空的，车轴转起，筹子跟着转，把线绳卷到另一个空的筹子上。筹子绕完一圈就换人。车叶轮转，人停车不停。一页页木板兜满水，伴着哗哗哗哗的声响，白亮亮的水，和着人的汗滴，一起流到干涸的稻田里。旱情重了，那就得踩锣鼓车。换上壮汉，带上锣鼓，壮汉们套上脚板，边唱边吼。轮轴翻飞，水从叶龙里直喷出来，气势如虹。哪一个走了神，腿脚没跟上节奏，那就得像田鸡一样缩着腿吊在横杠上，以防翻滚的车榔头把脚背捶碎。

水稻棉花，一食一衣，一饱一暖，都不可缺。种水稻尽管苦，但稻子只要有了水，基本上不用烦神。种棉花就不同了，棉花很磨人，要不断地治虫。虫各种各样，苗蚜、伏蚜、秋蚜、棉蓟马、棉盲蝽、棉铃虫、红蜘蛛……此消彼长，接踵而至，不断线。捉虫必须趁早，在虫子吃露水的时候出来作业。人在垄间连掐带甩，鸡在下面边走边吃。（所以说，老师让同学写作文“早起的鸟儿有虫吃”，郑渊洁小时候则写“早起的虫儿被鸟吃”，是有道理的）太阳起来，虫子就藏到叶子背面去了。农人用农药调和了水，背着喷雾器，在棉花垄里来来回回地走，在棉株的上下左右喷药。印象中的棉花田，总是一股农药味，挥之不去。

在与虫做斗争的同时，红红白白的花落了蒂，棉铃变成棉桃，结成盛夏的果实。棉桃在太阳的催促下，会自动裂开，吐出白白的棉絮，像一朵朵微缩的小云。棉花开花会人来疯似地赶趟，一天天、一茬茬的花，层层叠叠，层出不穷，花开不败让人欢喜让人愁。开了花的棉花必须要及时摘去，否则淋了雨就成了烂絮。开花的时间差不多都是在中午，那是太阳最毒最辣的时候，但是必须要下地去摘。棉花的高枝上，一个个扎着头巾戴着草帽的人头隐现其中。“足蒸暑土气，背灼炎天光”，在中午的阳光下，农人的头巾跟田埂上的向日葵一样，十分显眼。摘不完的就要在晚上上工了，好就好在棉花在微弱的月光下，星星点点析出的微光也能让人看见。

到了晚上，白天被太阳煽动起来的水汽凝结成了水露，悄无声息地在所有露天的物件上凝结。成雾成滴，天亮了就湮灭不见，无迹可寻。露珠如泪，折射七彩，美如诗境。但草上的露珠是有毒的，赤脚走路先要在水里过一下脚面，否则沾上露水，脚上会奇痒难耐，甚至红肿破皮。天蒙蒙亮，这时候家家户户就要出门斩草了，带了锄头和担子，选择一条田埂。斩吧斩吧，戳人的蓟草、长长的狗尾巴草；斩吧斩吧，混杂在庄稼里的稗子、讨厌的巴根草，就这么埋头倒退着一路斩下去——等到太阳升起，两条田埂的草已经斩完，划划就是两担。带着一头露水挑回来，猪早就在圈里哼哼着打转了，见到才斩下来的青草，忙不迭地拱着吃。吃不完就踩到脚下成了肥，和猪粪混到一起，沤成肥料，施到地里，让庄稼好长。

秋天是第二个忙时，快要下霜的时候，扬花后的稻子灌满了浆，变成了实实在在的稻穗，由青变黄，沉甸甸的，不得不弯下了身子，一副谦虚的模样。这时候，每家每户都要把镰刀磨得锋快，准备割稻。因为稻杆是实心的，远比空心的麦秸难剐。

开镰了，一把把稻子被捆成稻把，再一担担挑到场头，堆成一丛丛小山。

接下来的就是一场真正的劳役。这个不堪重负的农活叫掼把。就是举起稻把，在半人高的石磙上轮流抽掼。一把稻把左一下，右一下，再左一下，右一下，左右，左右，左右……一捆稻把大概要掼十二下，最后解开拦腰捆把的稻秆再掼一下，扔掉，十三个动作完成一个稻把的脱粒。一次掼把，从天擦黑开始，我和父亲各守石磙一边，一人一个稻把，轮流着掼。掼着掼着，先是起劲，后来累了，困了，瞌睡像潮水一样漫过来，但是不能歇。再后来，又在机械动作中醒了，最后成了发泄式的赌气。动作里有赌气，有不服输，最后脑子混沌了，完全成了下意识的行为。掼吧掼吧，先是闭着眼睛掼，去拿稻把时才睁眼睛，最后连走路都闭上眼睛了。也不知道过了多久，原先堆成小山的稻把渐渐消平，东方渐渐出现鱼肚白。露水上来，我倒在一地狼藉的稻草堆上呼呼大睡，不省人事。等阳光刺眼时起来，手指头开始一跳一跳地颤抖，拿不起筷子，捧不起碗。到了学校，字写不成形，指甲盖变成古怪

草堆

的黑色，那是瘀血的颜色，经月才消。

接下来是耕地，种麦。“力尽不知热，但惜夏日长。”耕完了要破垡，用锄头把大的土块破成小笼包大小的小土垡。好就好在麦子不要插，只要播种就可以了。等麦子种下去，地上干净了，安稳了。

且慢，这时候还没完。麦苗拱出地面，排水的工作开始了。俗话说，寸麦不怕尺水，尺麦就怕寸水。麦子啊，没有水不行，水多了更不行。怎么办？就要在田里挖墒沟。挖墒沟排水，墒沟不宽，但是要深，得用专门的窄而长的锹才行。墒沟挖好，农民们松了一口气，可以稍稍歇几天了。

一阵秋雨一阵凉，接下来的就是漫长的冬天。一切都是安静的，植物的生命归结到根上，瑟缩在地下苦熬，蛙蛇鳝虫钻到不知地下的哪个洞穴里冬眠。带皮毛的也直奔生存的目的，在硬邦邦的地上刨食，心无旁骛，不再嬉闹打斗。经过了春天的萌动，夏天的疯长，秋天的收割，冬天变得直接和简约。树叶落尽，蛇蛙同穴，蚁虫下地，万物入眠。冗余删尽，本质赤裸，一切都做了减法。

麦地里要追肥，用岔棍一头做成锥状，边上有拐可踩，在麦地上踩出一个个圆洞，里面搁化肥，给麦子施肥。壮劳力都被征用挑河。经过一年的漫灌和冲刷，泥质的河岸开始漫漶，河道也有了淤积，必须清淤疏通。这项耗时耗力的活计只有让农闲时的农民来干。其实，河道和公路一样，既有国河、省河、市河，也有县河、乡河、村河。在一望无际的河沿上，人流如蚁，人声鼎沸，红旗在寒风中尽兴招展，猎猎作响。每一面旗子下面，标注着生产大队、小队的名称，一杆旗子就是一个坐标、一个准确的劳动方位。

我随着排文娱的队伍，到各个旗帜下唱歌跳舞，鼓舞士气。在一片招展的红旗中，我终于看到汜水公社海河大队的旗子，看到有我熟悉的人在里面，感到十分亲切。但是这些在我平时看到那么高大的人，此刻混杂在如蚁的人群里，竟然毫无特点，一点都不起眼，让我诧异。尽管寒风刺骨，但是那种浩浩荡荡的人流、热气腾腾的场面实在令人震撼，同时心生暖意。去年我看凯文·凯利的《失控》，作者在文章开头就提到一个现象：在印度街头，机动车、自行车、行人和马车、驴车交杂混合在一起，偶有印度人敬若神明的神牛也会不管不顾地伫立在道中，就这样如蚁穴一样的所在，大家各行其道，交叉穿梭，最后还是各归其所，各有所安。我当时就想到了小时候看到的挑河的场景，远处看混乱不堪，每个个体都像蚂蚁一样的毫无头绪，其实每个人都有目的，最后，无数的蚁民聚成了一股不可动摇的力量，达成一个让人震惊的大目标。

忙时忙死，闲时闲死。风一阵紧似一阵，一天天冷了，冬天到了。没有挑河的时候，冬天这一歇就歇出了问题。大家男人们窝在一起，拿出家里仅有的钱财，进行一场场赌博，赢了兴高采烈，输了垂头丧气，咬牙再战。婆娘们在暗地里饮泣，逼急了会撒泼，冲上赌桌，把牌场冲得稀里哗啦。这个时候可是自家男人丢人跌份的时候，脸上挂不住了，于是牌场顷刻变成战场，两口子的战争伴随着号哭和惨叫草草收场。

农业的根本就是土地，农民的生活其实就是地上植物的荣枯。每一个周期就是一年，什么是一年？就是十二个月，就是三百六十五天，不多不少，不增不减，大地无言，变化有恒。昼与夜、寒与暑、燥与湿在日升月落中循环往复，不管如何天翻地覆慨而慷，最终人间正道是沧桑。

春耕，夏种，秋收，冬藏，高湾人的生活应和着四季流转。日出而作，日落而息，一成不变的生活成了习惯。所谓习惯，它的好处是，生活自身形成了命令，形成了铁律，风雨如磐，雷打不动。这就省却了令人不知所措的犹豫和纠结，自然也忘却了生命中最可贵的时间。——不管好过还是难熬，不管快乐还是愁苦，习惯会带着你向前，直到生命的终结，直到你再也没有任何感受。而这，正是时间的重量。

第六节　水里的活计

水里的世界是曼妙甚至是美好的。

声音消失了，天地透亮，而且澄澈，水蜘蛛的细脚摊在水膜上，在头顶上倏忽来去。螃蟹横着快爬，小鱼细虾兴奋得乱窜。水草曼妙地飘舞，像一面面绿色的旗帜。芦苇、野莲、菖蒲、水葱、野菱角、水葫芦、凤眼莲、田字萍在水底蔓生，呈现出与在岸上迥然不同的风景，十分奇妙。

这是我被丢到水里之后，整个世界呈现出的另外一副模样。

肺部像是要爆炸，触底后，我用力蹬了一下，水淋淋的头像一颗导弹一般升上来，水下的世界消失了，水面上的一切立即包围了我。

水面之上是属于土地的，芜杂、污秽、慌张、紧张；水下的世界是属于水的，清朗，澄澈，缓慢，和谐。

热辣辣的太阳炙烤着我，在水面的蜃气中，我失落而沮丧。

我真想做一条鱼。

河道纵横，随处是水，在水乡，下河是件很容易的事情。

有一首《西江月》：

远看忽忽悠悠，近看飘飘摇摇；不是葫芦不是瓢，水中一冲一冒。

那个说是鱼肚，这个说是尿脬；二人打赌江边瞧，两个和尚洗澡。

这是很多传统单口相声的开场，我最早是听刘宝瑞说的。在高湾，洗澡与游泳是同义词，跟大人说，我下河洗澡去了，就是下河游泳去了。

“哪条河里不死人”，这是一句俗语，这也是一句实话，因为水乡里的每条河里都差不多淹死过人。大人说，淹死的人会变成水鬼，他们会拽着人的脚踝，把人拖到水底，找了垫背的，才能重新投胎为人。有人说看过水鬼，有的说像蛤蟆蹲在河底一动不动盯着水面，有的说长发披肩盘在水面上梳头。说的不一样，我们反正没见过，也就不管不顾了。不管不顾的原因很简单，下了水，像鱼一样来回游弋，那种自在和快乐实在美妙，难以言传。

洗澡不能光是洗澡，还附带着摸鱼。常规的动作是用双臂搂住一堆水草，向岸边推，来不及逃跑的鱼虾就在怀里跳跃了。有时候走着走着，脚下踩着一个滑溜溜的东西，一个猛子扎下去，一只甲鱼就出水了，四脚乱划，十分惊慌。还不会水的更小的孩子在岸上跟着走，接到被扔上岸的鱼虾蟹鳖，小孩子比水下的还要兴奋。用篮子抙着，鱼则用柳条穿腮，等着水下的英雄们出水分肥。他们湿淋淋地拎着鱼串回去了，小孩子的篮子里只剩下他们不要的螃蟹甲鱼和已经晒得半死的虾子。

就那一次几乎淹死的经历，让我一下子无师自通地学会了游泳，看来最好的老师还是自己。那一次过后，我也从一个在岸上走的跟屁虫升级为水下摸鱼的小伙了。

摸鱼毕竟不靠谱，要靠运气。我们做得最多的是干地龙，所谓地龙就是埋在灌河堤上的水泥管，用一块水泥板挡着，给堤下的水田放水。这个地龙里面有守株待兔的阔嘴鲶鱼，舞着两侧的鲶须，等着随水流淌的鱼虾上门。干地龙先是在地龙两头用河泥打坝，然后舀尽坝里的水，地龙就“干”了，好活捉里面的鲶鱼。因为水坝在水流的冲压下，随时会倒，所以成了一场与水流之间的时间赛跑。用几个脸盆在坝的两头拼命刮，地龙干了，鲶鱼就水落石出了，很不情愿地从淤泥里翻出身来，被乖乖地活捉。还有该死的鲶鱼，缩在地龙中间，赖着不肯出来，两头都够不着，正在斗智斗勇的时候，守着坝的伙计堵不住了，开始叫唤："倒了，倒了，倒了——"这时候要赶紧撤，从地龙里拔出伸进去的头身。"轰——"的一声，洪水一下子灌进来，一切恢复原形。

大人可不像我们这样蛮干，技术好的会用鱼叉，瞅准了大鱼露头换气，一叉过去，一条欢蹦乱跳的鱼就被提上来了。但这样的机会不多，他们最多的是用网。这个网不是在船上撒的那种，而是"罾"，一种被拗弯了的竹竿固定成兜状的大网。闸河上，一个姓颜的侉子张了一个大罾，拦住那些被汹涌的运河水冲昏了头的鱼虾蟹。他的儿子跟我是同学，下雨天，小学校中午自己带饭，他则是满钵子的鱼虾，端出来给大家哄吃。每家都有一种叫撌罾子的渔具，两根竹竿交叉成弯拱状，四周和底部围以丝网，就成了一个类似帐篷的罾子，只剩一个门，用脚往里划，鱼虾蟹蚌都被"撌"（划拉）进来。

最壮观的是抬鱼，抬鱼要用抬网。抬网的四边用粗竹做成方框，中间结网，类似一张大床，由两个壮汉抬着下河，在河下抄底。脚在河底走着，左一抄，右一抄，抬鱼的网网眼很大，小鱼小虾不要，直奔大鱼，这个格局就大了。一条灌河走下来，差不多要有三里地，一般都有收获，而且是大收获。有一次抬鱼，一条大青鱼从网上高高起跳，落进了边上的小渠，乘风鼓浪激流直下。大家放下网，一路狂追，被等在下游的小伙伴用张小网逮个正着，小伙伴喜不自禁，抬着大鱼回去了，抬鱼的汉子们顿时泄了气。

在水里洗澡，最大的麻烦事就是把头晒"辣"了，晒破了头皮会淌黄水，奇痒无比，变成瘌痢头，被同学叫作"辣子"，很丢人。成晓明同学和我一样，开学后老师都不认识了。因为不能晒太阳，同学上操，他只能待在教室里。校长检查的时候，拍了他一下头，结果沾了一手的疤水，把个校长气死了。

当然，大人下水的主要任务不是洗澡，也不是抓鱼，而是捞水草积肥。

那时候基本不用化肥，除了人畜粪便外，就靠青肥了。所谓青肥就是青草和水草沤成的肥。和在地上剐草不同，捞水草是一件轻松愉快的活计：在水里泡着，一边游水，一边抱定一捆蔓生的水草，走着走着，水草就断根了，只要抱着往岸上堆就是了。水草看起来是一大堆，太阳一晒，会越缩越小，成了一小簇。水草是属于水里的，不经晒，更不经沤。捞水草最怕的是水虱子，你破坏了它的地盘，它会狠狠咬你，在水底下感觉不到，到了岸上，会发现腿上红肿一片，痒死了。

水草后来不捞了，因为有了农药化肥，鱼虾也少了。那种被叫作龙虾的蝲蛄虾成了水下的霸主，也成为各地的美食节的主角。大学同学戴红涛一次骑车过来，带了整整一麻袋龙虾，烀了一大锅，红壳剥了一地。桌肚下的小狗好奇地转来转去，不敢下口。

不知从哪个时代开始，水葫芦在水乡漫生，那家伙蹿得快，稍不留意就铺满了水面。后来我在昆明，看到那个从江苏过去的强势书记治理过的滇池。他让沿岸的各单位承包水面，要求用水葫芦净化水质，可水葫芦长势迅猛，打捞不尽，蚕食湖面。远远望去，一个高原湖泊竟成了绿地，一片绿色的荒漠。

第七节　房子的历史

老话说，家是避风港，家是安乐窝，家是在广大的空间里把自己拴住的一根桩。而有妻子儿女却没有房，那是不能叫家的。——没有房子，哪里都是你的；可没有个房子，哪里又岂能是你的？菩萨没有家，也还有个庙。

盐城作家曹文轩写过《草房子》。草房子是离大自然最近的家，是从土地上生长出来的。

盐城在高湾的东面，口音接近，风土人情也大致相同。

20世纪80年代之前，高湾人住的房子都是泥墙草屋，一扇大门，供人出入，两厢开窗，照明透气。四梁八柱架起框架，房顶钉上椽条。披上草帘，帘子上覆茅草。茅草长在湖边，叶刃如剑，劲而且韧，晒干后不霉不烂，耐得了久。一般人家盖房都是用麦秸。麦秸经过细致扎捆，梳理整齐，金光灿烂，初看特别好。但是经雨水后会发黑霉烂，被麻雀扒拉了做窝，风吹日晒，不出个三五年，就不成形了。新房子常常迎来新娘子，等到新房子变得难看，新娘子往往也形象大变，成了孩子他妈了。

墙是用土夯筑而成的，泥怕的是水，墙上就要用麦秸编成帘子，用木桩钉到墙上，抵抗雨水冲刷。条件好的人家会在房子的四个角砌上砖头，叫作“四

老土墙

角硬”，像是包了边，这就讲究了，既好看，也硬实许多。

大门进来就是堂屋，也就是城市人的客厅。面前是一只老爷柜，柜上面放着《毛泽东选集》，还搁一座毛主席的石膏头像。讲究的人家还会供一座主席站着挥手的站像。遇到家长里短的事情，被逼急了，一句话“我对着毛主席发誓”，这一致命的升华起效很快，常常会立即让对方哑口无言，原来看得比天大的事情，立即上升为政治话语下的鸡毛蒜皮，不值一提。

老爷柜的上方有一块横方，过去是用来挂匾的。我在同学唐巨宗家里就看到过一块黑底髹漆的大匾，上书四个描金大字“青囊济世”。他的祖上是名医，一般人家没有这样的匾额，但是这个形制还是完整地保留了。上面无匾可挂，代之以马克思、恩格斯、列宁、斯大林、毛泽东的画像。老爷柜边上最多的是米柜，这是全家人的命根子。堂屋最醒目的还是八仙桌，吃饭，打牌，孩子做作业，算账，说话，招待客人，都在这张桌子上完成。一张桌子，成为全家人的核心。

房间通常是两间，东屋住人，西屋是灶房。孩子大了，就要分房，西屋要拆灶置床，另外在屋外搭间厨房。地是泥地，被踩得板硬，倒也结实，扫地也难得起灰。墙是泥墙，呈现不同的裂纹，如云丝，如叶脉，如山势，如水纹，如踊跃的鱼背，如斑鸠绕弯的飞迹，墙上的裂纹会随着年头和季节的变化显出张合变化。阳光从窗棂透进来，灰尘在空中无节制地舞蹈。我缩在被窝里，想象着裂纹的世界，感觉世界万物都有着奇妙的对应，有无限的可能。我想象，在这个世界的哪个角落，肯定会有一个跟我一模一样的人，此刻也跟我一样躺在被窝里，想象着一个奇妙的世界。他是我的影子，还是我是他的影子？不晓得。

小时候还住过防震棚，一柱一梁，上面覆着塑料皮，再盖上稻草。一头用草塞死，一头支门。空间的局促加剧了内心的不安。当时的知青在防震棚里还贴上样板戏的年画，很好看。2004 年我在南京玄武湖边的明城墙边上，看到很多搭建在明城墙边上的防震棚，很多都是南京的知青回城后搭建的。这些当年的年轻人“归去来兮”，回城后不大不小，一无所长，身心疲惫，无房无产，就成群结队地仿造在农村防震棚的搭建经验，在明城墙的边上搭建了“披子”。直到 2005 年明城墙申遗成功后，才以保护文化遗产的名义被拆除殆尽。

2016 年央视 7 套的《美丽中国·森林行》节目邀我统稿，其中大兴安岭森林的一集中讲到一直以狩猎为生的鄂温克族，自禁猎之后，政府帮这个人口稀少的少数民族在山下的根河，仿造北欧建筑的样式建起了先进的阳光房。可是这些世代住在山上的民族还是不适应这种电灯、马路、瓦房的生活，他们又带着生活中须臾不能离开的驯鹿，重新上山，住到了桦树皮搭成的撮罗子里，看着星月，听着松涛，才睡得安稳踏实。

泥屋毕竟不牢靠。父亲就开始动脑筋，要住上瓦房。瓦是从镇上的砖瓦厂买来的，砖头全是各家各户自己做的。砖坯的制作叫掼坯，先要踩泥，把过了筛的稀土和水，拌上草木灰，然后是踩泥。老老小小全上阵，赤脚在里面踩，直到把泥土踩得烂熟而有韧劲。掼坯，一把竹弓、一个木模就是全部家什了。先用竹弓的韧弦绞下一块熟泥，然后把这块熟泥用力“掼”到木模上，再用弓弦拉掉溢出来的泥，往外一倒，一块方方正正的砖模就好了。经过几天的风吹日晒，就可以架到砖窑里烧了。砖窑是父亲用自家准备砌房子的砖头砌的，当时很多人不信自己能做出砖头，能砌砖瓦房。父亲就拿出自家买的准备砌房子的砖头来砌了窑，烧出来的第一窑砖归了我家。高湾家家按照顺序，一窑窑地接力烧，烧了两轮下来，家家砌房子的砖头就有了。所以高湾那时候家家户户都砌了砖瓦房，让周边的庄子羡慕。

砌房子打夯，一块下粗上细的梯形石头，被二纵二横四根木棍扎成一个牢靠的“井”字，八个壮劳力各执一端，这就是一个“夯”。“夯”被“1—2—3”地抬起，然后一起一落，把脚下的土地夯平夯实。“夯”很沉很重，八个人要一起发力，不容任何一个人“让劲”。在号子的动员劝力下，八个人协调动作，起落有致，节奏分明。“哎嗨哎嗨嗨吆嗨—嗨吆—”，一应一和，只有节奏，不论音准，没有音高，长短音随着吃力的程度而自然安排，妥帖得当。八个男人就这么起起落落，一下下把脚下的土地砸实砸平。后来看到藏族人建造庙宇，一群少男少女每人手执一个带柄的重物，跳着整齐的脚步打夯。起转自如，轻灵快活，如同舞蹈，成了一种独特的高原节律。高湾的打夯全不是这样的，而是吃重拼力，每一下都是结结实实，不容置疑。土地在颤抖中收紧了身子，瓷实如板。

“夯”打完了，基础就成了，就可以砌墙架屋了。

一幢幢砖房站立在庄稼地里，高湾人欢欢喜喜地搬到了自己动手建造的房子里，看着都是高兴的。

高湾的房子和周边的村庄一样，都是一式的三房两厢。屋檐翘着，如翅高张，檐牙高啄，有点灵动的意思。砌房子每家砌的要一样高，不能压了邻居家的风头。房子外头的花样，主要在檐角上。

宋代张耒有诗“长夏村墟风日清，檐牙燕雀已生成”。飞檐为汉族建筑风格的重要表现之一，通过檐部上的这种特殊处理和创造，不但扩大了采光面，有利于排泄雨水，而且增添了建筑物向上的动感，仿佛是一股气，将屋

老房子

檐向上托举。建筑群中层层叠叠的飞檐更是营造出壮观的气势和中国古建筑特有的飞动轻快的韵味。亭台楼阁都要用飞檐来标明建筑的风格。飞檐的高低、长短往往会成为建筑设计的难点和要点，正所谓“增之一分则太长，减之一分则太短”。其设计必须恰到好处才能显得轻灵而不轻佻，朴实而不机械，威严而不呆板。作为古代建筑的主要“句式”，飞檐也有许多类型，或低垂，或平直，或上挑。屋檐上往往雕刻避邪祈福灵兽，似麒麟，像飞鹤。有人喜欢灵兽，有人喜欢祥云，或是一条活蹦乱跳的鲤鱼，代表着临水而居的亲水文化。不同的形式制造出不同的艺术效果，或轻灵，或朴实，或威严。

高湾的檐角大多是由砖瓦架构而成，也有简单的图形和图案，造型稳重，寓意吉祥。相比我在北京看到的飞檐斗角的森严气象，在海口看到的南洋骑楼中檐角的繁复秀丽，高湾的檐角显得简易草率，不值一提。但是在粗粝的生活面前，保持这样的生活气象以及对生活细节的讲究，无论如何是值得尊敬的。

新砌的瓦房五架梁，甚至七架梁，跟老草房相比，开间就大了许多。前面有了排窗，值得一提的是门前有了廊。这个廊看似多余，却是一种讲究。廊完全出自乡下农民的匠心。这个廊不是游廊，也不是走廊，而是一个可以遮风避雨的所在。里面放着竹椅子和矮机机（木兀），大人从田间地头做累了，上来坐坐歇歇。孩子放学回来，乘天光还在的时候看书写字。来了客人，主人不在，可以坐等，路过的人走累了也可以歇歇脚。避风挡雨，看着电闪雷鸣，让外面世界成为眼里的一道风景。

1983 年，我家接连建起两幢瓦房，并排而立，红砖灰瓦，房基很高，在路边很是醒目。20 世纪 90 年代，父母上城，把房子卖给了一户陆姓人家。其中的一幢没住过人，堆放粮食和杂物，后来倒塌了。

倒塌老屋的不只我们一家。废弃的老房子是恐怖的，蛛网查封了灶台，麻雀在屋檐下做窝，房梁上挂着蛇的蜕皮，蓬蒿长满了原来的客厅和卧室，而且奇了怪地疯长，高可及人。这种疯狂的植物里还有更疯狂的东西在，那是老鼠、蛇和黄鼠狼。废弃屋子也是传说中的鬼、妖、狐狸精和赤脚大仙神出鬼没的地方。风诡异地在里面打转，野蜂和飞蛾好奇进去了，又慌慌张张地从门窗里挣扎出来，倏忽不见。

现在高湾新砌的房子已经上了统一的新庄基，沿排河而建。房子也已经不是当年的泥墙草屋和瓦房，而是两层小楼。一楼吃饭、待客，住老人，二楼让年轻人住。日本有二世代建筑，也就是一块地上有两幢建筑，一幢是子女的，一幢是父母的。这样既可以照顾父母，又不会因住在一起有过多的代沟冲突。但是现在的农村还做不到，所以上下代之间的矛盾并不鲜见，年轻的不痛快，老的也难过。

房子是新的，但是房屋还是延续着老格局。堂屋的老爷柜还在，只是原来的领袖大幅照片换成了仙鹤寿星梅竹，对联里尽是半通不通的有关发财祝寿的讨喜话。原先供石膏头像的位置也换成了电视机，什么时候打开都有动静，哭哭笑笑，打打闹闹，无止无休。

排河边的新房

我忽然想到曾经看过的一部纪录片《人类消失以后》，根据物理、化学和生物学的原理推测出人类消失之后的场景。人类消失75年以后，电力丧失，人工维护不在，一切人造的东西渐渐还给野性的自然：大桥锈蚀断裂，隧道进水坍塌，地铁经过的道路变成河流，楼宇爬满藤葛，鸟兽出没其间，城市人饲养的宠物狗猫彻底沦为野生动物，双目炯炯，纵横无忌。

房子演出了太平盛世最多的悲喜剧。说穿了，房子不过是水泥钢筋玻璃的复合体，人也是从水和泥里来的，最后又化成烟尘，终归于泥和水。为所房子费心劳神，穷尽一生，值吗？

第八节　演文娱及其他

倒插的杨枝，茁壮成长为一棵大柳树。到了冬天，叶子落尽，剩下了枝条，枯而且硬，在寒风中瑟瑟发抖。前面是一个土台，这是海河小学的操场，大树俨然就是天生的舞台。以这棵大树为圆心，里三层外三层挤满了各个生产队赶来的人。前面的人坐在板凳上，最后面的就站在凳子上了。还有家长干脆让宝宝骑在头顶上远眺。

不过舞台上的主角不是这棵树，而是隐在走廊后面勾脸盘头的演员们。这些平时操持农活的庄稼人此时摇身一变，成了不起的角儿。

锣鼓家伙已经响了两发了，“咚锵，咚锵，嘁个隆咚锵——”人群突然有了动静，出来了，出来了！李铁梅、李玉和、沙奶奶、柯湘、小常宝、郭建光，还有了不起的阿庆嫂，“垒起七星灶，铜壶煮三江，摆开八仙桌，招待十六方……”呱唧呱唧一片掌声，瘦不拉叽的刁德一才不紧不慢地开了腔：“这个女人啊——不寻啊——常——”，大肚子的胡司令在一边急了：“这小刁，搞的什么鬼花样……”笑声，掌声，喝彩声，还有跟着唱的，搅和一片，连空气都不觉得寒冷了。

阚乃源练过武，最狠的一招是演《红灯记》里的叛徒王连举，戏中的王连举伤了胳膊，用吊带吊着，向李玉和劝降。愤怒的李玉和搬起板凳砸过去，阚乃源总是能接住这个愤怒的板凳，激起一片喝彩声。最惨的是受刑，李玉和手铐脚镣，衣衫褴褛，血迹斑斑，该死的鸠山还要他交出密电码。下面的妇女就哭了“什么倒头密电码啊，交给他就是了，呜呜呜”，被边上觉悟高的年轻人厉声呵斥，于是缩头捂嘴，再不敢出声。

样板戏演完了，演员们手拉手谢了幕。大家伙还没尽兴，哪肯罢休？这时候就要加演了，水浒戏最受欢迎。村里有个姓陶的大个子，能读线装书，吹拉弹唱样样会，还经常导戏。这时候他用墨汁涂了脸，戴上棕麻胡须，挂上用算盘珠串成的佛珠，掀髯大叫，“哦呀呀——”锣鼓家伙一阵敲，鲁智深上了场。小伢子在下面捣蛋大叫：“拔柳树，拔柳树。”他一边唱，一边瞄下面，看准了人头。下场后，找到调皮的小东西揍屁股。

孩子们听不懂戏文，只是喜欢那么多人聚在一起，在人缝中穿来穿去，像麻雀在杉树林中扑腾，也像鱼虾在水草中漫游。热闹，而且好玩。

孩子们玩得东西可多了，春天来风，是放风筝的好时候。夏天爬树乘凉，下河洗澡。冬天当然要“挤糯米饭”，踢毽子。毽子一不小心会踢飞，小的如弟弟们用线拴着踢，一个个数数。我们则喜欢野踢，掂两下，然后开大脚，看着毽子腾空而去——鸡毛飞上天，感觉特别爽。

毽子要得好，全要靠鸡毛。最好的鸡毛是公鸡的尾翎，光鲜，好看，精神，那可真叫雄赳赳气昂昂。这一来，庄上的大公鸡可就要遭殃了，被孩子们追得到处飞跑，不小心被逮住了拔毛。说来也神奇，薅去了尾翎的公鸡马上就失去了光彩，在鸡群中，不会器宇轩昂、面红耳赤地择到高处，“咯咯哦——”地伸长脖子打鸣，而是灰头土脸地跟在一群咕咕叫的母鸡后面，埋头刨食，很没面子。

大人看到孩子追鸡，一般不让。那我们就玩斗鸡。不要成本，不要道具，一切都靠自己的身体。斗鸡讲究的是姿势，一条腿单立，另一条腿用手搬起，与直立的腿垂直相交，这造型就是一只“鸡”了。这样的“鸡”要与另外一只同样的“鸡”斗，直到对方的脚着地，不成“鸡”形，即告胜利。比赛分单挑、单人守擂、四人双擂，其中三人撞和混战最有意思，斗成一团，斗倒了乘人不备，还可以抽冷子耍赖再战。

斗鸡讲究战术，具体战法总结如下——晴空霹雳：经过远距离高速冲刺后，高高跃起将膝盖撞向对手胸部。适用于双方照面的第一回合，个矮者慎用。凌波微步：每一步腾挪，都以匪夷所思的角度，在对手间滑过，伺机进行反击。泰山压顶：双方对峙中，将膝盖连同大小腿压在对方整个膝上，用力把对方挤压脱手导致双脚着地。金刚腿：双方以膝碰膝，硬碰硬，讲求力道。若膝盖脆弱，慎用此招。挑滑车：故意把自己的膝盖放低，诱使对方进攻，然后猛抬膝尖，把对方挑起，掀翻在地。点穴：看准对方破绽，以膝尖顶击对方大腿根部外侧，令对手全身酥软放弃抵抗。此招适用于双方对峙中，以静制动。当然这些战法可以混合使用，出奇制胜。

斗鸡既有战略，也有战术。后来到镇上上高中，看到“知己知彼，百战不殆”，颇有相见恨晚之意。现在国外已经把掰手腕作为运动项目，我觉得斗鸡这个项目完全可以进入竞技项目。

还有砸钱、挤“糯米饭”。这就需要做专门的名词解释了。

高湾下过雨后，在老房基上，常常能找得到铜板，还有圆形方孔的铜钱。康熙、乾隆、同治、光绪的，都有。带着浓厚的铜绿，这些不能流通的钱币自然是我们的最好玩具。每人几枚硬币，一块铜板，一块砖头，一小块空地就能玩得津津有味。这种叫砸钱的游戏是这样的，硬币搁在砖头上，砖头前面五米左右画一道横线，然后从砖头处往横线处扔铜板。不能过线，看谁最接近线，然后站在线后再往反方向扔，扔到砖头上砸钱。通常一下子是砸不到也砸不完的，那就按照顺序，站到铜板边上再往砖头上砸，掉落砖头的钱就是赢家的。砸钱的技巧在于扔铜板的功夫，不能高抛，尽量不让它起蹦，要平扔带回腕，最后让铜板扎到土里，像登陆艇似的吃住土，靠摩擦力接近横线。砸钱既有运气，也有竞技；既靠体力，也动脑筋。小孩子口袋里的硬币从这个口袋转移到另一只口袋，钱被反复地砸，坑坑洼洼，残缺不堪。

与砸钱相比，最省事又好玩的游戏是挤“糯米饭”。只要一面墙即可。大家紧贴在一面墙上，两边人用力往中间挤，中间的人被挤出队外，然后排到队尾，再用力往中间挤，全身运动，出力出汗。冬天，温暖阳光下，无疑跟吃了糯米饭一样，结实有力。可能这就是这个简单运动名字的由来吧。

当然了，百玩不厌的还是打仗。大家模拟大部队，手一挥，“同志们冲啊——”泥块做手榴弹，嘴上吹号，还叭叭叭地打枪。我当上了红小兵，参加文娱宣传。宣传队有几把驳壳枪，木头漆成黑色，不知道是哪位能干的好佬做出来的。不但有枪管、弹匣，还有扳机、准星，弹匣下面缀着一条威风凛凛的红缨，逼真得一塌糊涂。

在宣传队我的事情不多，就是一个小合唱，平时敲小锣，闲下来就戴着“新四军”的军帽，拿着驳壳枪到处瞄准：双脚乱蹦的麻雀，楝树的果子，偶尔偷瞄一下窗外往里张望的人头。演《沙家浜》了，“新四军”们从芦苇荡侦察上场，驳壳枪被他们拿了去，我就抓着窗棂钢筋翻跟头。一次手上没吃得住，翻倒下来，头朝下脑袋出血，用绷带缠了，睡觉时都扣着“新四军”的军帽。父母亲都以为我喜欢这帽子，也没多问。等到长大了，一次去刑场采访，真实的子弹从枪膛里射出，毫不含糊地发出噗的一声，坚硬而生涩。那是尖锐的弹头撕裂空气的声音，弹壳向后安然地退出。一个刚才还鲜活的生命顿时烟消云散，剩下了回头啃地的无意识行为。此时，我蓦然想起童年打仗的口拟的声音，一种悠扬的嘴上发出的屁啊屁啊的声音——我知道，我的童年也已经被枪毙，一去不复返，再也不在了。

农闲时的农村是冷清的，法国作家菲利普·德莱姆在他的散文集《第一口啤酒》里说，在法国，“人们忍受着没有时间的痛苦”。不为无聊之事，何遣有涯之生？打牌就是农人消遣时光的唯一办法。男人在破败的小屋里打牌，纸牌稀罕，牌不够，就掷骰子，押二八杠。他们抽粗劣的香烟，性格再内向的人此时都变了形。他们的眼睛睁到最大，紧盯着即将翻开的纸牌和旋转的骰子，大呼小叫，烟雾缭绕。这些庄稼汉们动作粗鲁，心思全在流水一样的纸币上，从这个手到那个手，从这个口袋到那个口袋。牌桌完成了资产的重组，牌桌放大成了巧夺豪取的江湖世界。

男人在屋子里用家当进行赌博。高湾的妇女们聚在屋内搓草绳，纳鞋底，各自想着心事，不时说几句闲话，偶尔用粗硬裂口的手背揩拭眼泪，骂几句没良心的畜生男人。

外面又飘起了雪花。世界白亮。我从牌桌边上抽身出来，从此我下定决心，一辈子远离这荒诞不经、尔虞我诈的牌桌。雪踩在地上咯吱咯吱地作响，头顶一片光明。我感到自己像是雪盖下的一株麦苗，正在一节节地拔节成长。

第九节　用手思考

我要写到的手艺人基本上都是20世纪活跃在农村里的手艺人，他们都是土生土长的农民，农忙时务农，农闲时靠手艺吃饭。

“荒年饿不死手艺人”，这些农民中的巧匠，用手思考，用心做事，为乡村生活提供了方便，留下了物件，创造了趣味。在这些人身上，我看到了一种利己利他、精益求精、勤苦劳作的精神。正如他们瞧不起神神道道的神汉仙姑、靠嘴皮子蒙事的阴阳先生、替死人念经赚活人外快的和尚一样，从此我每看到骄气逼人、虚头巴脑的人就不自在，就下意识地逃离，尽管他们要比这些混穷的乡人有派头多了。

木　匠

房前屋后长的都是树，把这一棵棵树变成睡觉吃饭的家具，供人坐卧使用，中介就是木匠。

木匠很忙。打家具之前一年就要预约。木匠来了，前后左右转着看树，嘴里叨咕着：这棵榆树做四条桌腿呱呱叫；嗯，这棵泡桐做床板大差不差；咦，桌子面子呢，这棵槐树我看看也差不多。——这一下就定了乾坤。木匠背着手走了，主家就请人倒树，用锯子锯，两头对缝，然后“轰隆——”放倒，泡在水沟里沤。半年过后，树皮烂了，里面的虫子也没有了。

这时候该叫上木匠了。首先就是开料，木匠一只耳朵夹着香烟，一只耳朵夹着铅笔，拿出了不起的墨斗。说它了不起，因为每个木匠的斧刨锯凿都大同小异，但是墨斗纯粹是个人的制作。每个木匠有一个不同于他人的墨斗，也集中了他的审美爱好和制作水平，几乎就是每个木匠的标识。墨斗包括墨仓、线轮、墨线、墨签，有做成花卉形状的，有做成飞鸟走兽的，最多的是做成鱼形——因为做成菱形最顺手，也最简单。

了不起的墨斗像蜘蛛一样吐出墨线，两头绷直了，勾起一弹就是一道墨迹。这个墨迹不简单，它就是一道批示，照着线条一路开下去，照章办理就好了。

开料拉大锯，看似简单，这个一拉一扯，其实有大学问。要把木料像架炮一样架成差不多三十度角，徒弟在下，师傅在上，上下同力。拉的人用力往怀里扯，推的人使劲往前推，一边推拉一边把控方向，像是一舵一桨。否则一旦走锯，崩了锯条不谈，板就厚薄不均了，后期处理很麻烦。料开好了，但是开好的料还不能用，要一层层搁起来风干，不能晒，太阳晒了就毁了。

木料风干了，就正式开工了。木匠用的工具主要是斧锯刨凿。斧子，是修大形的，凭的是硬功夫；锯子管“线”，照直取料；刨子管“面”，负责找平；凿子自然是管“点”，在合适的位置下刀，做的是榫卯。木匠最瞧不起那些三脚猫的“钉子户”，全靠钉子硬“杀”，不耐久不好看。木匠的“生活”讲究的是不用钉子不用胶，全靠榫卯功夫，严丝合缝，不裂不翘。

木匠是聪明的，会记数字、做运算，也有空间想象力，有独特的架构思维。一位以开明著称的领导人年轻时就是一位全国闻名的木匠，其来有自。

我当年结婚，家里要帮我打一套家具。放倒了我当年离乡时种的树，请了南边的亲戚小团子，据说他是四乡八里最好的老木匠。先让我带到扬州看家具样子，回去依葫芦画瓢打了一套家具。小团子手艺很好，但是大床背后的靠板用的是西式的蔓草纹，他没有画过，也不敢画。活计就耽误在那里了。我回家找来一根尼龙绳，两支铅笔，钉上绳子，用书本上学来的几何方法做了两个椭圆，再用我粗糙的素描技法，勾了藤蔓的尾须，图案成了。他歪着头，啧啧啧地咂了半天。

瓦 匠

木匠在室内干活，不遭晒，不受寒，不吹风，不淋雨。瓦匠就不同了，他们都在户外干活，大多数时间是站在不同高度的脚手架上，一把瓦刀，一块砖头，一桶泥，永远在砌着砌不完的墙。我从小就奇怪，他们应该叫砖匠啊，怎么被叫成瓦匠了。就像冒蒸汽的不叫汽车偏偏叫火车，烧油的不叫火车偏偏叫汽车一样。

砌房子、垒猪圈、搭鸡窝，瓦匠的事情很多，忙不完。他们不断地在砌啊砌啊，没完没了。看似差不多，其实是有分别的。就拿砌墙来说，墙分陡子墙、七五墙、实层墙，就是分别用砖头的长宽高不同的截面砌成的。陡子墙最“假”，墙两头的砖头全站起来，中间是空心的，一脚可以踹个窟窿。七五墙就好多了，坐一块站一块，相互勾连，要结实许多。最好的当然是实层墙，扁砖实砌，长头就是墙的厚度，最费砖，当然也最结实牢靠。砌什么样的墙主要看经济实力。我父母咬紧牙关，一下子砌了两幢房子，而且是扁砖实砌，成了当地的地标，一下子让人高看许多。

砌完了墙，还没完，接下来的工序是勾缝。就是把砖头与砖头之间的缝隙用水泥勾一遍，这不同于现代装修的美缝，主要功能是增加砖头与砖头之间结合的牢度。缝勾得好，砖头和砖头之间就团结如一人了，就天下无敌了。

室外完事了，接下来是室内的活计。瓦匠最后的工序是粉墙，用石灰掺了草筋，自上而下，又自下而上，全面铺开，匀平，从上至下糊满，一切不平，一切塌陷，至此荡然无存。剩下的只是一面干净、平整、光洁的白墙，一切都是空的，由人发挥想象，尽兴布置和涂抹绘画。

要提一句茅匠。茅匠其实是瓦匠的前辈。那时候平常人家没有瓦房，只有茅屋。茅匠就是盖茅屋的，除了砌墙之外，要删麦秸，把成捆的麦秸剔除枝叶，只留下光溜溜的中间空心的秸秆，金灿灿的一片。这个是用来盖屋的，或者草屋过几年漏了，就插上一把，前后耙实了，还能遮风挡雨。

篾　匠

“宁可食无肉，不可居无竹。”郑板桥说的竹子寄予了文人的人格理想。对于老百姓来说，竹子是一种好的材料。竹子中空有节，韧劲十足。竹子能做的东西多了去了：竹筐、竹篮、竹匾、竹床、竹榻、竹椅、竹凳、衣架、地板、墙板、船篙、扁担、筷子、淘箩、筛子、毛刷、鞋拔……木头能做的，竹子差不多都能做；木头不能做的，竹子也差不多都能做。

竹子要么不长，要长疯长，特别是雨后。大人开玩笑地关照小孩，下雨不能到竹林大便，小心竹笋顶翻你的屁股。竹子长了一年后就牢了，砍下就是材料。

看篾匠破竹子是一种享受。一把弯头的篾刀狠狠砍到竹子的顶部，提起篾刀，竹子跟着提起来，再往地上使劲一顿，一声类似爆竹的声响过后，竹子“咔嚓”分成两半。这就叫“势如破竹”，既然破竹，那就不可逆。一件事既不可逆，那就有了力量，气势就不一样了，就顺水推舟了，就气势如虹了。劈下来的竹子用场很多，还可以无限细分，做成篾条编织，任凭柔韧的篾条在怀中跳跃，一件件成型，变成家家户户用得着的家伙什物。

和木匠一样，大概是因为成天坐着的原因，篾匠都喜欢说话，会吹牛，评谈时事，针砭人物，夸自己的手艺，说外面的故事。他们走家串户，嘴边的事情不断有新的内容，往往成为乡村的舆论策源地。唐巨宗的父亲年轻时在冬天下过冰河，冻坏了一条腿，成为远近闻名的篾匠。他手艺好，嘴巴也不饶人，得罪的人自然也多，郁闷之余养成了酗酒的习惯。在阶级斗争的年代，其实真正在为人民服务的他反而遭了不少罪。

剃头匠

剃头其实不是剃头，也不是剪头，更多的是推头，咔嚓咔嚓，像剪羊毛，一圈圈头发就纷披如叶，委落风尘了。

冬天就便，找一方屋檐，夏天随便，寻一块树荫，打开箱子，挂上荡刀布，架上脸盆，剃头布一围，剃头匠就开张了。首先是用手上的推子推，再用带梳子的剪子打薄，最后的工序是刮，用锋利的剃刀刮尽发际线，一个娃娃头就成功了。

如果顾客是男人，还要加一道工序，那就是刮脸。拧一把热毛巾，将鼻孔以下全部盖严捂紧，肥皂浸水，打成泡泡，再用一把圆头的小刷子在唇上、两颊和下巴颏糊上肥皂水。刀在挂着的皮条上来回荡几下，刃就利了，接下来全看刮的功夫了。刮脸用的是折刀，手法有刮、推、拉、剐、抠。先用立刃刮大面，继而曲刃打一条线，最后用刃尖挑个点，点线面结合，又打又拉，被刮的人受用之余，从眯着的眼缝中，可以看到剃头匠翘着手指，捏着薄薄的刀刃，在面皮上游来荡去，呲呲作响。刮好了，顺便咔咔两剪，把呲出来的鼻毛剪了。从立起来的镜子望过去，整张脸不一样了，立马爽利了！

父亲为了省钱，买了一把推子，指望能为我们兄弟剪头。后来发现剃下来的头像营养不良的坡田，东一撮西一撮，凸凹不平，东倒西歪，不成个样子，就把推子送给了一个姓吴的剃头匠。人家也仗义，给我们兄弟三个白剪了一年的头，没有要钱。

弹棉花的

拦腰一道很宽的腰箍，背后插进一道竹弓，弯曲到面前，一根长长的弓弦，一手扶着弓，一手持着木槌。弹棉花的道具很夸张，配合着仪式感，像一架缩减版的竖琴。弹棉花的人须一手持弓，一手奏弦，不断拿着棒槌弹奏着弓上的牛筋弦。不过，看弹棉花的姿态就明白了，这玩意儿白长了一副“弓”样，那可不是弯弓盘马的“弓”，也不是横弹琵琶的“弓”，全没有那样的风度和气度，只是一种驼背委屈的姿态，一种讨生活的妥协姿态。

弓一旦奏响，空气里全是被激扬奋飞的棉絮，弹棉花的一般都捂着口罩，只剩眉毛上挂着的白絮，像传说的白眉大仙。这个大仙在演奏他的弓弦：“笃、笃、笃、嚓——”，在这样的演奏声中，原来板结的棉花被扯开了，棉花胎整个膨胀了，暄软了。再布上纵横交错的纱线，经过线网的规范后，一堆乱絮就变成了一床松软的棉胎。真是“这丫头不是那鸭头”，这棉胎根本就不是当时的那个棉胎了，这样做出来的被子是让人神往的，让人有直接钻进去的冲动。

还有磨剪刀的、箍桶的、补碗的，还有锡匠、铜匠，他们在农村走家串户，用他们勤学苦练来的手艺和自以为是的理解发挥，成就了一门门技艺，成为单调简朴的农村生活中不可缺少的一部分。尽管我后来有机会走得更远，见识了诸多堂皇的艺作、奇崛的构思、精妙的佳构，但是我还是常常想起我小时候见到的了不起的农村巧匠们。

2014 年夏天，我在成都讲学之余，特地去川西广汉看了三星堆。除了疑为外来文明的青铜礼器之外，我特别关注其中的石斧、石锛、石刀，似乎能够触摸到古代蜀人掌心坚硬厚实的茧痕。我也去过国内几乎所有的省级博物馆，去过好多个考古现场，无论是唐宋元明清，还是春秋战国秦汉，甚至远推到石器时代，看到的器物好像都十分熟悉，跟现代的一般无异。器物之变十分细微，几千年就是那个样子，几乎没有变化。我感到历史其实是一个循环，个人的见识和历史的进步可能都是有限的，在宏阔的大历史中，简直不值一提。

第十节　言为心声

高湾隶属宝应县，在扬州最北部。宝应的方言不同于南边的高邮话，也不同于北边的淮安话，而有本身的鲜明特征。

宝应话很有节奏感，当年听到过一段宝应的顺口溜：“姐在房中头梳手，忽听门外人咬狗，拿起门闩去拔手，拿起狗头砸砖头，小大姐从来不说颠倒话，口袋驮着驴子走。”节奏铿锵而又滑稽有趣，着实逗人。

宝应方言中保留了不少古音的读法，最常见的就是与汉语拼音中 j、q、x 对应的 g、k、h。在宝应话中，“世界”“界限”的“界”读作 gài。“这个东西几个钱呀？”中“钱”的发音是 kián。“到哪儿去呀？”中的“去”的发音是 kè。“巷口”的巷，原先读 hàng。“下雨了！”中的“下”的发音是 hà。

其次是尖团音的不分，保存有入声字。比如，“战斗”“占领”“沾光”中的“战”“占”“沾”都是尖音，读 jiàn，而“站立”中的“站”是不同的。“一般”的“般”，原来读入声，与“上班”的“班”不一样。

再次是保存有方言语汇。比如吃饭时让客人吃菜，说“您吃咸菜”，“咸”读作 hán。程度副词“很”，在宝应叫“xī”，“我很困了”说成“我 xī wèi 的”。

“甩”表示拼命地，不考虑后果地，“有好菜就 suài 吃”，“不是自个苦的钱，就 suài 用”。“一块堆”是“一起”的意思。“一尕尕”是“一点点”的意思。“中饭时”是指“中午”。“早年个”指“从前”。“裈头子”指的是“内裤”。“头绳衣”指的是“毛线衣”。“塞裆”指的是“堵车”，等等。

在高湾，跟人打招呼，不是“你好”，“您吉祥”，不管早中晚，都是“你吃过啦？”可见对“吃”的重视和对别人生活状态的关切。如果说你“变修了”，那就是说你忘掉“初心”，贪图享受、吃不得苦了。这是很严重的事情。

语言因时而变。对于新名词、时尚词汇，很多是按普通话的读音了。比如，“雪碧”是年轻人常喝的一种饮料，老话中这两个字都是入声，年轻人说“雪碧”就会感到拗口，有的就干脆用普通话的读音了。再比如，“搬家公司”的“搬”基本上也发成“bān”的音，而不是入声了。婚戒、钻戒的“戒”也不读成“gài”了。

“的的”，dīdī，“的”有确义，重叠后语意加重，犹言“的的确确”，“实实在在”。杜牧《春思》：“岂君心的的，嗟我泪涓涓。绵羽啼来久，锦鳞书未传。”由此引申为情意深挚。

“乖乖”，一般习见的是长辈对孩子的昵称，也有做惊叹词的作用。当地还有一种用法，“乖乖糊乖乖”说的是一个不负责任的人对付另一个不负责任的人。南边的扬州人把这个意义加以引申，“乖乖隆的咚，韭菜炒大葱”，成为外地人调侃扬州人的说辞。

有的是古义引申出来的。

“沰”，《集韵》“滴也”。俗话说，“舌头不得四两重，沰在人身上重千斤”。当地人有歇后语“雨点沰在香头上——巧极了”。

“饶”，增添的意思。买东西请卖家多给点，常用这个“饶”字。陆游《雨》“纸帐光迟饶晓梦，铜炉香润覆春衣”，是说添得晓梦也。

“浇”，薄也。说人的面子薄，叫“脸皮浇”。《淮南子·齐俗》：“浇天下之淳，析天下之朴。”又如“浇漓”“浇末”等。人情浇薄，世风日下。“浇”“薄”同文相生。

“嗯诺”，答应、允许时大多会用这个词。《论语·阳货》：“孔子曰：‘诺，吾将仕矣。’”有时“诺诺”连用，表示顺从。“唯唯诺诺”成为成语。当地有信用的人轻易不会“嗯诺”，一诺千金，九牛不回。

还有俗词俚语，不登大雅之堂的。

“怂”：原指精液，用来讽刺人软弱无能、无用或由硬变软、由强变弱，由灿烂风光变黯淡沮丧。被说成“怂人”还算好，最厉害的被骂成“这泡怂”，就是说不是人了。当然有时对非常熟悉的人，在出人意料的情况下，也会骂上一声：这泡怂！以示惊奇、亲切。

“齆”：wèng，本指鼻病，因鼻孔堵塞而发音不清，如说一个人说话齆声齆气的，是个齆鼻子。农村人说这个人齆，意思是不通人情世故，有违人情练达，呆板不灵活。

“辱谲”：辱，本意是使人羞耻，而被辱谲的对方并不为耻，反以为荣。谲，原意是欺诈、玩弄手段，用不合实际的言行奉承、吹捧人。“辱谲”就是故意用夸张、不切实际的言辞恭维人，让对方飘飘然的意思。

“辱轴”：意思是不行、拉倒。

“啬巴子”：啬是会意字。小篆从来回，“来”是小麦，“回”是仓库。像粮食收入谷仓形。啬巴子就是形容一个人小气，吝啬，该给人的不给。当地人还会配上一句话“抠屁眼子唆指头”。

“折皱”：指做事、过日子等有曲折、不顺当的意思。汪曾祺《故里三陈·陈泥鳅》“陈五奶奶就守着小孙子过，日子很折皱”。折皱还可以重叠成折折皱皱，也可以嵌进“下”和“来”成为“折下皱来”等。有人怀疑“折皱”应为“桀纣”，借夏桀王、商纣王这两个上古时代的亡国之君，说此事不妥当、不顺利。但是总觉得有点难以理解。

在高湾，关于吃的话可能是最多的，有这样一些词：

“择”：青菜择下子。择：去掉青菜中不能吃的部分，如黄枯的叶子、根。是一个选择并剔除的动作。

“拣”：韭菜拣下子。拣：拣原来是挑选之义，在宝应话中和上面择的意思差不多，除了拣选还有剔除的意思。主要有两个动作：一个是将韭菜根部的带泥的部分去除，另一个是将韭菜尖上发枯发黄的部分掐掉。

“掐”：豌豆头掐下子。掐：一般指用拇指和食指的指甲截断。这里指去掉豌豆头上不能吃的部分。这个动作没有挑选的意思，几乎是每棵菜都要掐掉一段。宝应有“掐得动，吃得动”的说法。

“剥”：毛豆米子剥下子。剥：用指甲将食物的表皮、外壳与果实部分剥离去除。常用于毛豆、蚕豆、花生等食材。

有的要借助工具完成。

“剻”：剻鱼。这个剻也写作迟。明代李实《蜀语》“破鱼曰剻，剻音迟”；清代樊腾凤《五方元音》卷下“剻，剖洗鱼也”。而“迟”可能来自“凌迟”一词。剻鱼主要是一杀，二去鳞，三剖肚，四去除内脏及鳃，是需要使用刀剪的。

“斩”：斩肉。斩：本义是用刀砍剁，在宝应话中斩肉指用刀把肉剁成肉糜，而用肉糜做成的肉圆也称为“斩肉”，也就是扬州狮子头。

“剐”：剐鱼片。剐：用利刃将鱼肉与皮、骨、刺分离，并切成薄片。

“划”：划长鱼。划：是使用尖锐的东西（一般用筷子削成的专用楔形工具）将长鱼（即黄鳝）的脊梁肉、肚皮肉与三棱形的骨头分开。这是一种有一定技术含量的活儿。

“挤”：挤虾仁。用手指将河虾的肉与壳分离，主要用食指和拇指挤压。

“刳”：刳慈姑。刳：是用质地比较硬的东西，但不一定太锋利，因为这个动作主要是刮。刳慈姑，是把慈姑表面上的两圈毛状物和根部带泥的部分去除。宝应人有用小刀刳的，也有用硬币刳的。

“擦”：擦藕。宝应有一种特殊的食品，叫藕饼，一般在中秋节食用。

把新鲜的藕在特制的金属筛子上反复擦，将其变成藕茸，再和糯米粉拌和，做成藕饼。

“刨”：刨丝瓜。刨，指用金属特制的小刨子去除一些蔬菜的表皮。如丝瓜、藕、土豆、山药等蔬菜的外皮都是用刨子刨去的。

有的是借助水或热水、开水完成的。

“沏”：用开水沏下子。沏：就是把新鲜的肉块、鸡块在开水里煮一下，以去除血水。

“拔”：用淘米水拔下子。拔：这里是在水中浸泡而拔除的意思。一般需要拔的如狗肉、羊肉和海鲜等一些腥膻味儿比较重的荤食，而且浸泡的时间比较长。

“焯”：把萝卜焯下子。焯：也是在开水中过一下，与沏相比，时间更短，一般用于新鲜的蔬菜。

还有用盐、酒、作料来处理的。

“码”：用盐码下子。这里的码，指的是暴腌，即短时间的盐腌，可以是蔬菜，使食材溢出水分，又保持新鲜的程度，还具有稍许的咸味；也可以是鱼，经过码的鱼可以去除腥味，又可以使肉板结不致过分松软。

“浸”：用料酒浸下子。这里的浸，也是一种短时间的浸泡，一般用来处理荤腥的食品，如准备爆炒的鱼片、肉丝肉片、鸡丝鸡块等。

这些诸多的动词，生动而准确地反映了家乡人对饮食的重视，仅仅是打理食材的动词便如此复杂，各有所指，各司其职。所谓食不厌精，其言不虚。

很多方言词汇，把一个笼统的意思分解得细致入微。比如形容一个人愚蠢而不聪明、智力低下或是一时糊涂，往往用一个“笨”字。但是在高湾，就不会说这个“笨”字，而是把“笨”条分缕析，代之以一组词，各有所指。如：傻、呆、痴、哈、瓜、夯、整等。

“傻”：指智力低下，头脑糊涂，不明事理，死心眼，愚蠢呆板。还有一种非常、很的意思。如卖西瓜的会吆喝：“傻甜的西瓜，洋糖是它孙子！”

“呆”：有“望呆”一词，指长时间不改变像个呆子一样地看，一般指人看热闹，其实就是“呆望”。

“痴”：与傻、呆的意义及用法大致是相似的，都有病态的意思。

“哈”：这个字要读成上声。其意思是指过于憨笨，做事不考虑后果，一根筋，更不知变通。这种用法似乎由来已久，《西游记》第二十回：“行者道：‘老儿，莫说哈话。我们出家人，不走回头路。’”（《西游记》的作者吴承恩是邻县淮安人，淮安方言中的许多读音与意义都与宝应的是相同的。）有一种香烟的牌子叫“哈德门”，于是也有人就戏称比较“哈”的人为“哈德门”，这个用法类似于说一个人老土，就说成“土耳其”。比如：“他呀，整个一个哈德门！”

“瓜”：有食而不化、“不撞南墙不回头，撞了南墙心不死”的意思，偏重于固执不变。

“夯”：这个词一般用于形容人只用蛮力，不动脑筋。《西游记》第七十六回的“夯货！我显甚么魂？”是用来形容猪八戒的。

“整”：这个整与北方话中“搞”“弄”的意思不一样，不是动词，是形容词。也是形容人不开窍。高湾人说人“整头脑子”，就是比较弱智的意思。

一首曾经很流行的台湾歌中有一句闽南话“酒干倘卖无”，这其中的“无”实际上要读成“mō”，即“么”。白居易的《问刘十九》诗：“绿蚁新醅酒，红泥小火炉。晚来天欲雪，能饮一杯无？”最后一句用现在的话说，是“能（和我）喝上一杯吗？”朱庆馀的《闺意献张水部》诗：“洞房昨夜停红烛，待晓堂前拜舅姑。妆罢低声问夫婿，画眉深浅入时无？”末句也是问：“（我）画眉毛的深浅程度是不是时髦呀？”这其中的“无”也是“么”，是语尾的疑问助词。

语流音变在当地也有体现，“mèn”应是“我们”的连读，每当老师询问某个学生的调皮行为，大家会异口同声地说：“mèn 不晓得！”鸡蛋多少

qi 斤？意思是说多少钱一斤，这个“钱”和“一”，被各取一个声韵母，变成了 qi。

大凡有过一种特殊经历，人总会印象深刻。20 世纪 70 年代，江淮大寒，天寒地冻。曾经在宝应工作多年的何平先生就记录了不为现代人所知的当年物事，这其中，很多也让我记忆犹新。

“丁冬当子”：指屋檐下悬挂的冰柱。冬天因为屋里比较暖，温度与外面相差很大，水汽就会顺着屋檐下滴，在下滴过程中渐渐凝结，而变成上粗下细晶莹透亮的冰柱，有时会有一两尺长。我们小时候会敲下来拿在手里玩，当作是冰剑挥舞，舞着舞着就断了，只剩下抓到手里的，再当成冰棍含到嘴里。

“淌凌”：指运河中流淌的冰块。冬天极冷的时候，大运河靠岸的两边结冰了，可中间航道因为水流比较急，加上有行船，撑船的人也不断用竹篙把冰面敲开，所以中间是不结冻成冰的，而是流淌着大小不一的冰块，高湾人称之为淌凌。淌凌对于当时木船的伤害是致命的。当地有民谣：“人说世上三样苦，撑船打铁磨豆腐。寒冬腊月最难熬，淌凌如同杀人刀。”

“紧冻”：指冬天太阳落下后，大地因温度下降至冰点以下而变硬冻结。冬天下雪后，太阳一出，雪就融化了，农村大大小小的道路变得泥泞不堪，很难行走。而到了下午四点多，太阳下山了，融化的烂泥就渐渐冻结变硬，农村人称之“紧冻”。一般出行就抓住这个时间，紧冻好走路呀。

“冻根”：指冻疮留在身上的痕迹，也指冻疮。一旦生了冻疮，每年都会在同样部位复发，这就是冻疮之根。冬天很冷，动辄零下七八度，人的防寒条件也差，很多人的手背、脚后跟和耳朵等部位都会生冻疮，红肿以至发暗呈黑色。到了稍微温暖的环境中，就痒得要命，忍不住去抓挠，都破了，还流出水来。如果稍不注意被别人碰到，生疼生疼。

“毛窝子”：是一种冬天用于保暖的用稻草和布条编织的用木板做底的鞋子。穿这种毛窝子，其实并不如穿棉鞋暖和，只是那时许多人根本买不起棉鞋。

“歪歪油”：用蛤蜊壳装的以凡士林为主的一种油性护肤品。高湾人把蛤蜊称为歪歪，所以就把用蛤蜊壳装的这种护肤品称为“歪歪油”。当时因寒冷，人的皮肤很容易皴裂，而这种歪歪油对滋润皮肤还是有用的。当时大的一盒七分钱，中的五分，小的三分，的确算得上物美价廉。童谣中有“歪歪油，雪花膏，男的不如女的高”的说法。

“掏火盆”：一种铜制的装有未完全燃尽草木灰的盆，用于烘脚，也可抱在怀里取暖。当时许多人家烧柴火的大灶，灶膛里有许多尚未燃尽的余灰，把这些灰放在火盆中，盖上一个有孔洞的盖子，把脚放上去，可以感到微微的暖意。掏火盆是农村老人常用于取暖的工具。奶奶冬天就抱着一个火盆，我们放进玉米粒，不久会听到“噼啪”一声微爆，玉米粒在轻扬的炉灰里开出一朵小白花，散发着特有的香气。那是舌尖上的美味。

“通脚”：两个人分睡一个被窝的两头，每个人都侧着向外睡。这样两个人可以把自己这一头的被子裹得很紧，不漏风，而两个人的体温也可以让被窝里保持温暖。这是一种“抱团取暖”的睡觉方法。我跟大爷冬天通脚睡的情景常在眼前。大爷，但愿你在那边睡觉时脚头暖和，风寒不侵。

海德格尔说，语言是存在的家。语言是一个人的开口奶。而词汇是社会的产物，也是一个地域文化的产物。北京随时随地打卷的儿化音似乎天生适合吹牛上天。同样，我们也很难想象，一个连卷舌音和平舌音都不分的南方人会在口舌上劳神费力。说着老家的话，吃着老家的家常菜，可以获得一种特有的安稳感，这可能也是自称“山东侉子”的成晓明经常回老家的原因吧。①

①以上内容参阅尊敬的朱延庆先生的《江淮方言趣谈》（南京出版社，2004 年版）和山阳客何平先生的新浪博客，在此，一并向前贤致敬。

第十一节　四时八节

这里的每一天都是无与伦比的一天。

——《地球神奇的一天》

生活需要仪式，高湾人最看重的是元宵、清明、端午、中秋。当然，最后的重头戏是春节。

正月十五元宵节，又叫“灯节”，古称“天夕”或“上元节”。元宵节是过年的收官，过了元宵，就意味着年过完了。自古以来，元宵节即是“火树银花不夜天”的狂欢节日。宝应地区过去最流行的是粉红的荷花灯、白色的兔子灯、绿色的蛤蟆灯等。灯会还伴以精彩的文娱节目，“金龙逐队市声嚣，花鼓隆隆踩高跷”。文化人则另有一番乐趣，这就是猜灯谜，又称“射灯虎”，讲究的是在宫灯、玻璃灯上书写谜面，简单些的则把谜面写在彩笺上用线悬挂起来，供人猜射。月上柳梢，华灯初上，猜谜者乐此不疲，必欲觅得其底而后快。

高湾人家过元宵，都在供销社买个纸灯笼，让孩子提着走，红彤彤的，十分喜庆。“上灯圆子落灯面”，正月十三上灯，晚上吃汤圆，表示合家团圆。

十八落灯，晚上吃面条，意为顺顺畅畅。姑娘出嫁尚未生育的，娘家要给婆家送“麒麟灯”或“莲子灯”，祝姑娘“早生贵子”。过去宝应地区流行过这样一首好听的民谣：“姑娘戴花爱煞人，辕门桥上去看灯。又是龙灯又是会，又是奶奶八十岁。又娶媳妇又圆房，又添孙子一大床。”

清明是“鬼节”，现在人老了都放到村里统一的公墓，搁在密密匝匝的格子里。也有的就埋在自家的田间地头。子孙们不管在天南海北，老家人都叮嘱着要记得回来上坟，给老祖宗烧点纸钱，化点锡箔。现在则加上冥币，钱数惊人，都是以万计的天文数字。一把火烧了，供先人们花上一年。

端午节印象深刻的是钟馗和粽子。后来看到民俗学的解释，说是在唐代以后，端午节开始与钟馗联系起来。传说，唐玄宗于病中梦见一大鬼捉一小鬼啖之，玄宗问之，自称名钟馗，生前曾应武举未中，死后托梦决心消灭天下妖孽。玄宗醒后，命画工吴道子绘成图像。旧俗端午节多悬挂钟馗之像，谓能打鬼和驱除邪祟。唐宋以来，民间又有悬挂菖蒲、艾叶的习俗，以为艾叶是马鞭。菖蒲、艾叶本为药草，挂在室内确有杀菌消毒、净化空气的作用。高湾地处水乡，只要在水边，菖蒲和艾草到处都是。每到端午佳节，插挂、放置菖蒲、艾叶几乎是家家户户必不可少的风俗习惯。端午节期间，还有用五彩丝线结成“百索”（又名“百岁索”）系扎在小孩手腕上，结成小网兜内装煮熟的鸭蛋挂在小孩胸前的习俗。老人们认为，用红黄蓝白黑五种颜色的丝线做成饰物，可以驱邪降福、消灾延寿。

中秋月圆，家家团圆。但是农村的中秋是潦草的，不讲究。原因正是农忙，先是收稻，接着种麦，忙都忙不过来，哪有什么心思过节呢？我在17岁的那个中秋夜，在场上学会了骑自行车，不用别人手扶，可以骑得很远，耳畔呼呼生风。“永久”两个字的商标弯成一辆车的形状，清晰可辨。抬头望去，月亮高远清明，万物澄明，真是心旷神怡。

北风紧了，到了腊月二十四日，那就要“送灶”了。大概是怕“灶王老爷”忙不过来，古代官宦人家的后代为腊月二十三日“送灶”，普通百姓为二十四日，俗称“官三民四”。我们家大概是属于“祖上曾经阔过”的那一拨，送灶是在腊月二十三。这一天家家“掸尘”，大扫除，搞卫生。晚上要用灶饭供灶神，点香烛，鸣鞭炮，焚纸钱，讲究的人家还要用柴、竹篾扎糊“灶马”，祈求灶王老爷“上天言好事，下界保平安”。送走到玉皇大帝那儿汇报年度工作的灶王，到除夕夜还得再放鞭炮把老人家接回来，保佑下一年的平安吉祥。

常常是一场大雪过后，春节如期而至。高湾人把过春节叫作“过年”。春节前家家要打扫卫生，人人要理发沐浴。过年是从“三十晚上（除夕）”开始的。三十晚上这天，家家户户要贴上春联、门钱及福字等，还要把过年五天吃的菜全部烧好（按照传统习俗，过年五天中是不能动厨刀的）。晚上全家人共饮守岁酒，这顿酒席最丰盛。开席之前要燃鞭放炮。大年初一清晨，孩子们未起床，先摸枕头下的压岁钱，吃云片糕（“糕”与“高”谐音，寓意“步步升高”）。早上起床后，穿上新衣服，点烛焚香，燃放鞭炮，敬供天地。第一顿饭总是吃汤圆，祝贺全家诸事圆满。然后出门，逛街，走亲访友，相互拜年，见人就拱手“恭喜恭喜”。大年初二，有“带女儿”的习俗，即把出嫁的闺娘一家带回家吃饭、团聚。有人这样打趣道“女婿一到，蛋壳子搰搰；女婿一走，赛如喂狗”。初五接财神，又称“小年”，零时一到，家家户户争相燃放鞭炮，迎接“财神爷”进门。

这几天再凶的大人一般也不会打孩子。但是小孩子也得守规矩，不许骂人说脏话，最忌讳说“死”以及与“死”同音或者相关的字。嘴要甜，要会“喊人”，这样就会得到压岁钱，只要大人不惦记孩子的钱袋，就可以偷偷买糖吃一阵子。

过年也是结婚的好时候。喜上加喜，而且本来就准备了过年的吃食，所以办起来也要比平时简单。从托媒提亲、相亲、定亲（订婚），到结婚，礼仪烦琐，程序复杂。清朝《宝应县志》翔实记载了水乡婚俗，传说这里的婚俗并不特立独行，更不是蛮夷之行，而是始于周代的《仪礼·士昏礼》，与周朝“六礼”中的习俗一脉相承。因为把求子、祈福、驱邪结合在一起，衣食住行都有规矩，禁忌很多。作为男孩子，我常被当成道具一样被“借用”，压床暖房，床上还有糖果大糕蜜枣，压到身下会硌人，硌人也不能叫，更不能扔。那几天可以吃鱼肉，放鞭炮，管吃管饱，只是不能口不择言，得小心谨慎才是。

总之，过年这几天是幸福的，幸福得有点不真实。城乡街头十分热闹，有舞狮子、舞龙的，也有踩高跷、打腰鼓的，锣鼓响处，人山人海。在宝应城乡，还有一些独特的表演，荡湖船，蛤蚌舞十分好看。

曹甸的十番锣鼓，有“坐式”，有“行式”。“坐式”为十多名乐师在司鼓指挥下，坐在扎有五彩绸绫、各色琉璃灯装饰的竹亭内演奏。“行式”为边走边演奏，由七位乃至三十六位壮汉抬着竹亭，乐师们在亭内演奏。十番锣鼓的旋律时而快如疾风骤雨，时而慢似行云流水，演唱的词曲就是身边人身边事，让人开心快活。

起源于明清时期庙会表演的蛤蚌舞就有趣了，演出一对老渔翁和小渔童捕捉蚌精的过程。最好看的是蚌精，这是一个少女形象，但是由男演员扮演。“蚌壳不平张”“时时要拧腰”，运用戏曲的身段跌扑腾翻等动作，再加上京剧、淮剧、皮影戏的手段，京剧的锣鼓点子，随剧情时而悠闲自如，时而紧张激烈。一波三折，惊险幽默，让人笑翻。

20 世纪 90 年代，过年期间，我扛上摄像机，去宝应乡下，约上宝应台的好友刘春青，到黄塍镇拍摄采访跑马阵。老远听到锣鼓喧天，一圈人围定一个空场。一群穿着古代戏装的人打圈疯跑，细看之下，跑得很有章法，乱而有序。他们跑出十多个阵图，主要有元宝阵、一字长蛇阵、八门金锁阵、双龙出水阵、八卦太极阵、剪子股等。传说是由汉武帝时期江都王刘建之女刘细君远嫁乌孙国的历史故事演变而成的群体舞蹈。在撼动心脏的鼓点的激励下，杂沓的脚步激起烟尘张天，远处的喜鹊在枯瘦的枝丫间喳喳乱叫，似在助兴助阵。

第十二节　衣食住行

人类历史并不存在，存在的只是人类生活方方面面的历史。

——卡尔·波普尔

家是什么？

我的答案是烟囱。

小时候出门，基本上都看见家里的烟囱，烟囱里冒烟让人心里温暖，生出亲切，生出兴奋。

炊烟是房屋升起的云朵，是柴火涅槃后的舞蹈。乌七八糟的柴火经过火的烧炼，又钻过一截乌漆嘛黑的烟道，一旦从烟囱中脱颖而出，立即变了另一副模样，安宁、纯洁、轻灵，显得超凡脱俗。烟囱里的烟有时笔直往上，遥接天上的云朵；有时蓬勃成一团氤氲，弥漫无迹。

关键在于，烟囱冒烟就有人做饭，就有好吃的在等着！孩子们回家的脚步自然就会加快。

我们的活动范围以看得见自家的烟囱为准，高湾有句话“靠烟囱狠”，也就是靠着家，心里踏实，无畏无惧，做事有根。

高湾人把厨房叫锅屋，里面通常置三口大锅，三个锅膛。由烟道、烟囱通到屋顶外面。姜家的儿子就是雷雨时炒蚕豆，被一个从烟囱下来的滚雷劈死了，可怜的母亲被雷打倒在水缸里，幸免于难。好多年过去了，她还指着天上的云彩跟人说，你看你看，我家的儿子在天上推云呢！所以打雷的时候，大人不许我们待在锅屋。都躲在床上，捂着耳朵，心惊胆战地看着“天崩地裂”。

锅屋里三口锅各有分工，从边上往里，依次是口锅，中锅和里锅。口锅煮饭熬粥，中锅炒菜做汤，里锅最大，平时空着，逢年过节用来蒸年糕，煮猪头，平时偶尔也用来烀猪食。三口锅前面有两口汤罐，从锅膛窜出来的火舌会不断舔经汤罐，一顿饭的工夫，汤罐水差不多就开了。讲究的人家用水瓢一下下舀起，咕噜噜灌到茶瓶里，供家里人喝一天。不讲究的就自然晾着，什么时候渴了，舀起来就喝，半凉不凉的，很是煞渴。

高湾人吃的基本上都是自己种的。大田是要种庄稼的，家前屋后的零星地上就看各人家所花的功夫了。空地上一般都种蔬菜，葱蒜自不必说，有种青菜、种韭菜的，也有种茄子、辣椒的。麻烦的是豇豆、黄瓜、番茄，要牵藤，但是一旦用芦柴搭好了架子，结果自是可期。最喜人的是种菜瓜和番瓜，开了花之后，藤便满地野爬，不知所终。过个十天半月，顺着藤，总能找到一个个圆滚滚的瓜。瓜一天比一天大，一天一个样，十分爱人。

韭菜长了割，割了长，没完没了，从春到秋，吃不完。从鸡窝里掏几枚鸡蛋，韭菜炒鸡蛋，也可做成蛋花汤，再摘个瓜，用盐码上，滗了水，滴一溜香油，筷子抟一圈，下饭特香。

来了人就隆重了，蔬菜是不能招待客人的，鱼虾随处可得。不煞馋，也不行。那就得拿上肉票，到镇上打肉。除了肉票之外，一斤猪肉七角三，割个斤把肉回来，炖上一碗端上来，那是最高的待遇。我每到同学家，都能得到他们父母尽其所能的最好的招待。到唐巨宗家，他的母亲会立即从田头赶回来，下满满一大碗面，挑上一大块脂油，上面还卧两个鸡蛋。杨骏的母亲会做鱼，也是倾其所有。成晓明的母亲热情，他父亲会立即骑上自行车去买肉。同学家人殷切的态度，发自内心的热情，让我感到处处是家。

高湾人把菜叫“咸”，“咸”是要劝的，主人要搛给客人吃。等客人吃完了再搛，客人也要“拘礼”，要捂碗，要拒绝，就在一谦一让之间，飞箸走筷之余，肉足饭饱，宾主承欢，才算是圆满。

待客要讲礼数，“打平伙”就全不是这样的。所谓“打平伙”就是一帮人（通常是男人）在一起聚餐，类似现在年轻人中流行的AA制。大碗的肉端上来，一帮人先相互用筷子点了点，“吃喳，吃喳”，就像古代的剑客先碰一下剑刃，然后就不客气了，各自为战。“举筷先奔顶，然后奔四方，眉眼不对就倒汤”，嘴上吃着一块，筷子上夹着一块，眼睛看着一块，心里还想着一块。如此，一顿饭吃得烽烟四起，荡气回肠。

遇到大事或者过年，桌上就得有酒。供销社的小店，有用竹筒打出的土酿。我第一次下口，感觉好像一团火，渐渐沉底，直到喉咙下面。喝酒要劝，要想出各种理由劝。你这杯酒要喝，你看我跟你交情怎么样：感情深，一口闷；感情浅，舔一舔。你看我已经干了，站着半天了，你把不把面子？你喝不喝，到底喝不喝？到这时候还不行，就动武了，一边一个，架起来灌。

喝酒是热闹的，也是平等的。被酒精麻醉了，世界似乎会成为理想中大同世界的模样。美国的汤姆·斯丹迪奇《六个瓶子里的历史》说，酒之所以受欢迎，在于它是均质物，只要是同一坛子里的酒，每个人得到的都是相同的。同壶共济，有乐同享，有难同当。这是虚妄的乌托邦。

明白了酒的本质，我戒了白酒。

接着回来说吃的。

端午节包粽子，先要去高邮湖边打粽箬，包了糯米，揭锅时的清香味沁人心脾。麦收时没有时间做饭，带了粽子下田，耐饥顶饿，一顿两个粽子足够。

最喜欢的是做豆腐。浸泡、磨浆、晃浆，放到一口大锅里，猛火转小火慢熬。开锅后用纯盐卤点卤，用长柄勺慢慢搅，再用纱布兜上，粗棒压实成型。嫩的是豆腐，紧实的就是卜页。好的卜页薄如纸，柔似绢，韧性极强，入口劲道。唐巨宗的爹爹奶奶做豆腐，一次晚上去磨豆腐，拉磨煮浆，吃着刚出锅的嫩豆腐，那种美妙的滋味至今难忘。

舂面，先要把糯米兑水泡软，然后倒入石臼，人踏上高高的木舂，舂头套着的铁杵雪亮如银，踩一下，松一下，木舂一下下磕头，这样舂出来糯米面才会真正的“糯”，喷香而粘牙。

最高兴的是来了货郎担子。高湾常来是一个来自闸河北的老头，他酒糟鼻子，笑嘻嘻的，敲着一面小铜锣，口里唤着“牙膏皮换糖吃，头发换糖吃，咪——”听到声音，小伢子赶紧翻找破碎的塑料薄膜，催着奶奶妈妈姐妹们梳头，好捡掉下来的头发。把牙膏匆忙挤到每支牙刷上，抓着瘪了的牙膏皮出门追担子。一个不争气的“二五”同学实在没东西可换，就在人堆后面挤翻了糖担子，乘机伸手抢糖吃。闻讯的老师赶过来，用纸板做了个牌子“好吃大王某某”，让他挂在胸前罚站。这个浑不懔的家伙居然笑嘻嘻的，似在回味嘴里的好滋味。被他的母亲晓得了，这个女人本来就泼，赶到小学校一番打骂，小学校热闹死了，把几个老师吓得不轻。

要做饭，柴火是一个问题。

锅膛里，麦秸最不经烧，“轰——”的一下就没有了，稻草也好不了多少。最耐烧的还是芦柴，在锅膛里噼噼啪啪炸出声响。孩子烧火，会乘大人不注意，用火钳夹进篙瓜、咸鱼，烤的黑焦，滚烫，剥开皮，香气诱人。

芦柴要到高邮湖滩上的大汕子去剐。严格意义上说，那还不是真正的芦柴，而是芦柴收割后剩下的枯叶和碎枝。天蒙蒙亮，花五分钱在乔家闸渡口摆渡过大运河。到了湖边，太阳刚刚红着脸出来，要用刀柄敲开冰面，踩到冰凉的水里，用刀割，用竹耙划。柴火上岸，沥干了用麻绳捆扎，这时候要用上剩余的全身力气，靠膝盖使劲，捆紧扎牢后再用扁担挑回来。来回要走十五公里。饿了，啃几口带来的饼子。渴了，手捧湖里的冰水喝几口。我只去过一次湖西，忙得浑身大汗，连裤子都是湿的。隔着毛衣，肩膀还是磨得破了皮，夜里疼得睡不着觉。

杨树是做柴火的好材料。在泗阳的田间道旁，河道公路边，到处是杨树，经风吹过，哗哗作响。同学好友毛峰告诉我，他在“杨树之乡”泗阳建成了据说是全国唯一的杨树博物馆。

杨树可以在家前屋后见缝插针地种，也可以成行、成排、成林地种。杨树的木材不能成材，不堪大用，但是可以成“柴”，从干到枝，从枝到叶，都是引火烧锅的好材料。泗阳现属宿迁，原属淮阴，现在的淮阴也改成了淮安。这是周恩来的故乡。周总理日理万机，少小离家，老大也没回。周总理深知家乡父老的生活困难，亲自关照北京的林业专家，从国外引进杨树，解决乡亲们的烧火问题。柴火能让日理万机的共和国总理如此操心，足以说明这个问题在农村的重要性。

现在农村一般不烧大灶了，代之以城市人已经淘汰的钢瓶液化气。成堆的麦秸和稻草如何处理成了难题，农民们就一把火点了了事，既可肥田，也可烧死田里蛰伏的害虫。

再说说穿。

男耕女织是对农耕社会的典型用词。但是“织”已经名不副实。妇女们平时跟男人一样劳作，还得做全套的家务：缝补、洗衣、做饭、带孩子，纺纱织布做衣服是不可能的了。每个乡都有纱厂，县里有布厂，染了色就到供销社去卖。农民们和城里人一样，凭着发的布证去供销社买布。供销社是计划经济时的贸易中心，自然也是乡镇的政治、文化、经济交流中心。在当时，供销社是青年男女向往的地方。能成为供销社的一名售货员，就意味着你不愁吃、不愁穿、不愁找对象，连走在街上也风光神气。

供销社在那个年代，是农民们唯一的购物中心。一长溜的玻璃门面显得阔气，里面搁着花色各异的布匹、崭新的自行车、缝纫机，让人眼馋。供销社柜台里面就更丰富了：毛毯、搪瓷盆、塑料盒、鸡毛掸子、布艺、拼花椅垫、拖鞋、袜子、泥捏娃娃、手织毛衣、手缝外套、烛台、挂杆、挂钩、吊环、搁板、玻璃、镜子，还有各式各样的缸、坛、盏、罐、盆、瓶、钵、碗，满眼皆是，让人眼花。一长溜的柜台边挤满了人，人脸上堆着奉承的笑，像向日葵对着太阳，迎着排成一排的售货员。售货员通常都板着脸，一副高不可攀的骄傲模样。

骄傲的售货员头顶上都有一根铁丝，密密麻麻的铁丝像蛛网似的通到高台上的会计那儿。售货员写上买的货品和钱数，用夹子夹上钱和票证，竖起量布的尺子用力一推，“唰”的一声，就到了蛛网中心。了不起的会计套着护袖，端坐在中心上，像一只网罗天下的大蜘蛛。会计跷起指头，算盘噼里啪啦一阵响，只听“唰”的一声，找回的零票又准确无误地从铁丝上推回了原处。就在这来来回回的“唰——唰——”声中，各人心仪的布匹被搁到每家每户的篮子里，变成了男女老少身上的短袖、长袖、外套、棉袄、背心、裤头，直至帽子、鞋袜。

说到行了。

里下河的人都知道行船。

水网地区，纵横交错的河流就是四通八达的路。撑着船，划着桨，摇着橹就是走路了，不过一个用脚，一个用手而已。生活离不开船，罱泥要船，积肥要船，打鱼要船，运货要船，出门自然也得靠船。“人间有三苦，撑船打铁磨豆腐”，说的是这三种一刻不能歇的苦活计。撑船要靠船下篙，开头不能用劲，否则船会在水里打转，要有把握时才能使劲。要一下一下地撑，靠的是耐心和韧劲，很小的孩子可以撑很大很重的船。只要行在水上，只要船头是直的，一切都不在话下。这些都和人生的道理相仿佛。

2000 年我到帕米尔高原采访柯尔克孜人心中的“白衣圣人”吴登云，他白手起家，从十公里之外的雪山上引来雪水，硬是在寸草不生的戈壁滩上种活了三万棵白杨，成为一道绿色屏障。他在高原的阳光下，向我摊开了双手，用浓重的高邮口音告诉我，“心会怕，手不会怕”——这是农村人记牢在心的“硬道理”。

第十三节　夏夜乘凉

太阳，一张不好意思的脸，一顿一顿地落到运河堤下，东边的月牙快上柳梢了。

歇了呼哧呼哧的风箱，往锅膛塞进最后一把柴火，用火钳压住。

起身揭开锅盖，蒸汽腾处，锅里的粥滚如岩浆。

竹枝捆扎的扫帚，一径扫去，落叶、鸡屎、泥块、尘土拢于树根，归于草丛。空泥地上留下丝丝缕缕的枝痕，像指甲轻挠后的皮肤，兜水一泼，印迹湮灭，凉气顿生。

粥消停了，也稠了。一勺勺舀到洗净的搪瓷脸盘里，放到盛水的大塑料盆里逼着。和了面，乘锅还热摊进去，再加把火，铜铲快搪，加点油盐葱花，起锅，一个锅形的煎饼就好了。

黄瓜、菜瓜都一个德行，几个太阳照下来，就老了，不好吃了。要顺着藤，低头在巴掌大的叶子底下寻，寻那种带毛刺的愣头青。捋了毛刺，皮都不用刨，直接削片，码盐，用指抟几圈，控去水，淋几滴香油，这就是上好的小菜。

以端书的姿态端着门页，脚面用力往上一提，一扇门就下在怀里了。抱着它搁在条凳上，一张简易的床就完成啦。

下面的事就是等，等大人，回家吃饭。

一阵狗叫，人回来了，泥着两腿，汗水湿透，如同淋过大雨。头上蠓虫绕飞，像一圈雾。到河边蹲着洗脸洗胳膊，临了，扶着树把两只脚在水里使劲划摆，泥掉了，再临空甩几下，干了水上岸。

开饭啦。

蝉声鼓噪，蛙声也加进来。晚饭吃完，收拾锅碗瓢盆，分班轮流洗澡。

都完事了，大家坐上了门板搁的床。收音机按时出场了，了不起的《新闻与报纸摘要》以不容置疑的北京腔调开始了它的北京时间。中国进来了，世界进来了，高湾人的生活和全国人民，不，和世界人民同频共振了。胸怀祖国，放眼世界。

星星如沸，不时有流星划过，天上乱成一锅粥。手上的扇子轻摇薄晃，人在迷迷瞪瞪地打着瞌睡。有时加快了节奏，那是从稻田穿过的风停了，身上的痱子要起来了。有时突然暴打几下，也许拍着了冷不丁吸血的该死蚊子。

知了婆从地下钻出来，把自己的褐衣挂到随便哪根枝上。夜里，柳树的枝丫会垂下丝线，吊着一个个小小的由枯了的枝叶裹成的黑茧。剥开后，乌黑的毛虫会大梦初醒般地爬出来，吓人一跳。

露水下来了，悄无声息，笼罩万物。

大地和人类在黑暗中进入沉睡，天空是明亮的。星空无语，没有人能读懂它满天的寂寥与古老的忧伤。

农人们枕着凉了的胳膊，裸身而睡，等待他们的是周而复始的劳作。

鲁迅看多了这种景象，他写道，农家劳作归来，在土屋前快乐地啜着猪食，文豪泛舟波上，目瞩此景，会兴发狂吟："真是田家乐啊！"

其实农村生活是最底层的生存挣扎，只是为了温饱而做的劳作，没有乐趣，没有诗意。时间是人世间最大幻觉，我们生活在不同的时间里，就是处在不同的梦境中。

每代人都有自己的伤逝。

第十四节　阴阳路上

当生命的最后一刻来临，我们将长眠在她那苦涩的泥土之中。

——雅罗斯拉夫·塞弗尔特《故乡之歌》

一

2010年，我的人生发生了变化。

这个变化很重要的起因是父亲在2008年的一场病。很少生病的父亲突然腹痛不能起床，送到医院，诊断是肠胃穿孔。血相急剧蹿高，一堆检查下来，已是病危。医生说，开刀，九死一生；不开，就是等死。我扶着父亲上厕所，让他在我的手心吐痰，抱着他转移病床。小时候觉得高大如山的父亲竟然如此虚弱，我禁不住悲从中来。远在日本的乃峰跟我在电话里着急：我不管，我反正要父亲在。都不讲理了。可是我，还能有什么办法？在从小长大的老乡同学周风梅的帮助下，父亲每周打一针血蛋白，身体一点点康复，至今我们全家心存感念。

父亲的一次劫难，让我明白生命的脆弱，也开始重新审视人生的价值。我必须找到适合我生存的方式，一种能让我身心自由的方式。

就这样，我从江苏广播电视总台调到了江苏信息学院。从省会南京到江南腹地的无锡，从满世界飞的记者变成难得一出校门的教师，生活状态随着发生了变化。

那一年的冬暮，我写下一篇博文《夜的黑 雪的白》：

光，是昼与夜的地平线。

世界被光照亮，被照亮的部分叫昼，没光亮的部分就是夜。光把这个世界犁成了两半，一半光明、晴朗、有着生长和希望，另一半黑暗、幽深、充塞着绝望和寂灭。

在夜里，消隐了一切的风景人物。空间被剥离了，时间也没有了刻度。夜是混沌的，没有色彩，没有轮廓，因为渺不可感，所以深不可测。

鲁迅的《过客》里说，太阳下去的时候出现的东西，不会给你什么好处的。夜在人眼里，是黑暗的代名词。

一尾蛇在空中无声地游来，像是一道绞缠着的粗黑绳子，外表覆了一层甲，绝不柔软，就那么生硬地径直过来。因为悄无声息，所以避之不及，被一口咬住，骨头在咬啮中咔咔作响。大概是紧张，竟然不觉得痛。

常见的梦境，说明了夜的意向。生僻，冷酷，潜伏着危险，让人猝不及防。

孩子直觉地害怕黑暗，这种不可知的“虚无”里面总是隐藏着什么，让人惊怖。夜里行路，往往用尖利的小刀和歇斯底里的大喊为自己壮胆。夜行者对遥远的一点星光总是心存类似宗教般的崇敬。

因为逃避，所以秉烛，用燃起的光驱散夜的黑。利器各异，有笔有刀，有酒有色。也有倦的时候，就一头栽到枕上，沉沉的睡眠让你回到黑暗，成为夜的一部分。所以睡眠是上帝的无上恩赐，就像死亡是造物的最好设计一样。

哈姆莱特自言自语了几近千年——死，就是睡眠。

黑夜是绝对的，是长久的，是本质的。白昼是相对的，是暂时的，是幻想。其实，克尔凯戈尔说的“绝对的黑夜”，与东方佛学里的“诸法无我”本质相通。“法”是世界万象，“我”即心，即本质，即灵魂，世界与万物的“本心”其实并无关系，自生自灭，无缘无碍。

“只有我被黑暗吞灭，那世界全属于我自己。”鲁迅靠着老虎尾巴里的那一柄油灯，在奇怪而高的黑夜里开出《野草》这朵惨白的小花。但是他最终离开了寂寞的北方书桌，逃离了如蛇盘踞的大寂寞，走向外面的大热闹。

黑暗中的“我思”，真的就是海德格尔说的唯一的“照亮”吗?

天亮了，窗帘外透出的光，那是雪的光。雪未及下足，稀稀拉拉的，楼树路草依稀可辨，真相还没被全部掩盖。不远处，竹帚扫地的声音丝丝拉拉，正从清冷的空气中传来。

死亡为生命腾出空间，生命驱赶所有人进入死亡之谷。死亡是生存的大背景，只有了解死亡，才会站在更广阔的视野中俯视生命。

生命的背景就是死亡。我们活在世界上，是从黑暗中挣脱而出的大荣耀，足以骄傲。作为生命的个体，如何成为一个独一无二的存在，在必然中隐含多少偶然，这是人世间无解的永恒之谜，没有答案。

我们面朝死亡，背靠死亡，生命只是死亡之墙中的一条夹缝。

叔本华说：“时间只是永恒的一幅图像，我们在时间上的暂时的存在就只是我们自在本质的图像。”所以死亡只是我们真实本质的一个影子、一幅图像的消失而已，这幅客观世界中的图像终究会归于死亡，而我们的本质却存在于永恒的时间里。康德认为时间并不适用于自在之物，因为时间预先就定型在我们的理解方式里。“死亡则是时间上的现象在时间上的终结，但一旦我们把时间拿走，那就再也没有什么终结，这个词也就失去其所有含意。”

还是维特根斯坦说得最透彻：“人是不会经历死的，因为凡是经历了死的都已经不是人了。”

二

“吾之有大患唯吾有生。”二十岁正是烈火烹油的年纪，我偏偏想到了死，想到一天天接近死亡，想到短短的人生过后，即将坠入无边的黑暗中，不可抗拒，无可逃遁。半夜梦醒，冷汗涔涔。

不管什么人，不管你曾经做过什么，也不管你曾经拥有什么，死亡最终都会把你赤裸裸地打回原形。只要是人类，都面临死亡这个死结。无法挣脱，一切无解，我们都是人类，都经历着同样根本的人类难题，提出同样根本的人类疑问，生活在不断缩减的阴影之下。

死亡是生存意志的反抗对象之一。

乔布斯，一个大神一样的人物。一生都在用颠覆改变业界，也改变了人们的生活：用 iMac 颠覆了电脑，用 PIXAR 颠覆了电影，用 iPod 颠覆了音乐，用 iPhone 颠覆了手机。他在二十岁之前通过对死亡的反思明白了生存的含义，他在斯坦福大学演讲时这样说：“我在每天早晨都会对着镜子问自己：如果今天是我生命中的最后一天，你会不会完成你今天想做的事情呢？”于是，他向死而生，把每一天都当作生命的最后一天去生活，才有了震古烁今的伟大制造。

我们从“无”中来，在有中生存，将来又奔向“无”。存在只是我们本质的一个幻象、一个偶然的出位而已。孔子说：“不知生，焉知死？”这是务实的儒家。庄子说：“生也死之徒，死也生之始。”这话具有鸡汤性质，可以借以安慰人性。由此可见，大凡具有终极关怀的哲思大概都可以升华为宗教。

从形而上的角度来看，死亡并不可怕。死亡应该是安详且平和的。苏格拉底说：“哲学就是为死亡所做的准备。”最敏锐的哲思缘于对死亡的深刻认识。

伊壁鸠鲁说："死是与我们无关的事情。"因为我们存在时死亡不会降临，等待死神降临时，我们又不存在了。死亡是洁净的，崇高的。人不应该对死亡感到恐惧，人既已不存在，一切与"生"而来的悲伤实在毫无意义。

英国诗人约翰·邓恩说："人的一生就是一种死亡过渡到另一种死亡。"——死亡是一个机会，只是从此过后，"我"不再是"我"。

一个人只有在认识到自己一定会死的时候，才会思考生命的意义，才不会沉溺于享乐、懒散、物欲，才不会只看近期、物质、名位，才会积极筹划与实践自己的美丽人生。

蒙田的常识往往最有力量："预先考虑死亡就是预先考虑自由。"只有找到自己的安放地，才能找到自己的出发点。

三

2017 年暑假，我赴北京。时速三百多公里的高铁上，窗外乌云翻滚，景物急逝如风。我在手机微信上看到了一段文字——

有个人死了，他才刚刚意识到自己的生命如此短暂。这时候，他看见佛祖手拎一只箱子向他走来。佛祖说："好了，我们走吧。"男子说："这么快？我还有很多事情没有做完。"佛祖说："很抱歉，但你的时间到了。"男人问佛："你的箱子里是什么？"佛祖说："是你的遗物。"男子疑惑了："我的遗物？你的意思是我的东西，衣服和钱吗？"佛祖说："那些东西从来就不是你的，它们属于地球。"男人又问："是我的记忆吗？"佛祖说："不是，它们属于时间。"男子猜测："是我的天赋吗？"佛祖回答："不是，它们属于境遇。"男人问："难道是我的朋友和家人？"佛祖说："不，他们属于你走过的旅途。"男人追问："是我的妻子和孩子吗？"佛祖说："不，他们属于你的心。"男人说："那么一定是我的躯体。"佛祖说："不，你的躯体属于尘埃。”最后，男人肯定地说：“那一定是我的灵魂了。”佛祖一笑而过：“孩子，你完全错了，你的灵魂属于我。”男子眼含泪水，从佛祖手中接过并打开了箱子——里面空空如也。他泪流满面，心碎地问佛祖：“难道我从来没有拥有过任何东西吗？”佛祖说：“是的，世界上没有东西真正属于你。”死者绝望了：“那么，什么是我的呢？”佛祖微微一笑：“你活着的每一个瞬间都是你的。”

高湾每次“老”了一个人，大家便长叹一声，感慨世事的无常，人生的无奈——“人都是假的”，“生不带来死不带去，有什么用？”“一阵烟，什么都没有，真是假得很呢——”，我不止一次听到这样的话。平时结结实实的日子一下子失去了意义，变得形而上了。

人生不过是一场游戏。不懈怠，不荒疏，不谦卑，不狂妄，不强求，不苟且，行其当行，止其当止。唯其如此，庶几不负此生。

死总是要死的，为何不努力按照自己想象的样子活一把？《阿飞正传》里有一句话：“这世界上有一种鸟是没有脚的，它只能够一直飞呀飞呀，飞累了就在风里睡觉，这种鸟一辈子只能下地一次，那一次就是它死亡的时候。”每想到这句话，都不由得悲从中来，不能自已。

想明白死之后，我的人生进入另外一种状态，也常常把死亡作为鞭策我前行的最大动力。

向死而生。

任何人必须想明白“死”这个根本问题，才能确定自己的价值观和人生观。

四

列夫·托尔斯泰在《战争与和平》中写到的老罗斯托夫伯爵之死，那是我常常心怀惕惕的文学段落：

他垂下他那老年人的头，在精神上一蹶不振，好像正在期待和乞求新的打击，以结束自己的生命。他有时惊惶不安，不知所措；有时精神亢奋、雄心勃勃。临终那天，他痛哭失声，请求妻子和不在跟前的儿子宽恕他的主要罪过。

在《西游记》中，美猴王无法无天，但是火烧阎王府，勇销生死簿，这是最让人感到过瘾的片段。

人们惧怕死亡，因为妄想逃避死亡。

我曾经所在的媒体曾出现过车喧马嘶、蝇营狗苟的情况。江苏台的老台长就让部门所有的记者编辑全部赶到火葬场打工一周，男的扛尸烧人，女的敛尸化妆，当时就吓昏过去几个。等到这帮习惯在滚滚红尘中兴风作浪的红男绿女都习惯了眼前的一切，看透了生死一线间，这个人精成堆的部门再也没有了鸡毛蒜皮的小纷争小纠葛小矛盾。

三年前，我回老家，在排河边上的水泥桥边闲坐。这里代替了原来的公家的“场”，成为一个新的人群聚集地。邵学富靠在桥栏上，眯着眼睛晒太阳。他的老伴前几年去世，他眼睛患了白内障，世界在他的眼睛里茫茫一片，看不真切。听到我的声音，他呵呵笑道，我老了，没得用了。他告诉我，老大离婚离家，媳妇带着孩子到外地打工。老二做电工住在镇上，老三在扬州郊区一户人家招女婿。他眯着眼睛，面无表情地说，有什么法子，一个人慢慢过吧，等死呗。一根香烟在他的手上袅袅冒烟，我想不出话来安慰，语无伦次、言不由衷地说了几句闲话，匆匆告别。两年前再回去，人已不在，听说已经走了。

2017 年清明节回去，听说小高峰的坟被迁走了。这个小我一岁的表弟小时候是我的跟屁虫，脑子活络，花样很多。可惜中年夭折，留下苦命的妻女。每年我清明回老家，总要带去一把纸钱，在他越来越低矮的墓前焚化，但愿他能收到。

死亡留给我的最早印象是我的堂姑妈之死。她到河西割芦柴，一根锋利的芦柴从脚心一直穿到小腿肚，姑妈没去医院，躺了几天就下了地。芦柴一直没有取出来，小腿肚子常常流出脓水。姑妈是个大个子，从此走路一瘸一拐，动作幅度很大，很费劲。姑妈不到四十岁就去世了。下葬的时候，不知道什么原因，不能走前门，众人七手八脚，把后墙凿了个大洞，从墙洞中抬出棺材。唢呐呜咽，只比我小两天的秀红表妹的哭声撕心裂肺，让当年少不更事的我觉得刺耳。不到两年，闷声不哈的姑父也撒手西归。

高湾北边的灌河两边是现在高湾的庄基，上面建了一溜边的二层楼房。都有一个差不多一样大的院子，里面的格局也大同小异：正堂一幅玻璃镜面的松竹梅福禄寿的堂画，前面的老爷柜，放些香案香炉，供着先人的照片。一个四方的八仙桌，平时吃饭打牌，孩子趴着做作业。四时八节祭祖，焚箔烧纸，全家老小挨个磕头。

在水泥桥边，老人们告诉我，这几年，高湾过世的老人很多，吴永富、戚宝龙、高启英、邵学富、韦成明，再之前的还有戚宝同、张田英、朱广德、姜启兰、朱俊明……这些鲜活在我的印象里的人，死了就葬在自家的田头，荣枯四季，春秋轮转，默守着田庄稻麦，看着边上的子孙种田过日子。

外婆临死，特别怕火葬，跟祥林嫂一门心思要捐门槛一样，看见大烟囱就念叨，不要把我烧了。可惜还是没能逃出一把火的归宿。看见她最后变成了一钵青灰，我从心里哭出声来，感到莫名的悲哀和伤痛。

外婆的坟头就在田埂中间，约莫靠近原先的祖坟。埋下去的那几年，庄稼会比周边的明显肥壮，几年过后，也泯灭无迹，无声无息。

五

高湾人相信万物有因果，有报应。“不是不报，时候未到。”

一户人家姓戚，父亲是个杀猪的，生前做了不少坏事。父亲虽然留下了一些家产，但是架不起他的糟蹋。娶了个哑巴，生了两个女儿后终于来了个男孩，孩子未成年就得了癌症去了。前两年，他也得了癌症去世。老母亲一直搓草绳维生，常年坐的板凳都留下了一道绳印。老人家不堪自身的病痛，自杀了。现在两个女儿嫁出去，也很少回来。只有一个听得懂却说不成话的哑巴，一人独守空门，孤单地活着。

还有一户姓刘，是我外婆的姐姐家。我外婆生性善良，为人极好，但是她的姐姐全然不同。她家在路口，行人路过，不是骂就是吵。连路过的孩子都一路小跑，怕她在后头跟着叫骂。这个人的儿子得了黄疸病夭亡，从人家抱回一个儿子，长期挨饿之后，一次偷着吃牛肉，活活胀死了。房子没人要，被大队长着人拆了。

高湾人相信报应，也相信人死后有轮回。

在农村，有一种神奇的现象，叫“观亡”，就是通过一种类似灵媒的人，让去世的人魂灵附体，让你可以直接与去世的人对话。观亡据说是非常灵的，对话中可以说出只有你和亡人才知道的事情。父亲是个不信鬼神不信邪的人，姑姑死去后，“观亡”的来了。摇曳的烛光下，打个哈欠上来，抱着表妹哭，惹得一片唏嘘。父亲上去问，你认识我吗？灵媒说，人多不认识。父亲接着打趣，姑父现又找了人，现在商量，你看把秀红招女婿，还是把姑娘嫁出去，听你的意见呢。对方开始打哈哈，闺娘大了，还是听她自己的吧。父亲引得大家哈哈一笑。从此更不相信这些以骗财为生的灵媒。

我不信这些人为的骗局，更对假借对死亡的畏惧而生财的人心生厌恶。但是我真的希望遇到神迹，希望与我的先人们好好诉说一番心里话。

六

死人的事情终于发生了。

人直挺挺地躺在床上，喝的是农药，母亲打开药箱，在边上帮助灌肥皂水，老老小小的哭泣在雨声中杂沓而凌乱。

这不是梦境，是我小时候常见的景象。自杀的原因大多是生活受罪，没指望，还有就是受了气想不开，以死明志。开始以跳河、上吊的居多，后来喝农药的多了。

母亲是医生，除了看病之外，做得最多的事情就是接生和抢救。一头生，一头死，生死有命，但人命关天，自然不容马虎。不管什么时候，上门总是急的，白天敲门，晚上喊窗。不管什么情况，吃饭时放下筷子，睡觉了赶紧起床穿衣。小时候印象中的母亲扎着两条辫子，背着药箱，总是风一样地快走。

戚家老太眼睛瞎了，天天坐在小板凳上搓麻绳，坐出一条印子。最后不知得了什么病，没人送医院，浑身疼痛。实在熬不过去了，九十岁的老人挣扎起来，搓了最后一晚麻绳，用自己搓的麻绳结束了最后的一口气。

2008 年我去捷克的布拉格。伏尔塔瓦河荡荡流淌，天文钟向世人精确地提醒着时间。我在这个中世纪便有的中欧老城寻访卡夫卡的踪迹。在布拉格旧城的高处，无论是他的出生地、他的住处，还是他工作的保险公司、平常散步的小道，卡夫卡四十年短暂生命中所有的足迹都在视野所及的范围之内。这位神完气足的天才就在这一方不无局促的天地里，创造了一个完整的文学天地。我体会着他说的一句话："人若没有对某种不可摧毁的东西的持续不断的信仰，便不能活下去。"

祖坟依偎着村庄。生和死在空间上没有区隔。

站在高湾最高处的砖窑上，或是爬到树上，可以看见一切的物事和这个小庄的前世今生。高湾人眼界局限于这个小圈子，他们把眼前利益看得高于一切，非友即敌、剑拔弩张的弱者思维常常导致他们不会跟这个世界友好相处，不会跟周边人甚至自己的亲人有智慧地相安无事，只是在一个没有远方、没有前途的近景世界里讨生活。思维跟眼前的庄稼一样，只是相信一分耕耘一分收获，相信善有善报恶有恶报，别的他们都是不知道的，也是他们不想知道的。对世界的多样性和人性的复杂性没有认知。直接的结果就是矛盾丛生，内心焦躁，常常崩溃，害人害己。

徐志摩说："所以不曾经历过精神或心灵的大变的人们，只是在生命的户外徘徊，也许偶尔猜想到几分墙内的动静，但总是浮的浅的，不切实的，甚至是完全隔膜的。”这位敏感的诗人还是有理性的。理性的极致是感性，而感性的认知最后还是会归结到理性。

七

死亡往往伴随着号丧，哭声是丧礼的标配，不哭是不作兴的。

号丧其实是一种哭唱，一种咏叹，是一首抒情诗，是即兴创作的口头文学。

号丧往往是这样开始的，先从称谓开始，“我伤心的”“我心疼的”“我看不到的”“我可怜的”，然后开始了，诉说身处的人世间的千辛万苦、百般不易，死者还没了却的心思心愿，死者生前的了不起的事情，勾连前前后后的背景，夹叙夹议。一套事情说下来，然后绕回来，“我可怜的”，又起一个段落，这个段落主要是个人感受和抒情，追述自己的经历，剖白自己的心事，交代与死者的交往，相互之间情感的来龙去脉，述说自己和亡人之间的前尘往事。这中间有思念，有哀叹，有感慨，洋洋洒洒一大篇。号丧往往带着表情，带着动作，以拍手拍大腿为主，头颈俯仰，这大概就是所谓的呼天号地了。“言之不足则咏叹之，咏叹之不足则歌咏之，歌咏之不足则舞之蹈之”，我从小就深切地体会到了其中的含义。

有时候想不通、心里不畅快了也哭唱一段，倒不一定是死了人。外婆受冻挨饿，受人白眼，就会搬条板凳，坐到山墙外面哭一段。哭自己的身世，哭夭亡的兄弟，哭不古的人心，哭自己的处境，妈妈也在家陪哭，不停抹泪。二娘看到不争气的姑娘，想念已逝的儿子，也常常翻出孩子的小衣裳，哭唱一段，让人心碎。

刚哭的时候是没有人劝的，让她哭，苦累了，嗓子劈了，这时候就有人上去拉了。半推半就的，也就收了场。

纪伯伦说，如果一棵树能够叙述，那么也可以写成一部民族的历史。每个人都生动鲜活地在世界上存活过，各尽所能地完成自己的一生。自然也能被记录，被转述，被传唱。

2001年我在帕米尔高原采访，在海拔4800米的玉其塔什牧场，一部《玛纳斯》在柯尔克孜族人的毡房里辗转流传。一个个柴旺壶热的夜晚，一碗接一碗的酥油茶，从天黑到天亮，那些并不识字的说唱艺人，把这部据说有23万行的长篇说唱口口相传下去，如有神灵附体。我相信"玛纳斯奇"（《玛纳斯》的歌手）每一遍的说唱都有自己的创造，都带有自己对民族英雄的理解和记忆，这个不断迁徙的苦难深重的少数民族靠这部《玛纳斯》挽救了民族的历史记忆，重塑了民族的文化。至今，《玛纳斯》的悠扬音调还在高原坚硬的风中辗转传唱：

奔流的河水，
有多少已经枯干；
绿色的河滩，
有多少已经变成戈壁滩；
多少人迹罕到的荒野，
又变成了湖泊水滩；
平坦的大地冲成了深涧，
高耸的山崖变低塌陷。
从那时候起啊！
大地经历了多少变迁，
戈壁上留下了石头，
石滩又变成了林海；
绿的原野变成河滩，
山涧的岩石已经移迁。
一切都发生了巨大的变化。
可是祖先留下的史诗，

仍在一代代地流传

…… ……

八

运河堤上起风了，风在杨树林中卷起波澜，路上起了尘烟，慢慢地飞舞。还有几朵红色蓝色的塑料袋在风中，像是来由不明的花在空中曼舞开放，开得寂寥、安静，像吴宇森电影里的慢动作镜头，悄无声息，力道暗蕴。

我的父老乡亲，在泥土里劳作一辈子，然后到泥土下面安睡，睡得安稳，沉静，如同他们经历的生活，微不足道，波澜不惊。

我们经历了那么多的生离死别，故土不再，亲人不再，过往不再。美好的事物如同指间的流沙消逝不见。天地视万物如刍狗。美的人、美的事、美的情绪、美的感受，褪尽容颜，淡了芳菲，绝望而无奈。诗人王尔德有一句话："人生因为有美，所以才是悲剧。"我们就身陷这样的平凡而深刻、庸常却博大的悲剧之中，无人幸免，无法自拔。

伊壁鸠鲁说："死是与我们无关的事情。"也许，人不应该对死亡感到恐惧，人既已不存在，一切与我们生存无关的时间，无论是过去或者未来，对我们而言都不重要，为它悲伤实在毫无意义。

阴阳路上，无声无息。

我要告诉在另外一个世界里"做生活"的父老乡亲们，我相信"念念不忘，必有回响"。我想起你们的时候，你们就活生生地来到我的面前，就在时间之流中打了一个浪花，翻卷上来，又消寂下去。随着无始无终的水流，走向不可知的远方。

听听这首歌吧，叫《万物生》（高晓松词 萨顶顶唱）——

从前冬天冷呀夏天雨呀水呀

秋天远处传来你声音暖呀暖呀

你说那时屋后面有白茫茫茫雪呀
山谷里有金黄旗子在大风里飘呀
我看见山鹰在寂寞两条鱼上飞
两条鱼儿穿过海一样咸的河水
一片河水落下来遇见人们破碎
人们在行走身上落满山鹰的灰
…… ……

叔本华说，面对死亡，一切都微不足道。

此刻，一轮圆月破云而出，十分明亮。

甘地说，活着，像明天就要死去一样活着。

云破影，月依旧。

后记　安静的轮回

2020 年，鲜花着锦，大地和平。

谁也没想到，大自然向人类派出了危险“信使”。一个悄悄潜入的微小病毒，立即让全世界处于一种常规的反常中。在南北半球之间往复扫荡的疫情把人类从幻梦中惊醒，时间不是方程式中的可逆参数，更像是一个不可逆的向量。

当我们学会隔着无纺布呼吸，用身体关门的时候，看着每天不断攀升的死亡数据和各种时事新闻，每个人都实实在在地感受到疫情对全球政治、经济、社会无处不在、无孔不入的影响。过去的世界在被重构，习以为常的规则也在被改写，这股席卷全球的力量将从根本上改变我们所生存的世界。甚至有人惊呼，人类世界从此分为“新冠之前的世界”和“新冠之后的世界”。惊骇之余，我不禁想，这是大自然对人类的惩罚，还是救赎？

8 月，我避开暑热的江南，来到位于中国腹地的太行山南端。在山环水绕、兼具北雄南秀的土地上，人车熙熙，街市攘攘，这片华夏文明的出发地呈现出一派世外桃源的景象，人们安享着相对封闭的环境带来的平和安宁。入夜，眺望天上的圆月，皎洁如璧，温润如玉，一轮清辉泻入周遭无边无际的暗黑夜幕中。

万物静默，如谜。

三年前的酷夏，在扬州的西南一隅，躲在被机器调节好温度的房间里，周遭的书架簇拥着我的生活：屈原在楚地的夜空下问天；约翰·克里斯朵夫和卡夫卡在隔空对话；尼采在巴登的街巷里目光如炬，穿行如风；陀思妥耶夫斯基笔下的众生在碾压中求生；夜晚，梵·高的教堂钟声嘶哑；舒伯特的小夜曲如歌如泣；德彪西的月亮总是如期而至，悬挂在我的窗前，清冷、孤傲、一声不响……我在体味世界文明五千年来的辉煌和失落，感受伟大心灵的辽阔和深邃。

与此同时，我反思周遭，用自己的笔触写着乡亲们的故事。我想象着他们在烈日下日复一日、年复一年的简单生活，他们的挣扎和苦痛、欢欣和快活、无奈与无畏；想象着他们为活着所苦，从世俗生活的无望、愚蠢、因循的状态中被激励、唤醒。他们是在与天地和社会的碰撞和协调中养成了自己的个性，形成了与土地互嵌互融的一群人。麻木和顽强、脆弱和坚韧、朴拙与聪黠、狭隘与豁达，在他们身上奇怪而自然地合为一体，浑然天成。我明白，每个人的人生都是一个人的战争，每个人都各自拼凑了一个囫囵的世界，在这个无形的圈囿里生息，彼此之间很难交集。

2017 年夏天，我去老家拜访在元大哥。他早早地泡了茶、开了空调，在他的小书房静候。我满头热汗进了门，印象中耿直、聪明、充满活力的大哥已经满头白发，耳朵也不灵了，俨然成了一个平常的老人。他向我回忆家世和他的人生经历，提到曾经的人生坎坷、命运蹭蹬，他笑声朗朗。豁达的态度、坦白的襟怀，让人如处四面来风的旷野，畅爽无极。谁也没想到，一周过后，他感冒挂水时突发心梗，猝然离世。而他看我这部书稿时，我在边上随意给他拍的照片，竟然成为大哥留存世间的最后镜像，我当时的录音也成了他留在世上最后的声音。

人生易老，世道多变。就在这本书编辑出版的过程中，我的晓明兄弟在经历了三个月的病魔折磨后离开了人世。2020年的清明节，是他去世后的第一个祭奠日。我和巨宗兄拜访无锡泥人制作大师，请他为晓明塑像，留住他在世间的最后形象。疫情阻挡了兄弟们去烟台祭奠的步伐，我们去了位于太湖边上的华藏寺，隔着紧闭的山门，在这座晓明生前来过的寺庙中表达哀思。江南春早，草长莺飞，太湖的粼粼波光，如影随形，在无边的春色中，我再次感受着无言的伤痛，深切地感受到生命的脆弱、命运的无常与人生的无奈，也深切地体会到失去血肉兄弟的至痛。

我的晓明兄弟是完成了人世间交付的所有责任和使命后，毫无亏欠地离开的。在烟台的那个晚上，我熄了灯，从窗口向外远望。海潮退去，白天的蓝天碧海此时却是黑魆魆一片，显出丑陋而叵测的一面。我和晓明从十几岁成为同学，朝夕相处在一起，风风雨雨几十年，早就把彼此牢牢地焊成了自己生命的一部分。此时生生撕裂，情何以堪？我们探望、吊唁、祭扫、办追思会，借助各种外在的、内心的仪式和话语，好不容易走出了心理的浓重阴影。可是在秋末的大连，我在风雨中的海边，对大海无意中的一瞥还是击中了我。那是一场积蓄已久的大雨，风雨大作，惊涛击石，浪末飞溅，往复不已。我伫立在漫天风雨中，眺望远方的海天。我不止一次从这片海域乘船，我知道，隔海那边就是烟台，现在成了我的兄弟的埋骨处。我眼中的海天混茫一色，界线难分。两尊青铜塑像高矗在海边，老子和孔子在海天间相对论道：天地无涯，而人生有涯，该如何自处处世？这个千古不绝的天问，需要每个人做出回答，却没有答案。

但唯有一棵智慧之树不凋
我知道它以我的苦汁为营养
它的碧绿是对我无情的嘲弄
我诅咒它每一片叶的滋长

站在生死的门槛上，站在前生和今世之间，我想起了《巴黎圣母院》。雨果化身叙述者，在圣母院看到了一个古怪的希腊单词“命运”（Ananke）——这个法语词确切的翻译是“必然”。命运，必然，在那个人类理性最早发源地的人们看来，是一个意思。

可不是吗？必然之于人，是指不由自主、却又无法摆脱的东西。从这一点上来说，与命运又有何异？

天渐渐亮了。

暗夜之后的白昼如同一场胜利。

远处传来刹车声，像一声叹息。我想象着，街道上的汽车像擦不着的火柴，在硝皮似的路面上不断地来来往往，擦来擦去……

老家的乡亲高兴地告诉我，高湾现在也有了水泥路。

在我童年的印象中，高湾的路全是黑油油的乌土，被来来往往的脚步踩得结结实实。因为久经践踏，黑色都沉到了底层，表面看都呈灰白色，有些扬尘的样子了。灰扑扑的路上叠印着庄稼人负重的脚印、老人拐杖的戳痕、孩子的浅淡脚印、狗猫牛羊猪鸡鸭的各种蹄蹼，还有各式各样车轮的印辙。朔风一过，泥土被冻酥，春天一化，便恢复了原初的模样，一切了无痕迹。

高湾以前都是圩田，外姓用大船从外地运来泥土，安埋先人，然后在此种稼生息。以锄丈量，试探生活的苦难半径，以耳目听闻，感受天地的世间色谱。

高湾的人们就在这块祖先选择好的土地上生活，一茬茬庄稼生长不已，一辈辈人丁生息不断。时间像风，也像水，裹挟着人生的欢愉，裹挟着生活的际遇。我的乡亲们就像一粒粒尘埃，活着的，故去的，无不汇集在时间的风里，汇集在时间的河里，无哀无痛，湮灭无迹。

在这块曾经哺育我的土地上，我深刻地理解了“天地视万物如刍狗”的真切含义。——是的，天地不仁，天地大仁。

一排排大同小异的楼房前，少有人声，一片寂寞。

老年人边打瞌睡边看着尺寸越来越大的电视，年轻人扒拉着山寨手机，孩子们痴迷着电脑游戏。老老小小沉浸在与他们毫无关涉的虚拟世界中。没有了萤火虫点亮的黑夜，没有了蛙声间歇的寂静，没有了田野里不时扬起的秧歌，没有了一管管升起的白色炊烟。——我的高湾不复是过去的模样。

故乡不仅是地理上的一草一木，还是同时空存在的人和事。我不想穷形极相地描画静物，不想歌咏乡愿式的所谓田园生活，更不想借助果蔬垂纶寻求对当下生活的虚伪超脱，而是力图将风物、故物、人物置于历史环境之中，力图还原乡村生活粗粝的质感，还人生以本来面目，给未来生活以日出的希望。

所有人的故乡都在消逝，一代人有一代人的记忆。我的乡亲们和他们生活的细枝末节从冻僵中渐渐醒来，在阳光下慢慢复苏。

黑格尔说，历史是一堆灰烬，但灰烬深处仍有余温。

高湾，这块平常不过的低洼平原上，除了点缀着三四组成簇的房子，纵横着几道河渠，曲折着几条土路之外，永远招摇的是稻麦的生死轮回。由嫩绿转深绿，继而嫩黄，最后变成沉甸甸的金黄。好就好在，在一次次的色彩转换中，村庄和树木还是原本缓缓生长的样子，让人安心。

从高湾西望，不远处的运河大堤起了风。

风在杨树林中卷起波澜，路上起了尘烟，一只红色的塑料袋飘在风中，像一朵来由不明的花在空中漫舞，如此寂寥、安静，像吴宇森电影里的升格镜头，力道暗蕴，悄无声息。

有歌声在田野里游荡，传唱——

生生灭灭

一时一晌

黄土承载旧时光

日子依旧要过

麦子还会再长

…… ……

日子总会亮堂

麦子终又再黄

没有永恒，只有存在。一切都将随风而逝，包括风本身。当然，也包括我的这本小书。

又：此书需要特别鸣谢挚友陈俨将军，是他的热忱和鼓励，让我完成了书稿，特别感动的是他对我家乡的带有温度的摄影佳作以及他作的序言，为本书增添了光彩。同事、好友斐然精心设计封面和装帧，他的精妙构思和表现手法为本书增色。小友晓刚的航拍让高湾的乡亲惊奇，更为高湾第一次拼接出完整的版图。还有为本书的出版倾注心力的赵发国总编，姜辉、梁培培等诸位编辑老师，在此一并致谢。

阚乃庆

2020 年 8 月